南开大学校史丛书
总主编　刘景泉

南开大学爱国主义教育资料选编

南开大学校史研究室　编

南开大学出版社

天　津

图书在版编目(CIP)数据

南开大学爱国主义教育资料选编／南开大学校史研究室编. —天津：南开大学出版社，2021.10
（南开大学校史丛书／刘景泉总主编）
ISBN 978-7-310-06144-0

Ⅰ.①南… Ⅱ.①南… Ⅲ.①高等学校－爱国主义教育－天津－文集 Ⅳ.①G641.4－53

中国版本图书馆 CIP 数据核字(2021)第 194808 号

版权所有　侵权必究

南开大学爱国主义教育资料选编
NANKAI DAXUE AIGUO ZHUYI JIAOYU ZILIAO XUANBIAN

南开大学出版社出版发行
出版人：陈　敬
地址：天津市南开区卫津路 94 号　邮政编码：300071
营销部电话：(022)23508339　营销部传真：(022)23508542
https://nkup.nankai.edu.cn

天津泰宇印务有限公司印刷　全国各地新华书店经销
2021 年 10 月第 1 版　2021 年 10 月第 1 次印刷
230×170 毫米　16 开本　17.5 印张　2 插页　226 千字
定价：95.00 元（精装）

如遇图书印装质量问题，请与本社营销部联系调换，电话：(022)23508339

牢记习近平总书记嘱托　奋进南开新百年
（代　序）

杨庆山

2019年1月17日，习近平总书记亲临南开大学视察，参观了百年校史主题展，察看了化学学院和元素有机化学国家重点实验室，与部分院士、专家和中青年教师代表、学生代表亲切交流，并发表重要讲话。这充分体现了习近平总书记和党中央对南开大学的高度重视、亲切关怀与殷切期望。这是南开大学的历史大事、政治大事、发展大事，是迎庆建校100周年、迈向新百年新征程的重大喜事、无上荣光和最高荣耀。

习近平总书记在重要讲话中对百年南开的办学方向、理念、特色和成果给予充分肯定，为新时代立德树人指明了方向。习近平总书记强调，爱国主义是中华民族的民族心、民族魂，南开大学具有光荣的爱国主义传统，这是南开的魂，当年开办南开大学，就是为了中华民族站起来去培养人才的，我们现在迎来了从站起来、富起来到强起来的阶段，要把学习的具体目标同民族复兴的伟大目标结合起来，为之而奋斗。只有把小我融入大我，才会有海一样的胸怀、山一样的崇高，希望你们现在扎扎实实学习，心中怀有远大目标，脚踏实地、仰望星空，在新的起点为中华民族伟大复兴作出你们这一代人的历史贡献，成为南开大学新的骄傲。[①]

---

① 《习近平寄语南开师生：只有把小我融入大我，才会有海一样的胸怀、山一样的崇高》，新华社，2019年1月18日。

习近平总书记对高校党建和思想政治工作作出重要指示。习近平总书记强调，高校党组织要把抓好学校党建工作和思想政治工作作为办学治校的基本功，要把思想政治理论课做实，讲得生动、有吸引力，要加强对学生社团的指导管理，做好大学生应征入伍工作。

习近平总书记对教师队伍建设提出明确要求。习近平总书记强调，南开是出大师的地方，教师要做"有理想信念、有道德情操、有扎实学识、有仁爱之心"的"四有"好老师，学校要把建设政治素质过硬、业务能力精湛、育人水平高超的高素质教师队伍作为大学建设的基础性工作，始终抓紧抓好。

习近平总书记对学校"双一流"建设寄予厚望。习近平总书记希望南开大学以建校100周年为新的起点，加快一流大学和一流学科建设，加强基础研究，力争在原始创新和自主创新上出更多成果，勇攀世界科技高峰。

习近平总书记视察南开大学的重要讲话，从实现中华民族伟大复兴的战略高度，深刻阐述了高等教育的根本性、方向性、全局性重大问题，进一步深刻回答了"培养什么人、如何培养人、为谁培养人"的根本问题，具有很强的政治性、思想性、针对性和指导性。

党的十八大以来，习近平总书记多次对南开大学给予肯定勉励：在全国高校思政会上指出，"允公允能、日新月异"的南开校训与社会主义核心价值观的内在要求相一致；在全国教育大会上，高度评价张伯苓校长的"爱国三问"；2017年9月，为南开8名新入伍大学生回信。习近平总书记视察学校重要讲话和一系列指示批示，为南开大学发展提供了根本遵循，注入了强大的政治动力、精神动力、工作动力。

在新的百年，我们将牢记嘱托，不辜负总书记的关怀与厚爱，坚定不移地沿着习近平总书记指引的方向前进,再接再厉谱写南开大学改革发展的新篇章!

(本文为南开大学党委书记杨庆山在 2019 年 10 月 17 日召开的南开大学建校 100 周年纪念大会上的主持词节选)

爱国奋斗百年辉煌　公能日新再踏征程

（代　序）

曹雪涛

从 1919 到 2019，百年南开浓缩了中华民族的精神与气节，承载了中国大学的初心与梦想，"爱国奋斗、公能日新"是这座世纪学府赓续传承的主题主线，它是民族危亡中的警醒呐喊，是抗战烽火中的不屈意志，是百废待兴中的坚韧求索，是改革开放中的创新发展，是民族复兴征程中的不懈追求。南开人用秉"大公"、尽"最能"的执着与坚守，谱写了与民族共命运、与时代相偕行的壮丽篇章。

南开大学的 100 年，是爱国奋斗的 100 年。 从"国帜三易"的激愤到"爱国三问"的呐喊，从立志"改造中国"的初衷到着手"先改造人"的笃定，"以振起国民新精神，以重续国家新命运"，南开人的爱国之心从未更改，报国之行从未停歇。正如习近平总书记所说，南开大学具有光荣的爱国主义传统，这是南开的魂。南开园里时时回响的"爱国三问"，始终散发着生生不息的思想光芒，蕴藏着撼人心魄的无穷力量，无愧于历史之问、时代之问、未来之问。

南开大学的 100 年，是育人铸魂的 100 年。 从五四觉悟、改造中国的先贤，到抗日御侮、为国捐躯的英烈，再到新时期携笔从戎、投身军营的八名学子，南开始终把培养具有"爱国爱群之公德，服务社会之能力"的人才奉为圭臬，涌现出以周恩来、曹禺、陈省身、郭永怀等为代表的大批名家大师与国之栋梁。在灿若星辰的历史长河中,一代代南开人把个人的命运同祖国与民族的命运紧密联系在一起,守正创新、奉献担当。

南开大学的 100 年,是追求卓越的 100 年。 文理并重、学科交叉,开放包容、勇于创新,是南开办学发展的成功之道。100 年来,南开人始终走在这条常惟新、求卓越的道路上,率先提出"按生产要素贡献分配",推动国家经济体制改革,创建"南开—约克模式",开国际化研究生联合培养之先河,创办社会学专业班,被誉为中国社会学"黄埔一期",以基础研究开拓人类认知,以学术思想丰富民族文化,为推动科研创新和社会文明进步不懈探索。

南开大学的 100 年,是至诚奉献的 100 年。 世人评价南开是一所有理想、有灵魂、有信仰的大学,从审视中国经济的"南开指数",到抗日爱国的东北研究会和《东北地理教本》,从老校长杨石先勇担国家任务,开创新中国自主农药研制的先河,到超前从事跨国公司研究,让中国以开放姿态走向世界,从服务"一带一路"建设、京津冀协同发展等国家战略,到扎根西部助力脱贫攻坚,南开人以强烈的文化自觉和使命担当,书写每个时代的报国华章。

站在中国特色社会主义新时代的广阔舞台上,走在开启南开新百年的浩瀚征途中,我们深感使命光荣、任重道远。我们已经走过百年历程,但仍需跋山涉水。所有南开人要牢记习近平总书记的殷殷嘱托,用实际行动诠释"爱国奋斗、公能日新"的时代内涵,以优异成绩交出令党中央和人民满意的"南开答卷"。

南开大学是一群不服输的中国人本着救国、兴国、强国的初心创办的。在 100 年的办学实践中,南开人走出了心系国家、服务社会的爱国道路,铸就了"允公允能,日新月异"的"公能"品格,焕发出充满朝气、面向未来的青春精神。这是南开最深厚的历史积淀,也是我们自信自强的底气！这个自信，源自于中华文化特有的理念、智慧、气度和神韵，源自于几代南开人的接续奋斗。早在抗战时期，张伯苓校长就提出，南开要与牛津、剑桥、哈佛、耶鲁这样的世界名校"并驾齐驱、东西称盛"。今天，创建南开品格、中国特色、世界一流大学的接力棒已经交到了我们的手上，实现这一宏伟目标，完成这一历史使命，我们责无旁贷！

让我们的激情在南开的事业中燃烧，让我们的热血在南开的发展中流淌，我们的目标必将在大家的共同努力下实现。新百年，从头越；新征程，再出发。我们坚信，有以习近平同志为核心的党中央坚强领导，有教育部、天津市委市政府的全力支持，有海内外所有热爱南开的人们共同奋斗，我们的目标一定能够实现！

（本文为南开大学校长曹雪涛在2019年10月17日召开的南开大学建校100周年纪念大会上的讲话节选）

出版说明

一、为贯彻落实习近平总书记视察南开大学时的重要讲话和系列重要指示批示精神，深入开展爱国主义教育，充分发挥校史资教育人的重要作用，按照学校部署，党委宣传部校史研究室编写了这本《南开大学爱国主义教育资料选编》，旨在弘扬以爱国主义为核心的南开精神，传承好红色基因，凝聚南开人在学校新百年砥砺奋进，谱写立德树人各项事业发展新篇章。

二、本书收录了毛泽东主席等党和国家领导人及部分反映南开师生爱国思想的讲演、报告、文件、档案、论文等，共分为四部分：亲切关怀篇、思想言论篇、文档资料篇、爱国实践篇。每部分资料依时间为序排列，研究和回忆文章依历史事件时间列入书中相应部分。

三、本书所收录资料为原文中与主题密切相关部分的摘录，删节部分用"……"标注。有些资料的题目为编者所拟。

四、本书所收录资料中的纪年表述、数字书写、标点符号等，均保持史料原貌。对未标注标点的文献，用现代标点符号进行标点。原文中除人名的异体字和简化后可能引起误解的繁体字外，均改为通用简体字。原文中明显的错别字，按现代文字规范予以改正。

五、对所收资料中的时代背景、历史人物、文章作者（未作说明的均为报社记者）等需要说明处，均以页下注的形式体现。为保证全书体例统一，略去了资料中原有的注释。

目　录

牢记习近平总书记嘱托　奋进南开新百年（代序）……………1
爱国奋斗百年辉煌　公能日新再踏征程（代序）……………1
一、亲切关怀篇……………………………………………………1
二、思想言论篇……………………………………………………31
三、文档资料篇……………………………………………………105
四、爱国实践篇……………………………………………………153
后　记……………………………………………………………265

一、亲切关怀篇

南开大学始终得到我们党的亲切关怀。新中国成立后,毛泽东、周恩来等党和国家领导人在不同时期以各种方式关心、支持和鼓励学校发展。党的十八大以来,习近平总书记多次对南开的发展给予肯定,特别是 2019 年 1 月 17 日,习近平总书记亲临学校视察,对南开百年来的办学理念和办学成就给予充分肯定,指出南开大学具有光荣的爱国主义传统,这是南开的魂。总书记寄语南开师生,把学习的具体目标同民族复兴的伟大目标结合起来,为之而奋斗。本篇主要选取了毛泽东、周恩来、江泽民、温家宝、习近平等党和国家领导人来校视察时的讲话,以及相关通讯报道。

亲切关怀篇

1958年8月13日，毛泽东主席来校视察

毛主席说："高等学校应抓住三个东西：一是党委领导；二是群众路线；三是把教育和生产劳动结合起来。"

《光明日报》，1958年8月19日

1958年8月13日，正在天津视察工作的毛主席临时改变行程，在河北省省长刘子厚、天津市市长李耕涛等人的陪同下来到南开大学。

上午10时左右，在校长杨石先等人的陪同下，毛主席来到位于思源堂东侧（现蒙民伟楼所在地）的平房小院，这里有化学系的实验室和生产车间。毛主席首先参观了有机农药"敌百虫"车间和"马拉硫磷"车间，详细询问工艺流程及生产情况。毛主席的问题细致入微，包括"敌百虫"的用途、原料供应情况、生产成本如何、老百姓是否用得起等等。杨石先等人一一作了回答。毛主席又来到"离子交换树脂"车间和"硝酸钍"车间。离子交换树脂不但广泛应用于国民经济各领域，更是提取核燃料铀的重要材料。在车间里的反应釜前，毛主席停下脚步，弯下身来仔细观看生产情况。交谈中，毛主席得知离子交换树脂的研制成功，是何炳林教授带领的科研组在极端困难的条件下取得的，于是高度赞扬了他们的开拓和奉献精神。

毛主席每到一处，都与师生们亲切交谈。正在车间里工作的一位同学见到毛主席走过来，兴奋地伸出手，可当看到自己沾满油污的双手，又不好意思地缩了回去。毛主席看出了这位年轻人的心思，主动把手伸向他。一位女学生正在埋头记温度表，毛主席走到她面前，亲切地问在记什么，工作条件怎样。女同学回答后，一旁的陈天池教授介绍说："她是车间工段长。"毛主席微笑着与她握手。此时，车间门口早已围满了一

大群师生。毛主席走到他们中间,询问大家生活得好不好,学习条件怎样。关切的话语温暖了南开学子的心。

毛主席来到南开大学的消息不胫而走,同学们奔走相告。正在过"共产主义暑假"的师生们争先恐后地蜂拥而来,都想目睹伟人风采。一时间,人潮涌动,欢声震天,整个南开校园都沸腾了。毛主席微笑着向师生们招手致意,鼓掌还礼。师生们将毛主席团团围住,挤得水泄不通。中文系的一名同学奋力挤到毛主席面前,大声说道:"毛主席好,我是湖南人!"毛主席热情地与他握手。这名同学叫陈漱渝,后来成为鲁迅研究专家。

11时许,毛主席乘车离开,到与南开大学比邻的天津大学校园去视察。众多南开师生也紧跟而去,后来与天大师生一起在办公楼前广场受到毛主席的集体接见。

中午时分,毛主席派人给杨石先校长打电话,邀请他到位于劝业场附近的正阳春饭店(俗称"鸭子楼",以烹饪正宗北京烤鸭闻名)共进午餐。一起用餐的还有陪同毛主席视察两校的省市领导和天津大学校长张国藩等人。在席间的交谈中,毛主席说:"高等学校应抓住三个东西:一是党委领导;二是群众路线;三是把教育和生产劳动结合起来。"①这个重要指示后来在全国高校中引起强烈反响,成为当时我国高等教育发展的重要指针。

这天晚上,南开大学在全校师生员工范围召开广播大会,传达了毛主席视察南开的情况和指示。会后,广大师生不仅纷纷用诗歌创作等形式表达幸福喜悦之情,还以极大的热情积极投身于教学、科研和生产之中。例如,8月16日生物系在国内首次提炼出赤霉素55毫克,22日化学系也在国内首次试制成功氢化铝锂。南开人以这些优异的成绩回报了

---

① 《光明日报》,1958年8月19日。

党和国家领导人的亲切关怀。

张鸿：《毛主席视察南开大学纪实》，《南开大学报》
第1207期，2013年9月27日

毛主席视察南开大学后，当时在场的李霁野先生撰文写道：

　　彩霞渲染着黎明的天空，湖面上泛起阵阵的漪涟，垂柳在晨曦中微微摆动；到处是宁静，看不出苦战。
　　只有运送书籍物资的大小车辆使人记起处处有人彻夜钻研；党的号召激起无限斗志，创办工厂的干劲热火朝天。
　　阳光照耀着美丽的校园，闪电般传开令人狂喜的消息：
　　英明伟大的人民领袖突然来到了南开园里。
　　人群像溃了堤的洪水向敬爱的领袖身旁奔去。
　　领袖环顾周围，发出慈祥的微笑，回答欢呼，时时将右手高举。
　　走进化工生产的车间，领袖对生产情形殷殷垂询；亲切的关怀带来了无穷的力量，科学研究和生产展开了无限远景。
　　欢乐的容颜，伟大的气魄，鼓舞着几千颗火热的心。
　　沸腾后恢复了清晨的宁静，湖水依旧泛起微笑似的漪涟。
　　白杨向垂柳低述喜悦的心情，中午的晴空比朝霞还要灿烂。
　　互相交谈着南开园的喜讯——燕子在稻田里飞舞呢喃。
　　各种劳动声音组成大合唱，共产主义的乐音激动人人的心弦。

李霁野[①]：《毛主席到了南开大学》，《天津日报》，1958
年8月18日

[①] 李霁野，翻译家、作家，曾任南开大学教授、外文系主任。

1959年5月28日，周恩来总理第三次来校视察

5月28日，周恩来总理来到了南开园。在7个多小时内，参观了学校的实验室、教室、图书馆、资料室、学生宿舍、运动场、职工食堂和经济研究所。

上午9点3刻，周总理和邓颖超同志，由河北省委第一书记林铁、书记处书记张承先、天津市委书记处书记王亢之、市委教育部部长梁寒冰陪同，首先来到了第一教学楼客厅。周总理面色红润，神采奕奕，60岁的人看起来还不过40多。

在党委负责同志汇报了学校的情况以后，周总理原先打算去化学系参观。但是，当总理听到广大师生员工在广场已经集合起来，为了不让大家在阳光下久等，就径自来到了图书馆大楼前，和全校师生员工见面，并作了重要讲话。

周总理非常关心学校师生员工的工作、学习和生活。在去化学系的路途中，他突然提出要去看看职工食堂。在那里，总理吃了一顿饭，还亲自到厨房，俯视着一个个菜桶，对每一种饭菜的价格、粗细粮的搭配比例、食堂的清洁卫生和教授们的伙食情况，作了详细的了解。在参观中，总理一再地问学生每周和每天上课时数、每天的时间安排，一上午连上5节课的时候多不多，累不累。在学生宿舍，总理细心地观察了宿舍的布置和学生们在书架上所放的书籍。当人们告诉总理每间宿舍住6个人的时候，他就指着书桌问：这样长短，学生们在自学时能不能坐得开？周总理还检查了学生的学习情况。他仔细地翻阅着同学们的学习笔记、参考书籍，让同学们念英文给他听，读音不准还给纠正，鼓励他们努力学习。有一个女同学，由于太激动没敢念，总理就一再鼓励她，给她作了示范，并风趣地对她说：要勇敢些，要解放思想。在经济研究所，周总理针对该所方向和研究方法作了具体细致的指示。周总理不放过任

何一个能了解情况的机会,他在物理系参加了该系职员和辅助员的增产节约讨论会。为了看看学生劳动锻炼的情况,在图书馆周总理不辞辛苦,一口气走上了5楼的屋顶往下看。

周总理下午6点才离开学校。当中曾去天津大学参观了约2个小时。

周总理的来到,大大地鼓舞了全校师生员工工作学习的热情。他们纷纷表示要以实际行动来回报总理的关怀。

《周恩来总理来我校视察》,《人民南开》新第319期,1959年6月3日

1994年12月13日,江泽民总书记来校视察

江泽民总书记从面对21世纪竞争和挑战如何发挥学校智力资源优势,强调我们的大学不仅要有理工科,而且要发展人文社会科学,学理工的人,如不懂历史,没有经济和文学知识是不行的,他语重心长地勉励大学生要珍惜今天的学习机会,努力扩大知识面。他说,知识面还是广一点好,任何一门学问都是先博而后精,知识的广博性与专业性是辩证统一的,综合大学最大的好处是师生同学相互之间的交流,综合大学对人们的思维是促进的。

南开大学党办、校办:《江泽民总书记来我校视察》,《南开周报》第527期,1994年12月29日

1994年12月13日上午,中共中央总书记、国家主席、中央军委主席江泽民在中共天津市委书记高德占、市长张立昌及有关方面负责同志曾庆红、曾培炎、周正庆、王太岚、滕文生、陈清泰等陪同下,来我校

视察。参观了数学研究所、自然科学成果展览、社会科学成果展览和逸夫楼图书馆,并与学校负责人座谈。

上午9时,江总书记乘坐面包车来到我校。在数学研究所门口,江总书记健步走下车来,亲切地与在那里迎候的校长母国光、党委副书记王荫庭、原校长滕维藻、数学研究所所长胡国定等握手,然后视察数学研究所图书馆。当他见到陈省身教授的学生、留法归来的博士张伟平时,总书记紧紧握着张伟平的手说,你在数学研究领域的新突破为中华民族争了光。总书记还兴致勃勃地谈起了爱因斯坦的统一场论,并问张伟平是否看到过最近《参考消息》上关于一个以色列物理学家和一位美国物理学家合作在数学物理领域取得重大突破的报道;他勉励张伟平要好好为祖国服务。江总书记还与数学研究所副所长葛墨林谈起相对论,当葛墨林说这些都是基础理论研究时,江总书记说:基础理论研究很重要,没有基础理论研究,科学技术也很难发展上去。像相对论,一开始就是爱因斯坦搞,完全是基础理论,谁能想到,九十年后会有这么大的用途。江总书记说他想了解这方面的情况。当葛墨林说您那么忙还常读这些物理研究的材料时,江总书记说:要读。现代科学发展很快,不学习更不行了。离开数学研究所,江总书记勉励学生,要努力学习,掌握知识,早日成才。

在数学研究所门口,正在操场上体育课的南开大学附属中学学生看到江总书记,围了过来。江总书记亲切地问一位女学生多大了,并问她们是否每天课间都跑步,当得到肯定的回答后,他微笑地点了点头。江总书记还关心地问教室里有暖气吗?暖气热不热?最后江总书记风趣地做了个跑步的姿势,鼓励学生们继续坚持课间锻炼,在场的师生们都笑了,操场上充满了欢快的气氛。

在母国光、王荫庭同志陪同下,江总书记又到逸夫楼图书馆视察。江总书记观看了我校科技成果展。金桂玉副校长向江总书记介绍这里展出的主要是近年取得的重大科技成果。总书记认真地听着介绍,当他来到黑白胶片变成彩色图片的成果展牌前时,母国光校长介绍了这项成果在国防上的应用,并拿相机做演示。江总书记看到 OCR 文字识别成果时,母校长介绍了我校在美国硅谷的公司在去年的一次评比中,20 个指标 19 个获第一。机器智能研究所的博士生刘秋元向江总书记做了演示,江总书记高兴地与他握手。当江总书记看到镍氢电池成果时,金桂玉副校长介绍了该电池的性能和特点,并说已合资建立了年产 500 吨粉子的基地。江总书记还询问了电池的价格。当江总书记听说我校在农药研究方面的一些成果时,点点头,很满意。最后,江总书记挥毫在签名簿上写下"江泽民 1994 年 12 月 13 日于南开大学科技成果展览馆"几个遒劲有力的大字。

然后,江总书记到三楼参观了南开大学社会科学成果展。朱光华副校长向江总书记介绍说,我校学科构成的主要特色之一就是文科和理科比翼齐飞,11 个国家重点学科,文科有 6 个。江总书记观看了经济学科、历史学科等取得的成果,他问朱光华副校长:这些都是你们学校作者自己的著作吗?朱副校长说:"是的,而且只是获得国家级和省市部委一等奖以上的成果,还没有全部展出,江总书记听后非常高兴。当江总书记看到中国象棋成果时,问:这是中国象棋吗?朱光华副校长说:是的,车马炮的象棋,我们是全国大学生象棋赛冠军;南开女排也是全国大学生冠军。离开社会科学成果展时,江总书记停住脚步,重复说:刚才你向我介绍了经济学科有三个重点学科,历史学科有三个重点学科,历史学科是中国古代史、中国近现代史,还有美国史日本史,对吗?朱光华副校长说:是的,您记得非常清楚。

看完哲学社会科学成果展,刚好碰上正在图书馆看书的师生,江总书记高兴地与他们交谈,握手,问他们是本科生还是研究生,是学什么专业的?当听说一位图书馆工作人员是英语专业毕业的时,江总书记马上用英语问外文系还有什么专业。

9时40分，江总书记来到二楼阅览室。他向正在那里的值班管理员和读书的师生致意。同学们起立热烈鼓掌欢迎，江总书记边走边向同学们挥手，请同学们坐下。当江总书记听到政治学系一学生正在查阅邓小平同志关于思想政治教育的有关论述时，连声说：好；好！江总书记看到医学院一女生正在看血液学方面的书，问她是哪个系的。母国光校长介绍了我校七年制临床医学专业的情况，是培养高层次有研究能力的医学研究和临床医学人才。江总书记微微点头。当江总书记看到一位学生正在看一篇他在莫斯科的讲演英文稿时，他高兴地回忆当时的情况，并用英语流利地读出了文章题目。在一位物理系女学生桌前，江总书记问她写什么，女学生说正在写一篇高中时的班主任的英文作文。江总书记问：班主任的英语怎么说？女学生紧张得答不上来，总书记笑了，旁边的人都笑了。江总书记走到一位中文系学生桌前，谈起了唐诗、宋词、元曲，特别问这位学生看过唐诗三百首，《古文观止》吗？会背吗？他强调，优秀的文学作品都应该会背，然后兴致勃勃地背起了王勃的《滕王阁序》："南昌故郡，洪都新府；星分翼轸，地接衡庐……"周围掌声响起。接着，江总书记又背苏轼的《水调歌头·中秋》，"明月几时有，把酒问青天"，他停下来，问这位学生下面是什么。后来，旁边的学生与江总书记一起背完了这首诗。江总书记还问这位学生宋词和元曲的区别，听到回答后，江总书记说回答得不错。

9时57分，江总书记在师生们的掌声中离开图书馆，前往行政楼与我校和天大党政主要负责人座谈。我校母国光、王荫庭、滕维藻、胡国定出席了座谈会。母国光校长代表党委、校行政向江总书记汇报了我校深化教学改革、提高教学质量、面向经济建设、加强科学研究、不断深化改革等方面的情况。江总书记作了重要讲话。

亲切关怀篇

11时左右,座谈会结束。得知江总书记即将离开学校,机关各部门的干部纷纷来到行政楼大厅欢送总书记。江总书记停下脚步向大家招手致意,并向大家讲:"我太羡慕你们这里的条件了,可惜我没有机会再来大学学习了。"总书记的话赢得了热烈的掌声,大厅内充满欢快的气氛。最后江总书记向在场的学校党政领导和干部、教职工们挥手告别,离开了南开大学。

南开大学党办、校办:《江泽民总书记来我校视察》,
《南开周报》第527期,1994年12月29日

2009年2月15日,温家宝总理来校视察

(温家宝总理说:)我在考虑,南开的道路是什么?南开中学有100多年的历史,南开大学也有90年的历史,南开的道路是同我们民族和国家的道路紧密结合的。也就是说,南开人总是把自己的命运同国家和民族的命运联系在一起。无论是在战争年代,还是在建设时期,心系国家,应该是南开人应有的作风。

南开的品格是什么?允公允能,日新月异!这两句话,就是要为公、奉献和创新。这是每一个南开学生应该做到的,而且应该是一生的座右铭。

南开的精神是什么?就是她青春的精神。经过90年、100年了,这所学校是不是还是那么年轻?充满朝气、面向未来——这就是南开的精神。

我讲南开的道路、南开的品格、南开的精神,都是发自内心的,因为它是我们许多学长、我们的前辈,用他们的经历和献身的事迹铸成的,这就是一个学校的灵魂。我们要坚持走南开的道路,坚持发扬南开的品

格，坚持南开的精神！

《温家宝总理在南开大学看望大学生侧记》，《天津日报》，2009年2月17日

2009年2月15日，正在天津视察的温总理对随行的工作人员说："我想去学校看看学生。"渤海之滨，白河之津，正是春寒料峭的时节，策策清风吹拂着南开园。温总理的到来让这里沸腾了。

由爱国教育家严范孙、张伯苓等创立的南开学府，百余年来，历经坎坷，不断前进，总是在民族安危、国家兴衰的历史关头，忧天下之忧，乐天下之乐。初创时仅有73名学生，如今已发展为包括大、中、小学不同层次的系列学校，形成了完整的教育体系，桃李芬芳，英彦蔚起，遍布大江南北和海外宇内。

栉风沐雨，一路走来，这里依旧朴拙雄伟、万物竞芳，不止一次地张开双臂，迎回南开走出的两位共和国总理。

1951年2月、1957年4月和1959年5月，深受人民爱戴的开国总理周恩来，以南开大学首届学生的身份先后3次回母校视察。每一次，他都不忍匆匆离去，总是关心询问学校发展，亲切看望师生校友。

他深情地说："我是爱南开的。"

2005年6月和2009年2月，同样深受人民爱戴的现任总理温家宝，两次视察南开大学，走进教室听课，和学生共进晚餐，关怀青年成长，阐释南开精神。

他说：我也是爱南开的！

同样的深情，同样是绿叶对根的情意！

"百年南开两总理，十秩春秋万栋梁"。走出南开，他们是步履矫健

胸怀天下的热血青年;回到南开,他们是纵横捭阖执政为民的中华赤子。两代总理,一样情结。他们毕生执着地体认并诠释着南开精神。

创校伊始,张伯苓将南开精神高度概括为"允公允能,日新月异"。他说:"惟其允公,才能高瞻远瞩,正己教人,发扬集体的爱国思想,消灭自私的本位主义。""允能者,要建设现代化国家,要有现代化的科学才能","所谓日新月异,不但每个人要能接受新事物,而且要成为新事物的创始者;不但要能赶上新时代,而且要能走在时代的前列。"

革命年代,周恩来在《抗战建国与南开精神》中说:"南开传统的精神为抗日与民主,为苦干穷干与实干",并热情号召"值此抗战转入第二期之际,望各位校友发扬此种可贵的南开精神为抗战建国而努力"。①

建设时期,温家宝在《南开精神永放光芒》中写道,南开精神是革命精神,是严谨治学和刻苦学习的精神,是朝气蓬勃的精神。"南开精神是新型的社会主义学校所应具有的精神。"

他满怀深情地说:"是南开精神一直鼓舞着我在工作和生活的道路上不断前进。"

"南开这所百年老校,培养出了两位总理,在中国教育史上书写了辉煌的一笔,这不仅是南开的骄傲,也是中国的骄傲",南开大学党委书记薛进文感慨良深,"周总理、温总理深厚的南开情结,不仅体现在他们对母校的热爱与眷恋,更体现在他们对南开精神的思索,对南开发展的期冀"。

二

早春的南开园,空气中仍漂浮着丝丝凉意。学生三食堂外的展板上,"美国的金融危机与中国"、"金融危机下的中国经济突围"等讲座预告,吸引着学子们不时驻足;就业招聘信息栏前,更是人头攒动。

---

① 《南开校友会上周恩来演讲》,《新华日报》,1939年1月11日。

这个冬天，注定要比往年寒冷；然而此刻，食堂里却充满了如火的热情。

温家宝——这位目光坚定、气度沉稳的国家总理，正迎着同学们期盼的目光和伸长的手臂，微笑着向他们走来。他亲切地与每一位同学握手。为了能够看一看敬爱的温总理，同学们纷纷起立，目光始终追随着总理的身影。

温总理径直走到用餐区中间。

"同学们请坐！"

一句和蔼的话语，让刚刚还热闹非凡的食堂立时安静下来。

"我今天是突然袭击，来南开看看同学。我很想念你们。"面对师生校友，温家宝道出了肺腑之言，"我记得周恩来总理说过一句话，'我是爱南开的'。其实，我也是爱南开的。"

即使再华丽的辞藻，也不及这句平实的话语更能牵动南开人的心。大家的热情被即刻点燃，温暖的气息驱散了冬日的寒意。

面对突如其来的金融危机和眼下严峻的就业形势，温总理鼓励大家说："我们党和政府及时采取了果断、有力的措施，出台了振兴经济的一揽子计划。"

"同学们的就业，政府是记在心里的！"

"除了有政府政策之外，还应该有正确的择业观念"，温家宝告诉同学们，其实基层是大有可为的，"我希望同学们把到基层工作同自己的事业发展联系在一起。"

"我在大学毕业以后，因为我是学地质的，当时我决心到西藏去，甚至写了几份血书……但是学校要我做研究生，我就做了研究生了，毕业后我还是到西北去了。我认为西北是我应该工作的地方。现在回过头

亲切关怀篇

来看,也是我一生成长非常宝贵的一段时间,懂得什么叫艰难,人如何克服困难,怎么去生活。"①

"总理的关怀和教导说到了每一个南开人的心坎上,无论有多少困难,无论有多少坎坷,南开人都会愈挫愈奋,永不停步。"南开大学校长饶子和说。

"纵然危机的阴影尚未散去,即使就业的形势依然严峻,温总理字字千钧的话语,让我们看到了希望的曙光,"文学院即将毕业的本科生刘洁,难抑心中的激动,"总理的鼓励,我将永远铭记。"

经济学院周爱民老师同样难以忘记,4年前,温总理来到南开大学泰达学院,与学生一起听自己讲课,亲切勉励学子"认真学习金融这门课程",他说,"金融是经济的一个重要领域。中国现代化建设和经济的发展,需要强有力的金融支撑。你们要把理论同实际相结合,在学期间把学业学好,工作以后能够运用到实践当中。"

4年来,论文两次登上《自然》杂志、获得多项国际奖励的泰达生物技术学院院长王磊一直牢记温总理参观实验室时所作的指示:希望南开学者继续努力,为国家多作贡献。这次没能见到温总理,王磊有些遗憾:"真想亲口对总理汇报,我们没有辜负您的期望!"

那年,几位正在拍摄毕业照的商学院学生成为了幸运之神的宠儿。正要离去的温总理发现他们身穿学士袍,立即对身边的工作人员说:"我和同学们照个相。"②他走到学子中间,与他们一起留下了那幅珍贵的画面。慈祥的目光、青春的笑脸、白色的衬衣、黑色的学士袍,定格成了永恒的瞬间。

经济发展、科技进步和人才培养,始终是国家的重中之重。多少次,温总理辗转于城际、乡间,下企业、进社区、走田间,鼓励人们迎难而

---

① 根据录音整理。
② 根据录音整理。

上,共克时艰;多少次,温总理来到大学校园、走到师生身边,念成长、论教育、谈就业,希望学子奋发进取,早成栋梁……他的一举一动、一言一行,不仅传达出党和国家的坚定信心和强大力量,也彰显着一种胸怀天下、身体力行的济世情怀。

2007年5月14日,在同济大学,温总理曾说:"我希望同学们经常地仰望天空,学会做人,学会思考,学会知识和技能,做一个关心世界和国家命运的人。"

我仰望星空,它是那样寥廓而深邃;

那无穷的真理,让我苦苦地求索、追随。

我仰望星空,它是那样庄严而圣洁;

那凛然的正义,让我充满热爱、感到敬畏。

我仰望星空,它是那样自由而宁静;

那博大的胸怀,让我的心灵栖息、依偎。

我仰望星空,它是那样壮丽而光辉;

那永恒的炽热,让我心中燃起希望的烈焰、响起春雷。①

这首温总理创作的诗歌,令多少莘莘学子为之震撼,为之奋起。仰望星空,是对理想信念的执着坚守;脚踏实地,是行胜于言的务实风格。只有脚踏实地,才能在仰望星空时找寻到那最美的风景。就像温总理对青年学生语重心长的希冀:"你们必定是祖国的未来。你们有信心,你们坚强了,你们有能力,中国就有希望!"

张丽、平扬、张剑、丁峰、向阳:《南开永远年青——温家宝总理视察南开大学纪实》,《南开大学报》第1052期,2009年3月13日

---

① 温家宝:《仰望星空》,《人民日报》,2007年9月4日。

亲切关怀篇

2017年9月23日，习近平总书记给南开大学8名新入伍大学生回信

阿斯哈尔·努尔太等同学：

你们好！我看了来信，得知你们怀揣着从军报国的理想，暂别校园、投身军营，你们的这种志向和激情，让我感到很欣慰。

自古以来，我国文人志士多有投笔从戎的家国情怀。抗战时期，许多南开学子就主动奔赴沙场，用鲜血和生命诠释了爱国、奉献的精神内涵。如今，你们响应祖国召唤参军入伍，把爱国之心化为报国之行，为广大有志青年树立了新的榜样。

希望你们珍惜身穿戎装的机会，把热血挥洒在实现强军梦的伟大实践之中，在军队这个大舞台上施展才华，在军营这个大熔炉里淬炼成钢，书写绚烂、无悔的青春篇章。

习近平

2017年9月23日

《习近平总书记给南开大学8名新入伍大学生的回信》，《人民日报》，2017年9月24日

2017年12月31日新年前夕，习近平总书记发表2018年新年贺词，再次提到南开新入伍的大学生

习近平总书记说，"2017年，我又收到很多群众来信，其中有西藏隆子县玉麦乡的乡亲们，有内蒙古苏尼特右旗乌兰牧骑的队员们，有西安交大西迁的老教授，也有南开大学新入伍的大学生，他们的故事让我深受感动。广大人民群众坚持爱国奉献，无怨无悔，让我感到千千万万

普通人最伟大，同时让我感到幸福都是奋斗出来的"。

《国家主席习近平发表二〇一八年新年贺词》，《人民日报》，2018年1月1日

2018年9月10日，习近平总书记在全国教育大会上讲道：

爱国主义教育是世界各国教育的必修课。爱国主义是中华民族的民族心、民族魂，培养社会主义建设者和接班人，首先要培养学生的爱国情怀。一九三五年，在中华民族危急存亡之际，著名教育家张伯苓在南开大学开学典礼上问了三个问题：你是中国人吗？你爱中国吗？你愿意中国好吗？振奋了师生爱国斗志。我看，这三个问题是历史之问，更是时代之问、未来之问，我们要一代一代问下去，答下去！

习近平：《培养德智体美劳全面发展的社会主义建设者和接班人》，《党的十九大以来重要文献选编》上，中央文献出版社2019年版

2019年1月17日，习近平总书记来校视察

2019年1月17日上午，习近平在天津南开大学参观了百年校史主题展览，察看了化学学院和元素有机化学国家重点实验室，并同部分师生代表亲切交流。习近平对大家说，爱国主义是中华民族的民族心、民族魂。南开大学具有光荣的爱国主义传统，这是南开的魂。当年开办南开大学，就是为了中华民族站起来去培养人才的。我们现在迎来了从站

起来、富起来到强起来的阶段，我们要把学习的具体目标同民族复兴的宏大目标结合起来，为之而奋斗。只有把小我融入大我，才会有海一样的胸怀，山一样的崇高。希望你们脚踏实地，在新的起点作出你们这一代人的历史贡献，成为南开大学新的骄傲。

《习近平寄语南开师生：只有把小我融入大我，才会有海一样的胸怀，山一样的崇高》，新华社，2019年1月18日

四月南开，芳菲满园。100天前习近平总书记视察南开的场景仍历历在目，如春风般萦绕在师生心间，化作奋斗前行的巨大动力。

2019年1月17日上午，中共中央总书记、国家主席、中央军委主席习近平来到天津的第一站，便是视察南开大学。在这座百年学府中，习近平总书记详细参观调研，与师生亲切交流，给南开留下了深深希冀、谆谆教诲和殷殷嘱托。

深深希冀：不忘初心铸爱国魂

第二主教学楼一楼大厅内，百年校史主题展正在展出。习近平总书记视察南开的首站来到了这里。

展厅内，"爱国奋斗公能日新"的展览主题格外醒目。习近平总书记不时停下脚步仔细观看、听取讲解，询问有关情况，详细了解南开大学历史沿革、学科建设、人才队伍、科研创新等。

南开，"因国难而产生，故其办学目的旨在痛矫时弊，育才救国"。从这一颗初心起步，扎根中国大地，"为国家办教育，办以国家为最高目的教育"成为南开大学最鲜明的精神标识。

"勿志为达官贵人，而志为爱国志士。"

"吾人为新南开所抱之志愿，不外'知中国''服务中国'二语。"

"说得好!"当读到南开创办人严修和张伯苓所抒教育救国之志时,习近平总书记轻声念诵,充分肯定南开的爱国教育宗旨和光荣传统。

从日寇轰炸南开,到南迁昆明与北大、清华合组西南联合大学,从新中国成立后学校发展,到面向国家战略需求科教兴国……一份份详细史料、一张张历史图片、一个个详实数据,铺陈开南开大学育才救国、抗日爱国、矢志强国的爱国奋斗史,更吸引了习近平总书记长时间的驻足与思考。

"爱国主义是中华民族的民族心、民族魂。南开大学具有光荣的爱国主义传统,这是南开的魂。"①总书记的话语字字千钧,道出了南开百年历程中始终坚守的精神内核。

在"允公允能,日新月异"的南开校训展板前,习近平总书记的目光久久停留。

"学校是立德树人的地方。树什么人,这很重要。"

习近平总书记亲切询问身旁的教师,思想政治课怎么上?学生们感兴趣吗?

"要讲得鲜活一些。"习近平总书记语重心长地说,培养社会主义建设者和接班人,首先要培养学生的爱国情怀。②高校党组织要把抓好学校党建工作和思想政治工作作为办学治校的基本功。

"总书记的要求让我们思政教师的任务更加明确,就是要在新时代全面做好思政育人的工作,使学生牢固树立正确的世界观、人生观和价值观,牢固树立爱国主义精神。"习近平总书记的嘱托让在场的马克思主义学院院长王新生倍感振奋。

在展厅中间,《中国特色社会主义政治经济学通论》《中国文化二十

---

① 《习近平寄语南开师生:只有把小我融入大我,才会有海一样的胸怀,山一样的崇高》,新华社,2019年1月18日。

② 《习近平总书记念念不忘在南开的一幕幕》,《人民日报》,2019年1月20日。

亲切关怀篇 021

《四品》丛书等数百本科研报告、著作成果陈列在展柜上，习近平总书记不时翻阅，并同在现场的部分院士、专家及中青年教师代表亲切交流。他特别叮嘱，专家型教师队伍是大学的核心竞争力，要把建设政治素质过硬、业务能力精湛、育人水平高超的高素质教师队伍作为大学建设的基础性工作，始终抓紧抓好。①

与习近平总书记当面交流后，环境科学与工程学院院长孙红文心情难以平静，"我们会牢记总书记的嘱托，向南开先贤学习，做一名'四有'好老师，培养担当民族复兴大任的时代新人。"

从1919到2019年，回望百年南开，"爱国奋斗"始终是主题主线，"公能日新"始终是核心价值。因爱国救国而诞生，更因富国强国而成长，南开始终与国家民族同呼吸共命运。

"新时代新百年新征程，我们更要厚植爱国主义情怀，潜心铸魂育人，以开拓创新、永不懈怠的奋斗姿态，奏响爱国奋斗的时代强音。"校党委书记杨庆山坚定地说。

谆谆教诲：牢记使命弘报国志

习近平总书记视察南开的第二站是石先楼，这里是元素有机化学国家重点实验室的所在地。

石先楼北墙的展板，记录了南开大学化学学科的发展历程。习近平总书记沿着走廊仔细观看展板并询问有关情况。当他了解到毛泽东主席、周恩来总理都曾视察南开大学化学系，以及南开化学学科为国家经济社会发展作出的贡献时，频频点头。

在"历年荣获国家级科技奖励"的展板前，习近平总书记问到今年有没有人获奖，中国科学院院士、化学学院院长陈军回答："今年学院陈永胜教授获得自然科学二等奖，1月8日赴京参加了您出席的国家科学

---

① 《习近平在京津冀三省市考察并主持召开京津冀协同发展座谈会时强调：稳扎稳打勇于担当敢于创新善作善成 推动京津冀协同发展取得新的更大进展》，《人民日报》，2019年1月19日。

技术奖励大会。"总书记还观看了学院教师党员赴正定主题教育活动的展板……习近平总书记随后来到核磁室视察,并与中国科学院院士、化学学院教授周其林和课题组的 22 位学生亲切交流。

在参观过程中,习近平总书记对课题组合成的催化剂很感兴趣,询问这些手性催化剂的用途。周其林用左右手作比,向总书记介绍"手性"的概念和在医药等方面的广泛应用。习近平总书记听后很高兴,他告诉在场师生,国家发展到这个阶段,很多东西是向国外学不来的。要加快一流大学和一流学科建设,加强基础研究,力争在原始创新和自主创新上出更多成果,勇攀世界科技高峰。①

"我们一定会为这个目标努力工作、贡献力量!"周其林向习近平总书记建言,希望国家继续高度重视、大力支持基础研究,加大对基础研究领域的投入。

在交流中,习近平总书记向大家问了两个问题:是否热爱自己的学科?是否会在这个学科领域的高峰继续深入研究?当听到同学们异口同声的肯定回答时,习近平总书记露出了欣慰的笑容。

"当年开办南开大学,就是为了中华民族站起来去培养人才的。"面对热情、诚挚的南开师生,习近平总书记说道:"我们现在迎来了从站起来、富起来到强起来的阶段,要把学习奋斗的具体目标同民族复兴的伟大目标结合起来,为之而奋斗。只有把小我融入大我,才会有海一样的胸怀,山一样的崇高。希望你们脚踏实地,在新的起点作出你们这一代人的历史贡献,成为南开大学新的骄傲!"②

铿锵有力的话语,令现场掌声雷动,"我们真心觉得在南开读书是一件很幸福的事情,会加倍努力学习,为祖国建设作出贡献,不辜负习近

---

① 《习近平在京津冀三省市考察并主持召开京津冀协同发展座谈会时强调:稳扎稳打勇于担当敢于创新善作善成 推动京津冀协同发展取得新的更大进展》,《人民日报》,2019 年 1 月 19 日。
② 《习近平寄语南开师生:只有把小我融入大我,才会有海一样的胸怀,山一样的崇高》,新华社,2019 年 1 月 18 日。

平总书记对我们的期望!"化学学院博士生吴雄说。

1919年南开大学初创时,便设有文、理、商三科,有"文以治国、理以强国、商以富国"的办学理念。元素有机化学国家重点实验室是我国高校第一个有机化学研究机构。半个世纪以来,研究所聚集了陈天池、高振衡、何炳林、陈茹玉、王积涛、申泮文、李正名、周其林等一大批优秀的化学家,始终坚持"服务国民经济和促进学科发展"的宗旨,为我国有机化学和农药科学等发展作出了重大贡献,为国家经济建设输送了大批优秀人才。而化学学科,历来就是南开大学的传统优势学科与支柱学科。

任时光流转,南开报国之志永恒不变。近年来,南开大学在京津冀协同发展、自贸区建设等重大国家战略中提交相关报告,发挥了思想库和智囊团作用;在新药研发、新能源清洁高效利用、大气污染与防治、"桥式吊车"等领域取得重大突破……南开学者不断勇攀创新高峰,为国家经济社会发展贡献力量。

"南开师生会秉承'知中国,服务中国'的学术传统,接续'爱中华,复兴中华'的使命担当,将习近平总书记的嘱托落实到行动,立足中国大地办好中国特色社会主义大学!"校长曹雪涛说。

殷殷嘱托:砥砺奋进圆强国梦

石先楼前,是南开大学主楼南广场。闻知习近平总书记来南开了,5000余名师生汇聚到广场。当习近平总书记走出石先楼的一瞬间,广场上沸腾起来!"总书记好!""总书记辛苦了!"热情的问候声此起彼伏,掌声、欢呼声经久不息。人群中,"允公允能,日新月异""不忘初心,牢记使命""愿相会于中华腾飞世界时""成才报国,南开有我"等标语口号格外醒目。

习近平总书记微笑着与近处的师生热情握手、亲切交谈,向远处的师生招手致意,并亲切地问候大家:"给你们拜年!"

广场中央，南开大学杰出校友、共和国开国总理周恩来的汉白玉雕像静静伫立。习近平总书记曾动情地说："周恩来，这是一个光荣的名字、不朽的名字。每当我们提起这个名字就感到很温暖、很自豪。"①

从共和国总理周恩来，到我国农药化学和元素有机化学奠基人杨石先、国际数学大师陈省身、著名物理学家吴大猷、"两弹一星"元勋郭永怀，再到著名经济学家、教育家、翻译家杨敬年，著名无机化学家申泮文……南开爱国奋斗、公能日新的强国梦想永恒不变，方能培养出一代代兼济天下、爱国报国的追梦人。

8名学子响应号召参军入伍，给习近平总书记写信汇报他们投身国防军队建设的坚定决心和部队训练成绩，获总书记回信与勉励。一大批学子走向西部、走进基层，到祖国最需要的地方建功立业。大众创业、万众创新的时代潮流中，同样少不了南开学子的身影。聚焦扶贫，南开师生校友齐心协力，坚决打赢脱贫攻坚战……"希望你们现在扎扎实实学习，但是心中总要怀有一个远大的目标，脚踏实地，仰望星空。祝你们这一代人能够为中华民族伟大复兴作出你们的历史贡献。"习近平总书记的温暖话语，鼓舞人心。

在现场聆听总书记教诲的每一位师生，都精神振奋，豪情满怀。

学校武装部干部赵清泰、杨建国以退伍老兵的身份向习近平总书记敬礼。总书记与他们亲切握手，肯定南开8名入伍学子的成绩"他们干得很不错！""我们将不负习近平总书记的嘱托，进一步做好南开国防育人工作！"赵清泰说。

周恩来政府管理学院本科生薛博文紧握习近平总书记的手，报告自己毕业后将去西部支教。总书记热情地鼓励道："大有用武之地！""总书记的话语让我充满力量。那一刻，仿佛民族复兴的征途就在眼前，我愿

---

① 《习近平在纪念周恩来同志诞辰120周年座谈会上的讲话》，新华社，2018年3月1日。

亲切关怀篇

意为之奋斗，奉献一切！"薛博文信心满怀。

曾经的学生合唱团团员、现工作于艺术教育指导中心的孟诗洋向习近平总书记汇报了学校获奖的合唱作品《精忠报国》。总书记欣慰地说："精忠报国，好！""我们将勇敢追梦，牢记习近平总书记嘱托，肩负起建设南开、建设祖国的重任！"孟诗洋表示。

"我和我的祖国，一刻也不能分割，无论我走到哪里，都流出一首赞歌……"不知何时，悠扬的歌声在广场上响起来，一传十、十传百，5000人的广场刹那间汇成歌的海洋。悠扬的旋律燃起每一位南开人心系祖国、奉献祖国的火热激情，许多人热泪盈眶。

临别时，汽车已缓缓开动，习近平总书记在打开的车门前，一路向沿途师生挥手致意。掌声、歌声、欢呼声在校园里久久回荡。

考察路上，习近平总书记念念不忘在南开的一幕幕。

"中国人民筚路蓝缕、艰苦创业，为有牺牲多壮志，才有今天的成绩。今年我们要庆祝新中国成立70周年。最好的庆祝，就是不忘初心，牢记使命宗旨，担好我们肩上的历史责任。我们的历史责任就是'两个一百年'奋斗目标，就是中华民族伟大复兴。南开大学张伯苓老校长有'三问'——你是中国人吗？你爱中国吗？你愿意中国好吗？这既是历史之问，也是时代之问、未来之问。我们就要把这个事情做好。"[1]

不负厚望：公能日新书南开"答卷"

"和习总书记握手，我能够感受到那是一双温暖、宽厚、有力的手。短短几分钟，成为我们奋斗终生的不竭动力，当时我佩戴的校徽会永久珍藏……"在化学学院学习贯彻习近平总书记视察南开大学重要讲话精神座谈会上，硕士生武荃回想起习近平总书记来校视察时的场景，仍难掩激动。

---

[1] 《习近平总书记念念不忘在南开的一幕幕》，《人民日报》，2019年1月20日。

奋斗终生的不竭动力,激荡在南开园中,更澎湃在每个南开人心底。习近平总书记来校视察,是南开大学迎庆建校100周年、迈向新百年新征程的重大喜事、无上荣光和最高荣耀。学校党委在第一时间召开会议,传达学习习近平总书记来校视察时的重要讲话精神,并制定印发《关于深入学习宣传贯彻习近平总书记视察南开大学重要讲话精神的实施意见》,从6个方面作出重点安排,在全校迅速掀起学习宣传贯彻热潮,谱写"高举旗帜牢记嘱托"学习宣传阐释的新篇章、"爱国奋斗公能日新"筑牢南开之魂的新篇章、"把准方向强基固本"加强党的领导和党建思政工作的新篇章、"融入大我勇担使命"人才培养的新篇章、"素质提升德业双馨"教师队伍建设的新篇章、"开拓创新勇攀高峰"一流大学和一流学科建设的新篇章,坚定不移沿着习近平总书记指引的方向前进。

座谈会、研讨会、主题班会上,师生们重温习近平总书记的殷殷嘱托,表达为祖国繁荣发展而努力奋斗的决心;重走习近平总书记视察南开之路,深入社区、学校、乡村开展宣讲调研和志愿服务……一次次丰富的教育活动,让总书记对南开的要求入脑入心更见于行动。

持续高涨的学习热潮激发了热情与干劲,师生们奋笔疾书,正在书写一张南开"答卷"。

以习近平总书记对南开爱国主义传统的充分肯定为强大动力,南开把厚植爱国主义情怀作为立德树人的立足点,涵育民族心,筑牢南开魂,唱响"弘扬爱国奋斗精神,奏响爱国三问时代强音"的主旋律。

"'大我',就是时代、国家、民族,南开的诞生正是和'大我'息息相关。"在3月22日举行的南开大学"小我融入大我,青春奉献祖国"主题教育活动启动仪式上,马克思主义学院教师以习近平总书记视察南开大学时"把小我融入大我"的殷殷嘱托开题,向师生娓娓讲述在中国近现代历史中,张伯苓、周恩来等南开先贤爱国报国、立下功勋的故事。"不忘初心、牢记使命"党员教育、"学习周恩来精神,践行南开人责任"

亲切关怀篇

主题教育、"礼赞中国心，铸牢南开魂"百年校庆文化活动、"潜心向学，勇攀高峰"科研道德与学风建设、"厚植爱国情，笃行报国志"就业创业教育、"淬炼成钢强军魂"国防教育、"师生同行，矢志报国"社会实践等一系列活动，正在南开园中如火如荼地展开，让爱国主义在学生心中牢牢扎根，引导学生立公增能，把爱国之心化为报国之行。

"爱国奋斗公能日新"百年校史主题展厅内，"渤海之滨，白河之津，巍巍我南开精神……"的南开校歌，随着接踵而至的参观脚步不断响起；作为天津市爱国主义教育基地，南开大学八里台校区成为开展理想信念教育和爱国主义教育的重要阵地，师生校友和各界人士在这里聆听南开故事，升华爱国情怀。

"高校党组织要把抓好学校党建工作和思想政治工作作为办学治校的基本功。"南开牢记习近平总书记的要求，着力加强党的全面领导，以"标杆"标准加强党建工作，正在加快构建学校党委、院系党组织、基层党支部、党员"四位一体"组织体系，全面实施基层党组织组织力提升工程三年行动计划，大力推进基层党组织建设示范创建和质量创优工作。

思想政治课"要讲得鲜活一些"，习近平总书记的教诲言犹在耳。开设"习近平新时代中国特色社会主义思想概论"课程，遴选优秀教师专题授课；校领导和各学院、部处干部教师为全校学生讲授"中国发展"课、"形势与政策"课，以鲜活生动的主题课程搭建师生对话平台；开设"文化自信与党的文化资源概论"等思政类通识选修课，把爱国主义教育融入教学实践各环节；开展"小我融入大我，南开与祖国同行"主题社会实践，师生同学同研，完成百余项调研课题……南开通过优化课程体系、推进课程思政、强化师生互动，让思政课"活起来""热起来""动起来"，达到润物细无声的效果。

立德树人，教师是关键。建设一支政治素质过硬、业务能力精湛、育人水平高超的高素质教师队伍，是习近平总书记对南开、对高等教育提出的期望。南开坚持人才强校战略，外引内培，在加大力度延揽战略科学家和有发展潜力的优秀中青年人才的同时，着力提高教师马克思主义理论素养、教学科研能力，打造一支"素质提升德业双馨"的教师队伍。

3月28日、29日，来自全校27个学院（单位）的31名教师，在以"爱国奋斗"为主题的2019年中青年骨干教师第一期研修班中，通过对爱国主义、师德师风、教育教学研究、跨学科交流和国情社情考察等方面的研修学习，进一步提高思想政治素质和业务能力。4月12日，200余名海内外专家学者、青年才俊会聚第四届南开大学国际人才论坛，通过学术报告、座谈交流、校园参观等认识南开、了解南开进而选择南开……回望百年南开的办学历程，扎根中国、开拓创新、勇攀高峰是学校始终如一、历久弥新的传统。宽视野、大格局、重质量、高水平，南开不负习近平总书记厚望，"双一流"建设蹄疾步稳。

文科振兴、理科提升、工科攀登、生医发展，学校正在实施的"4211'卓越南开'行动计划"瞄准世界学术前沿，全面提升学科核心竞争力和影响力。

在光子学人工微结构与前沿物理研究领域取得重要进展；研获一种绿色环保的纯蚕丝"人工肌肉"；"谷田绿色超高效创制除草剂单嘧磺隆"技术成果转化在河北落地；化药1类CP0119新药产学研合作开发；承担天津市新一代人工智能科技重大专项项目……南开在原始创新能力提升方面不断发力。

携手泰晤士高等教育举办以"中国新兴世界一流大学的未来发展"为主题的中国大学国际会议；与英国格拉斯哥大学签约合作培养博士生；与美国智库伊利诺伊大学区域经济应用实验室合作，建设中国区域经济应用实验室；南开—牛津联合培养医学博士项目加速推进……南开着力

亲切关怀篇

提高国际化办学水平。

一百年前,南开人筚路蓝缕,开启了育才救国的办学之路;一百年后,新时代的南开人继承发扬着浸润在百年历史文化中的"南开精神",牢记习近平总书记的殷殷嘱托,以"功成不必在我"的精神境界和"功成必定有我"的历史担当,铸魂追梦,育才强国,勇担中华民族伟大复兴的历史责任,在新百年努力交出一份无愧于人民、无愧于历史、无愧于时代的南开"答卷"。

> 南开大学新闻中心:《春风暖南开 腾飞新百年——习近平总书记视察南开大学纪实》①,《南开大学报》第1381期,2019年5月1日

---

① 本文部分内容综合参考《人民日报》、新华社、中央电视台等媒体报道。

二、思想言论篇

南开大学诞生于五四运动的时代大潮之中,有着与生俱来的爱国主义基因。在一个世纪的奋斗历程中,孕育并形成了与民族共命运、与时代相偕行的爱国主义思想,积淀为学校深厚的爱国主义传统,彰显出学校办学育人的鲜明爱国主义导向。百年来,南开人始终赓续爱国主义教育传统,南开园里时时回响的"爱国三问",始终散发着生生不息的思想光芒,蕴藏着撼人心魄的精神力量。本篇选取了学校先贤和党政主要领导以及南开师生关于爱国主义的思想言论。

思想言论篇 033

天下之治乱视乎人才，人才之盛衰系乎士类。今日读书，他日致用，非止为进取也。试取往籍所载，反复精思，何者为得，何者为失，何者最于近事，何者将谂于后来，以我处此，何策之从？

严修①：《剀切劝学条规》（1894年），陈鑫、杨传庆整理：《严修集》，中华书局2019年版

读书将以致用也，方今时事急须才矣，诸生有熟于经世之学者，军国富强之策、民物利病之原，各举所知以相讨论。范文正作秀才时便以天下为己任，愿诸生效之。

严修：《贵州观风题育才尤今日之急务》（1894年），陈鑫、杨传庆整理：《严修集》，中华书局2019年版

本育才兴学之意，为穷变通久之谋，此诚更化之始基，自强之要义也。

严修：《奏为时政维新请破格迅设专科敬陈管见事》（1897年），陈鑫、杨传庆整理：《严修集》，中华书局2019年版

夫教育之系于国家密且大矣。若欲审度宗旨以定趋向，自必深察国势民风强弱贫富之故，而后能涤除陋习，造就全国之民。

严修：《奏为学部初立拟定教育宗旨请明降谕旨宣示天下事》（1906年），陈鑫、杨传庆整理：《严修集》，中华书局2019年版

① 严修，字范孙，爱国教育家、学者，曾任清末翰林院编修、贵州学政、学部左侍郎，与张伯苓共同创办南开系列学校，被尊为"南开校父"。

惟中国当列强雄视之时，必造就何等之国民，方足为图存之具，此不可不审者也。中国之大病，曰私，曰弱，曰虚，必因其病之所在而拔其根株，作其新机，则非尚公、尚武、尚实不可也。

> 严修：《奏为学部初立拟定教育宗旨请明降谕旨宣示天下事》（1906年），陈鑫、杨传庆整理：《严修集》，中华书局2019年版

今欲举支离涣散者而凝结之，尽自私自利者而涤除之，则必于各种教科之中，于公德之旨、团体之效，条分缕析，辑为成书，总以尚公为一定不移之标准，务使人人皆能视人犹己、爱国如家，盖道德教育莫切于此矣。

> 严修：《奏为学部初立拟定教育宗旨请明降谕旨宣示天下事》（1906年），陈鑫、杨传庆整理：《严修集》，中华书局2019年版

方今环球各国，实利竞争，尤以求实业为要政，必人人有可农可工可商之才，斯下益民生，上裨国计，此尤富强之要图，而教育中最有实益者也。

> 严修：《奏为学部初立拟定教育宗旨请明降谕旨宣示天下事》（1906年），陈鑫、杨传庆整理：《严修集》，中华书局2019年版

今日所赖以转移国势者，舍有志之少年，其又奚属？诸生今日中国少年之一部分也，勉之勉之！勿志为达官贵人，而志为爱国志士。鄙人

所期望诸生者在此，本堂设立之宗旨亦不外此矣。

严修：《天津敬业中学学生毕业训词》①（1908 年），
陈鑫、杨传庆整理：《严修集》，中华书局 2019 年版

近日屡感触于社会之恶习，益觉中国前途之可惧。夫中国当此千钧一发之秋，所恃者果何？在恃教育青年耳。教育一事非独使学生读书习字而已，尤要在造成完全人格，三育并进而不偏废。故凡为教育家者，皆希望世界改良，人类进步；抱不足之心，求美满之效。我国当教育青年之任者，诚能实行若此，则中国或可补救于万一。

张伯苓②：《在南开学校修身班上的演讲》（1914 年 4
月 29 日），《敬业》第 1 期，1914 年 10 月

聚多数团体而成者曰社会，合若干社会而立者曰国家。国无社会不名，社会无团体不生。国与社会，两相表里，一而二，二而一者也。是故爱国者，必先及其社会，首必爱其群，斯为爱国之士焉。

周恩来③：《爱国必先合群论》（1914 年 9 月），中共中
央文献研究室、南开大学：《周恩来早期文集》，中央
文献出版社、南开大学出版社 1998 年版

吾国民果欲占颜色于世界也，则当爱国。欲爱国则必先合群，无分

---

① 敬业中学即南开中学前身，1908 年 7 月首届学生毕业。
② 张伯苓，名寿春，爱国教育家，南开系列学校创办者，美国哥伦比亚大学名誉博士，被誉为"中国现代教育的创造者"。
③ 周恩来，1913 年至 1917 年就读于南开学校，1919 年 9 月入南开大学文科，学号 62 号。

畛域，勿拘等级，孤寡者怜之，贫病者恤之，优者奖之，劣者教之。合人群而成良社会，聚良社会斯能成强国。神州不沉，吾种不灭，均如千钧系之一发，吾国可不于此加之意乎？

> 周恩来：《爱国必先合群论》（1914年9月），中共中央文献研究室、南开大学：《周恩来早期文集》，中央文献出版社、南开大学出版社1998年版

有志在金钱者，其终身恒乐为富家翁；志在得官者，百计钻营不以为耻，此志之害也。故立志者，当计其大舍其细，则所成之事业，当不至限于一隅，私于个人矣。

> 周恩来：《尚志论》（1915年4月），中共中央文献研究室、南开大学：《周恩来早期文集》，中央文献出版社、南开大学出版社1998年版

莽莽神州，已倒之狂澜待挽。茫茫华夏，中流之砥柱伊谁？弱冠请缨，闻鸡起舞，吾甚望国人之勿负是期也。

> 周恩来：《或多难以固邦国论》（1915年），中共中央文献研究室、南开大学：《周恩来早期文集》，中央文献出版社、南开大学出版社1998年版

夫狭义之言，学校则课读而已；广义之言，学校则教之为人。何以为人？则第一当知爱国。今人莫不知我国国民爱国心薄弱，欲他日爱国，则现在宜爱校，既同处一校，则相与关切至密，亦既言之矣，故须相爱，

以相助相成。

> 张伯苓:《在南开学校修身班上的讲话》(1916 年 1 月 19 日),《校风》第 18 期,1916 年 1 月 24 日

相逢萍水亦前缘,负笈津门岂偶然。
扣虱倾谈惊四座,持螯下酒话当年。
险夷不变应尝胆,道义争担敢息肩。
待得归农功满日,他年预卜买邻钱。

> 周恩来:《送蓬仙①兄返里有感》(1916 年 4 月),中共中央文献研究室、南开大学:《周恩来早期文集》,中央文献出版社、南开大学出版社 1998 年版

教育为救国之大本,而教育所以能养成良美之国民者,要非使学生知识优美,道德高尚,身体强健不为功。是以大学之设,为吾校刻不容缓之图。而国魂之保守,毅力之增加,身体之锻炼,吾校师生尤宜时时勉励,以期无负全国厚希教育救国之忱。

> 张彭春②:《在南开学校新学年开学典礼上的讲话》(1916 年 8 月 21 日),《校风》第 36 期,1916 年 9 月 4 日

遍观古今中外,无有以弱国而辱强国者。惟应自强不息,发扬爱国之精神,自可无虞。吾又谓:人之爱国,不可徒存消极主义,而独善其身,必也有动人之力,如火把然,自燃之后且能助燃,以次相燃,则功

---

① 张蓬仙,即张瑞峰,周恩来南开学校同学,曾任敬业乐群会会长。
② 张彭春,教育家、戏剧家、外交家、张伯苓胞弟,曾任南开学校专门部主任、南开大学教授。

著矣！苟遇有不易燃者，当有忍耐之心。惟燃时不免有风浪之阻碍，设火力不足，值此未有不扑灭者。如本校自开办以来，屡遇险阻，其所以未颠覆者，以火力足也。故吾甚愿诸生以火把自命，匪独自燃，且能助燃，则方为真正之爱国。

> 张伯苓：《在南开学校修身班上的讲话》（1916年11月1日），《校风》第44期，1916年11月1日

愿相会于中华腾飞世界时！

> 周恩来：《给同学的临别赠言》（1917年8月30日），《周恩来手迹选》，中央文献出版社1988年版

大江歌罢掉头东，
邃密群科济世穷。
面壁十年图破壁，
难酬蹈海亦英雄。

> 周恩来：《大江歌罢掉东头》（1917年9月），中共中央文献研究室、南开大学：《周恩来早期文集》，中央文献出版社、南开大学出版社1998年版

学生之目的，则学成以我之能力救国；将来为中国之伟人，为世界之英雄。

> 张彭春：《在南开学校暑假乐群会第一次茶话会上的讲话》（1918年7月10日），《校风》第108期，1918年10月4日

教育的事业乃进的，又安有止境一说？先时教育为扬名声，显父母，而今日则迥乎异矣！教育为社会谋进步，为公共谋幸福。

> 张伯苓：《在南开学校修身班上的讲话》（1919年2月14日），《校风》第117期，1919年3月18日

（一）誓保国土；（二）誓挽国权；（三）誓雪国耻；（四）誓除国贼；（五）誓共安危；（六）誓同终始。

> 马骏[①]：《宣誓书》（1919年6月5日），郝铭鉴、胡惠强主编：《革命烈士遗文大典》，上海文化出版社2001年版

现在中国的学生在发展个性，研究学术，求着实验以外，还要负一种促进社会去谋人类幸福社会进化的责任。

> 周恩来：《学生根本的觉悟》（1919年10月），中共中央文献研究室、南开大学：《周恩来早期文集》，中央文献出版社、南开大学出版社1998年版

教育者以良教育授之，受教育者更间接以授于一般人民。所有学校之优点不难普及于社会，则将来一般人民遂无有不受教育者，社会焉有不良者乎？前途险象，不无补救，教育界之责任岂浅鲜？

> 凌冰[②]：《对学界的演讲》（1920年1月），《大公报》（天津），1920年1月17日

---

① 马骏，1919年从南开中学毕业进入南开大学。1921年在天津加入中国共产党，成为天津第一批党员之一。1922年到哈尔滨从事地下工作，是中共东北地区党组织创始人之一。1927年任中共北京市委书记兼组织部部长。1928年被奉系军阀杀害。

② 凌冰，教育家、外交家，曾任南开学校大学部主任、南开大学教授。

千古做完人,震撼三津,爱国不怕进狱门。虎狼拒送检察厅,更增仇恨!

红日透监棂,满眼光明,绝食神州风云动。买办洋奴休横行,一场春梦!

<blockquote>
于方舟[①]:《浪淘沙》(1920年,狱中所作),萧三主编:《革命烈士诗抄》,中国青年出版社2015年版
</blockquote>

"五七"为国耻纪念日,我等应沉心想想民国四年当日情形。从今日起,吾人对于以前种种不用去问,中国一日不亡,吾人当尽责一日,努力奋斗,鞠躬尽瘁,死而后已。

<blockquote>
张伯苓:《在南开学校纪念"五七"国耻日集会上的讲话》(1921年5月7日),《南开周刊》第7期,1921年5月10日
</blockquote>

大好河山似锦,军阀混战乾坤。二十年来掩泪痕,遍地疮痍谁问?民心忧痛如焚,九河流水鸣喑。神州破碎金瓯损,津沽烈火风云!

<blockquote>
于方舟:《西江月》(1921年),萧三主编:《革命烈士诗抄》,中国青年出版社2015年版
</blockquote>

办大学之目的,在信学以致大,学以易愚,学以救国,救世界,学能求真理又能改善人格。故欲达到此目的,须自大学时代做起。一学者终身从事于学理之研究,然作学者须先具以下五种善行:(一)立志;(二)

[①] 于方舟,原名于兰渚,天津五四运动杰出领导者之一。1922年秋,化名"于绍舜"考入南开大学。1923年经李大钊介绍加入中国共产党,是天津党组织的创始人之一。大革命失败后,以中共顺直省委组织部部长身份领导冀东第二次玉田暴动,不幸被俘,英勇就义。

敦品;(三)勤勉;(四)虚心;(五)诚意。

> 张伯苓:《在南开大学开学式上的讲话》(1923年9月17日),《南开周刊》第69期,1923年9月21日

苍茫大海中,方舟一叶如萍梗。帆樯了不具,问君何以济群生?

昨夜风涛多险凶,浪如山倒势排空。方舟卷入漩涡中,探得世路不着行。

波涛来益烈,风雨阴寒夜。几许同行逐浪休,方舟漂泊无处歇。

狂澜四面严相逼,群生彼岸须舟亟。方舟负任一何重,方舟遭境一何逆!

努力壮尔神,努力执尔舵,战胜眼前魔,何愁沧海阔!

苍茫大海中,方舟一叶如萍梗。帆樯不了具,问君何以济群生?

> 于方舟:《方舟歌》(1924年1月),《宁河县志》,天津社会科学院出版社1991年版

诸君,中国以前种种的失败,我们青年人亦应负一部分责任。但是今后中国的前途,我们青年人却不能再稍微忽略了。我们不应该不顾事实空唱高调。我们应当有一定信仰,本着这种信仰寻觅途径向前去做。我们应当牢靠记住:中国如不能自立,不能自强,不能自助,是绝不会在这二十世纪的竞争场中有地位的。我们应当牢靠记住中国所受的耻辱及外国对我侵略的情形。这种耻辱我们应该设法去"雪"。谁说中国人不应当存"雪耻"的心?我以为有"雪耻精神",然后才配称为现代的中国人。

> 查良鉴[①]:《纪念"五卅"》,《南大周刊》第35期"五卅"纪念号,1926年5月29日

---

① 查良鉴,法学家,时为南开大学学生。

刀儿架在头上，箭儿射在身上，
一堆一堆的红血，泉涌般流出；
你这两眼迷矇的睡狮，还不醒来？
蛇蝎围着四边，豺狼兜在两面，
一条一条的肝肠，继续地拖出；
你这两眼迷矇的睡狮，还不醒来？

> 包寿眉①：《"五卅"纪念号卷头语》，《南大周刊》第35期"五卅"纪念号，1926年5月29日

国民精神之不振，体魄之颓唐，为教育中之一大问题。……身体与智力，及身体与道德的关系，均得有科学上的证据。故尝以为体育教育 Physical Education 实为各项教育之母，亦深信为救国之要途。

> 章辑五②：《南开之体育》，《南开学校二十二周年纪念号》，1926年10月17日

此刻现在的中国，我们所最需要的是西方人所以能战胜于世界的那种力，用我的话来说，便是现代的能力。我们此后能否立足于世界，就看我们有没有那种力。如何得到此种力呢？我们不应该只取西人所创造的已成的结晶物，我们要探到他们所以创造那种东西的精神。这就是说：我们要求得其方法，不只于求得其结晶物。

> 张彭春：《在南开中学学生集会上的讲话》（1927年9月8日），《南中周刊》临时增刊第2号，1927年9月12日

---

① 包寿眉，时为南开大学学生。
② 章辑五，体育教育家，曾任南开大学、中学、女子中学、小学四部体育主任。

方今之世,浊浪滔滔,时衰国危,有志之士莫不各抒其所见,谋所以补救之方。……欲求其先着眼于深微之处,续致其最迂缓之力,终乃谋国家百年大计,如教育者殆不多见也!

> 张彭春:《"开辟的经验"的教育》,《南中周刊》南开学校第二十三周年纪念专号,1927年10月17日

以往之大学教育,概皆"洋货"。教员则为留学生,教材则来自外洋,讨论学术,则恒以欧美之历史与社会为背影。此类教育,既不合学生之需要,又不合中国之国情;即偶尔相合,亦不过无源之水,一吸即涸,小贩经商,行买行卖,中国将长此拾人之余矣。故南开大学之志愿,在谋学术之独立,在整理事实,以为建设之根据,在用科学方法,以解决中国之问题;简言之,在"认识中国",在"服务中国"。

> 张伯苓:《南开之已往与南开之将来》,《继续发展之南开学校》,1927年

无现代的国民,不能组成现代的国家。现代的国家必须重"公"。诸位也许读过《孝经》,我说现在应再写一本《公经》。如人不懂"公",则不能成为现代的国民。中国人的脑力我不敢断定比外人强弱。在留学学生很知道,我们的脑不比外人弱,身体也不弱,有的是因为少训练。中国人身体不弱,人数多,土地不少,为什么还要受外人的欺侮呢?即因少一"公"字。……诸位青年在校读书,要训练这"公"。

> 张伯苓:《对吉林省立中等以上学校及省模范高小师生的演讲》(1928年4月24日),《毓文周刊》第234期,1928年4月28日

教育家的任务不仅仅是传授知识和方法，更重要的是树人，培养学生具有自尊、自爱的意识，从而推动他们感受、珍惜、维护祖国的尊严。

张伯苓：《中国之国民教育问题》①（1929 年 7 月 12 日），南开大学档案馆藏

面对当今危局，培养认识历史、具有历史使命感的人，使其能冷静思考现状、解决当下问题，为一个独立而和平的未来中国做好准备。

张伯苓：《中国之国民教育问题》（1929 年 7 月 12 日），南开大学档案馆藏

大学是干什么的？简单地说，大学的意义，一在"润身"；二在"淑世"。"润身"是为个人，"淑世"是为社会。"为学问而学问"，就是因为学问可以"润身"；"学以致用"，就是要改良社会——"淑世"。

黄钰生②：《大学教育与南大的意义》，《南开大学响导》，1930 年 5 月

南开大学的意义，是要用人格与学术去"争气"，去"淑世"，去实现中国的最高理想。南大不信中国人根本不行，中国事根本未有办法……南大相信的只有两件事：人格，学问——用工夫修养来的人格，老老实实求来的学问。到南大来要读书，要作实验，要守规矩，要受考试。怕难的不必来，求安逸的不必来，好奉承的不必来，服了这口气的

---

① 1929 年 7 月 12 日，张伯苓在法国巴黎高等师范学院用英文发表题为"中国之国民教育问题"的演讲。演讲记录稿原件现藏于法国外交事务与国际发展部档案馆。2016 年 3 月 27 日，法国宪法委员会主席洛朗·法比尤斯将该演讲记录稿的复印件赠予南开大学。本文为中文译稿节选。

② 黄钰生，教育家、图书馆学家，曾任南开大学教授、文科主任、秘书长。

不必来。

> 黄钰生:《大学教育与南大的意义》,《南开大学响导》,1930 年 5 月

用教育改造国民,不但不使再受外侮,而且能适应时代的潮流而生存,这就是南开的生命。而南开学生的使命,也就是凡在本校读书的人,全应抱此目的改造国家。

> 张伯苓:《在南开学校成立二十七周年纪念会上的讲话》(1931 年 10 月 17 日),《大公报》(天津),1931 年 10 月 17 日

国人已饱尝内战苦痛,在此国难当头,一致对外之时,共作废止内战之运动,自属切要之图。有人怀疑将来效力有限,本人则谓只看国民是否真爱国、真觉悟,如其真爱国、真觉悟,则全国人民均下决心一致加入,而效力自然伟大。

> 张伯苓:《对于上海各界发起废止内战大同盟之意见》(1932 年 6 月 5 日),《申报》,1932 年 6 月 5 日

精神颓败亦为国弱的一大原因。国家的财政经济破产,并不要紧,若是精神破产,实国家民族灭亡之先声。故在此国难时期,应努力振奋精神。当余尚梳小辫时,先父曾有言"人愈倒霉,愈应当勤剃头、勤打扮",这就是说总当洁净光滑,表示精神。希望诸位所领导从事建设而振奋,使国人因而振奋,开辟中国之新生命,前途不可限量。

> 张伯苓:《在中国工程师学会年会上的致辞》(1932 年 8 月 22 日),《大公报》(天津),1932 年 8 月 23 日

旧的教育,是旧时代的产儿。新的教育,是新时代的产儿。要是新的时代,是要有新的教育,那么,新的时代的中国,也要有新的教育。换句话来说,就是中国的教育的新时代化,或是现代化。

陈序经①:《教育的中国化和现代化》,《独立评论》第43号,1933年3月26日

甚望我亲爱之青年,能多加"大公"之训练!化个人一己为全国之一部分!

张伯苓:《在上海澄衷中学的演讲》(1933年10月),《澄衷半年刊》,1933年第10期

救国须改造中国,改造中国,先改造人,这是总方针。方法与组织,可以随时变更,方针是不变的。中国人的道德坏、智识陋、身体弱,以这样的民族,处这样的时局,如何能存在?……(南开)发起是如此发起,目的是要救国。方法是以教育来改造中国。改造什么?改造他的道德,改造他的知识,改造他的体魄。

张伯苓:《在南开大学秋季始业式上的讲话》(1934年9月17日),《南大半月刊》第15期,1934年10月17日

南大教育之目的既在求民族之自存,故毅然以谋学术之独立为志愿。其方法则在整理事实,以作建设之根据;用科学方法,以解决中国之问

---

① 陈序经,历史学家、社会学家、民族学家、教育家,曾任南开大学教授、经济研究所主任、教务长、副校长。

思想言论篇　047

题。易言之,在认识自己的国家,服务于自己的国家,而更要创造能立足于现代的国家。

> 华午晴①、伉乃如②:《十六年来之南开大学》,《南大半月刊》第 15 期,1934 年 10 月 17 日

中国现在尚未除去旧有恶习:不合作、不团结、自私、自利。诸位在新环境中读书,要养成合作的埋头苦干的创造的精神,脚踏实地的做去,先求国家之自由,再谈个人的自由,那末中国是一定有希望的!

> 张伯苓:《在江苏省立上海中学的演讲》(1935 年 1 月 3 日),《江苏省立上海中学半月刊》,1935 年第 89、90 期合刊

"九一八"以后,尤其《何梅协定》签字以来,平津一带随时可有战祸。同学们固应爱护母校,但尤应爱国。天津如被侵袭,早受日人嫉视的南开学校,其遭遇破坏,自属必然。但我们不可因此对抗日有所顾虑。南开学校与整个国家比,实不算得顶重要。为救国而抗日,当不可顾虑本校之可能遭受破坏,甚至以此使南开学校片瓦不存,亦不足惜。

> 张伯苓:《在南京南开校友欢迎会上的讲话》(1935 年 9 月 7 日),《张伯苓先生百年诞辰纪念册》,1975 年

青年人要顾公,不要净顾自己,从自己起,每天想三回——

---

① 华午晴,曾任南开学校庶务课课长、会计课主任兼建筑课主任。
② 伉乃如,曾任南开学校化学教员、注册课主任兼校长办公室主任。

南开大学爱国主义教育资料选编

"我真爱国么?我自己对公家有好处吗?我自己对公家有害处吗?"

> 张伯苓:《在南开大学秋季始业式上的讲话》(1935年9月17日),《南开校友》第1卷第1、2期合刊,1935年10月15日

现在,我给你们想几句话:
你是中国人吗?　　是。
你爱中国吗?　　爱。
你愿意中国好吗?　　愿意。

> 张伯苓:《在南开大学秋季始业式上的讲话》(1935年9月17日),《南开校友》第1卷第1、2期合刊,1935年10月15日

敌人此次轰炸南开,被毁者为南开之物质,而南开之精神,将因此挫折,而愈益奋励。故本人对于此次南开物质上所遭受之损失,绝不挂怀,更当本创校一贯精神,而重为南开树立一新生命。

> 张伯苓:《在接受〈中央日报〉记者采访时的谈话》(1937年7月30日),《中央日报》,1937年7月31日

我们全民族团结起来,建立了抗日民族统一战线,同日寇进行英勇顽强的战争,这在中华民族的历史上是空前的。在东方,在世界历史上也是十分伟大的!青年们一定要关心民族的存亡,在中华民族面临生死存亡的历史关头,要把天下兴亡担在肩上,要把民族的利益看

得高于一切。

> 周恩来：《在重庆南开中学举办的校友座谈会上的讲话》（1939年1月），中共中央文献研究室编：《周恩来年谱》，中央文献出版社2007年版

南开传统的精神为抗日与民主，为苦干穷干与实干，值此抗战转入第二期之际，望各校友发扬此种可贵的南开精神，为抗战建国而努力。

> 《南开校友会上周恩来演讲》，《新华日报》，1939年1月11日

我办教育是本着"公能"二字为目标（这是南开校训），这二字非常简单，含义也明确。"公"即是教人要为国民谋利，为国家做事，而不要只贪图私利；"能"即是要训练人的智力与技能，使每人能有现代技能，建立强盛国家。

> 张伯苓：《在接受〈新华日报〉记者专访时的谈话》（1942年8月26日），《新华日报》，1942年8月26日

南开学校系由国难而产生，故其办学目的，旨在痛矫时弊，育才救国。窃以为我中华民族之大病，约有五端：首曰"愚"。千余年来，国人深中八股文之余毒，民性保守，不求进步。又教育不普及，人民多愚昧无知，缺乏科学知识，充满迷信观念。次曰"弱"。重文轻武，鄙弃劳动。鸦片之毒流行，早婚之害未除，因之民族体魄衰弱，民族志气消沉。三曰"贫"。科学不兴，灾荒叠见，生产力弱，生计艰难。加以政治腐败，贪污流行，民生经济，濒于破产。四曰"散"。两千年来，国人蛰伏于专

制淫威之下，不善组织，不能团结。因此个人主义畸形发展，团体观念极为薄弱。整个中华民族有如一盘散沙，而不悟"聚者力强，散者力弱"、"分则易折，合则难摧"之理。五曰"私"。此为中华民族之最大病根。国人自私心太重，公德心太弱。所见所谋，短小浅近，只顾眼前，忽视将来，知有个人，不知团体。其流弊所见遂至民族思想缺乏，国家观念薄弱，良可慨也。

右述五病，实为我民族衰弱招侮之主因。苓有见及此，深感国家缺乏积极奋发，振作有为之人才，故追随严范孙先生倡导教育救国，创办南开学校。其消极目的，在矫正上述民族五病；其积极目的，为培养救国建国人才，以雪国耻，以图自强。

> 张伯苓：《四十年南开学校之回顾》（1944 年 10 月 17 日），《南开四十周年纪念校庆特刊》，1944 年 10 月

爱国可以出乎热情，救国必须依靠力量。学生在求学时期，必须充分准备救国能力，在服务时期，必须真切实行救国志愿。有爱国之心，兼有救国之力，然后始可实现救国之宏愿。

> 张伯苓：《四十年南开学校之回顾》（1944 年 10 月 17 日），《南开四十周年纪念校庆特刊》，1944 年 10 月

五项训练，一以"公能"二字为依归。目的在培养学生爱国爱群之公德，与夫服务社会之能力。故本校成立之初，即揭櫫"公能"二义，作为校训。惟"公"故能化私，化散，爱护团体，有为公牺牲之精神；惟"能"故能去愚，去弱，团结合作，有为公服务之能力。此五项基本训练，以"公能"校训为指导原则。而"公能"校训，必赖此基本训练，方得实现。分之为五项训练，合之则"公能"二义。允公允能，足以治

思想言论篇 051

民族之大病,造建国之人才。

> 张伯苓:《四十年南开学校之回顾》(1944 年 10 月 17 日),《南开四十周年纪念校庆特刊》,1944 年 10 月

我南开之命运,已与中国同一命运矣!以一私人力量经营之学校,竟能与整个国家共前途、同命运,是诚我南开学校全体师生最大之光荣也。

> 张伯苓:《从世界大势说到南开前途——在南开同仁聚餐会的讲话》(1945 年 1 月 20 日),重庆南开中学档案馆藏

切盼我南开全体同人,一致认清自身责任,适应时代潮流,再接再厉,愈干愈奋,为南开、为国家、为世界,来共同担当起领导青年,建设国家,以及维护世界和平的光荣使命!

> 张伯苓:《从世界大势说到南开前途——在南开同仁聚餐会的讲话》(1945 年 1 月 20 日),重庆南开中学档案馆藏

过去的是你们对死的抗争,
你们死去为了要活的人们生存,
那白热的纷争还没有停止,
你们却在森林的周期内,不再听闻。
静静的,在那被遗忘的山坡上,
还下着密雨,还吹着细风,
没有人知道历史曾在此走过,

留下了英灵化入树干而滋生。

穆旦[①]：《森林之魅——祭胡康河谷上的白骨》（1945年9月），《穆旦诗文集》，人民文学出版社2006年版

我南开学校训练学生之最高目标是"公""能"二字。"公"字目的，在训练学生不自私，为大众，以养成其为国服务之公德；"能"字目的，在训练学生会做事，有才干，以养成为公服务之能力。学生既有干练的服务能力，又有丰富的服务热忱，然后对于国家民族，方有切实的贡献。抗战八年以来，我南开校友效命战场者，颇不乏人，就是服务后方者，亦皆各有其艰苦卓绝之成就。现在国势好转，希望我全国各地南开校友们，一本我南开长的、创的、奋斗的精神，为国为校，加倍努力，共求进步，这是我对全国校友们最大的最迫切的希望！

张伯苓：《南开学校四十一周年纪念告全国校友》（1945年10月17日），《南开校友》第7卷第5期，1945年10月

南开大学被敌人毁得最早，毁得最惨，敌人投降了，南开大学复校，我们并不以复仇教学生。消极的，我们要使中国不必再有抗战；积极的，我们要促进世界的和平——以学术促进世界的和平。

黄钰生：《在南开学校四十二周年校庆及南开大学复校一周年纪念会上的致辞》（1946年10月17日），《大公报》（天津），1946年10月18日

---

① 穆旦，原名查良铮，爱国诗人、翻译家，曾参加中国入缅远征军，经历了震惊中外的野人山战役。抗战胜利后，他写出诗作名篇《森林之魅——祭胡康河谷上的白骨》。

南开不是"为学校而办学校",却是为教育而办教育。南开同仁,愿以毕生精力贡献教育,希望受过南开教育的青年,个个成为国家有用的人才。

喻传鉴[①]:《论南开教育》,《教育通讯月刊》,1947年第4卷第8期

我们鉴于过去的青年,现在的显要,多不学无术,贻误国事,愿尽一点微力,对南开青年,负指导之任,愿本未昧良心,为阽危国家,尽挽救之责。不唱高调,不说空话,脚踏实地,埋头苦干,本日新月异的精神,方法可以改变,为国家民族的利益,方向不能走错。

喻传鉴:《论南开教育》,《教育通讯月刊》,1947年第4卷第8期

求学是为救国,不是为家族争光荣。做事是为服务,不是为个人谋福利。昂藏七尺躯,俯仰天地间,必须时时事事以国家民族利益为前提。

吾人要救国,第一须有爱国心,能为国难奋斗。第二须有爱国力,能为国事尽职。有心无力,无补实际,有力无心,众所共弃。

思想是行为之原动力,志愿是行事之总目标。个人要有准确的人生观坚强的信仰心,作为一生立身处世之原则。

喻传鉴:《我之十大信条》(1948年3月16日),宋璞主编:《喻传鉴在重庆》,重庆出版社2008年版

大学教育的目的有三:一、使青年人对处世和治学方法能有正确的

[①] 喻传鉴,教育家,曾任南开中学教务长、主任,重庆南开中学校长。

观点和态度，对国家社会的发展和个人事业前途以及整个人生观能有独立公正的思考判断与抉择能力；二、不必使学生都成"通才"，但应具有广泛的知识；不必使学生都成"专家"，但应具基本的治学方法；三、不必能使学生成为"完人"，但应具有高度责任感和公共精神，消极的要做到富贵不能淫、贫贱不能移，积极的要做到急公好义、勇于负责。这三点，也是南开校训的"公"和"能"主旨所在。

何廉[①]：《在南开大学校长就职典礼上的讲话》（1948年10月），何廉著、关永强编：《何廉文集》，南开大学出版社2020年版

今幸全国解放，政府重视教育，在经济建设高潮之后，必有文化建设高潮，希望今后南开，能与国家政策相配合，个个学生均为社会有用之人材，使对于新中国之建设，能多有所贡献。

张伯苓：《在告别重庆南开师生时的讲话》（1950年5月），重庆南开中学档案馆藏

南开教育，特重"公""能"。惟"公"故能牺牲小我，完成大我。惟"能"方克事无不举，举无不成。今新民主主义教育，目的乃"为人民服务"，而欲为人民服务，自必须要有服务之本领，则"公""能"训练，与新教育之主旨，亦相符合。现当社会组织、教育制度全面改造之时，希望将此"公""能"二字，加以新的诠释，并求彻底实施，借以提高学生之政治水准及文化程度。

张伯苓：《在告别重庆南开师生时的讲话》（1950年5月），重庆南开中学档案馆藏

---

① 何廉，经济学家，曾任南开大学教授、经济研究所所长、经济学院院长、南开大学代理校长。

倘若所谓政治课光指听大课与看一些参考小册,那么你们即使学校里没有学多少东西,明天出了学校也还是有机会听演讲、看报、看小册子的。临离开学校大门时,你们倒不仅要计算听了多少次政治大课,看了多少参考书,尤其应当问问良心,受了人民的血汗多年培养与教育之后,是否愿意以工作去报答人民,全心全意为人民服务?是否愿意将你们青春的热烈的心,整个贡献给复兴祖国的事业,以伟大的毛泽东为领导的事业?是否愿意抛弃过去的个人主义的一切自私的打算和家庭的顾虑,在工作中,在忘我服务热情中,去寻求人生的真实的意义?是否愿意在工作岗位上的同事与同志的友爱中,以及为一个共同的目的而斗争的战友互助的热情中,去获得生活中唯一的高尚的温暖与幸福?

罗大刚[①]:《给外文系毕业同学的一封公开信》(1950年6月30日),《国立南开大学一九五零年毕业年刊》

在人民胜利的今天,你们毕业了。回想过去四年的求学历程,曾与反动派激烈地斗争过,尽了人民一份子的力量,也曾接受新民主主义教育,坚定为人民服务的信念,是值得自豪的。

以往毕业即失业,而今在人民政权下,不但没有这种恐惧,还能够尽量使用所学,是多么幸运,要常记着"谁给我们的"。

在学校钻研的情况,不久即为陈迹,从发展上看,是推陈翻新的,不可无纪,然而年刊真正的目的,却是它能给我们一种启示,在既有物质基础上,积极地运用我们的劳动,理论与实际结合,提高生产力,使人民不仅有了自由,也能在不久的将来,有富裕的和文化的生活。

同学们,努力前进吧,不要落后,国家建设的重任,我们要愉快地勇敢地,担负起来。

杨石先[②]:《国立南开大学一九五零年毕业年刊》序

---

① 罗大刚,现代作家、外国文学研究专家、翻译家,曾任南开大学外文系主任。
② 杨石先,化学家、教育家,我国元素有机化学和农药化学奠基人,中国科学院院士,中华人民共和国成立后历任南开大学校务委员会主席、副校长、校长、名誉校长。

一八九七年,余愤于帝国主义之侵略,因严范孙先生之启发,从事教育,五十年来,矢志未渝。凡余所尝致力而未逮之科学教育、健康教育、爱国教育,以允公允能、日新月异,与我同学共勉者,今将在人民政府之下,一一见诸实施。余所尝效力之南开大学,南开中学,重庆南开中学,在人民政府之下,亦将积极改造,迅速发展。今日之人民政府为中国前所未有之廉洁良好政府,其发展生产、友好苏联之政策,实为高瞻远瞩,英明正确之政策。凡我友好同学,尤宜竭尽所能,合群团结,为公为国,拥护人民政府,以建设富强康乐之新中国。

张伯苓:《遗嘱》①(1951年2月23日),《天津日报》,1951年2月26日

《共同纲领》第41条说明了:"人民政府的文化教育工作,应以提高人民文化水平,培养国家建设人才,肃清封建的、买办的、法西斯主义的思想,发展为人民服务的思想为主要任务。"第42条说明了:"提倡爱祖国、爱人民、爱劳动、爱科学、爱护公共财物为中华人民共和国全体国民的公德。"政务院颁布的《高等学校暂行规程》明确地指出了高等学校的宗旨是:"以理论与实际一致的教育方法,培养具有高级文化水平,掌握现代科学与技术的成就,全心全意为人民服务的高级建设人才。"从这里可以看出,我们要使学生不但能够掌握专门的科学技术,而且能了解人类社会的发展规律,国内外的政治经济情况,新中国革命的前途。肃清若干年来反动统治阶级所给予青年思想上的种种毒害,使他们热爱祖国和人民,自觉地献身于人民祖国的建设事业。否则,我们就不能完

---

① 张伯苓于1951年2月23日在天津病逝。26日,《天津日报》以《前南开学校校长张伯苓病逝,遗嘱友好同学拥护人民政府》为题,全文发表了这个遗嘱。该遗嘱由黄钰生在张伯苓生前代拟。

成"培养全心全意为人民服务的高级建设人才"的任务。

吴大任[①]:《本校1951年教学方针》,《人民南开》第8期,1951年3月28日

在新中国的建设飞速发展中,摆在高等学校毕业生面前的是条条光明的大道。但是在百余年帝国主义与封建统治相结合的压迫和摧残之后,目前的中国建设还必须是分缓急的,有重点的。人民的政府正在根据国内实际的情况和条件,订出最合乎全中国人民利益的建设计划和实施步骤。为了要胜利地完成这个伟大的建设计划,要求全国高等学校的毕业生自觉地服从统一分配工作是完全必要的。

经过政治时事学习、抗美援朝运动和参加军干校运动之后,我们已深刻地认识到,我们能完成这一阶段的学习,要感谢毛主席和他所领导的党、政府、广大的劳动人民和英勇的解放军战士,还要感谢和朝鲜人民并肩作战打败美帝国主义者的、站在保卫世界和平的最前线的中国志愿军。认识到祖国已经是空前的强大,因此也空前的可爱。基于这些认识,我们就应当以能够为这个祖国、为祖国的人民服务而感到骄傲,就应当毫不犹豫地走到祖国所指定我们的岗位上去,因为这是我们所能得到的最光荣的岗位。

这次政府分配的原则是人民的需要与学以致用相结合,还可以适当地照顾到个人的情况。这个原则太正确也太周到了,我们还能有什么顾虑吗?这个政府是为人民服务的,而全国人民的利益也就是我们每个人自己的利益。让我们安心地努力地学习吧!只怕我们学习得不好,不怕我们的能力不能充分地发挥;只怕我们辜负了祖国给予我们的工作岗位,不怕这个岗位辜负了我们。在新中国,每个人都会得到最适宜于他的工

---

① 吴大任,数学家、教育家,曾任南开大学教授、教务长、副校长。

作岗位的。

> 吴大任:《就毕业生分配工作问题发表的谈话》,《人民南开》第 16 期,1951 年 6 月 8 日

服从政府工作分配,是我们热爱祖国的最具体表现。我们每天都在说为人民服务,愿意把自己的利益服从于祖国利益,那么现在就是检查我们这种决心的时候了。我们是否完全贯彻执行爱国公约了呢?有的同学也许会说:"我的兴趣在于某某方面,政府分配不见得适合我的兴趣。"有的同学也许会说:"学以致用是最高的原则。"这样的想法都还是片面的,没有从祖国的需要来考虑问题。离开了人民最大的利益、最迫切的要求,还有什么我们个人的"兴趣"呢?个人的兴趣只有在符合人民的需要时,才能真正得到发展。同样,"学以致用"的基础也是在于祖国和人民的需要,祖国所需要的工作,就是发挥我们所学的工作,那也就尽了我们所学最大的作用。离开祖国和人民的需要,孤立地提"学以致用",那只是空洞的不切实际的死精神、死教条。

> 邱宗岳[①]:《就毕业生分配工作问题发表的谈话》,《人民南开》第 16 期,1951 年 6 月 8 日

目前,我们的祖国正走进建设的大道,需要的干部远超过今年大学毕业的人数。因此,政府在分配工作上必定要考虑前后缓急,不见得工作岗位尽能如个人的愿望一致,我们毕业的同学在这两年的学习中,也一定会认清这点,能够服从组织上的分配。记得在分配军干同学的会上,郑占元同学说过:"许多的同学未蒙批准,不应该闹情绪,政府分配了我

---

① 邱宗岳,化学家,南开大学化学系创建人,曾任南开大学教授、化学系主任、理学院院长。

们不同的工作岗位,我们就应该在不同的岗位上努力学习,没有批准的同学,就应当在学校里好好地念书,出去工作的就要认真地工作,这都是一样地为人民服务,一样光荣的。"我认为他的话很正确,同时更确信,今年的毕业同学都能愉快地接受国家给他的光荣任务,走到祖国最需要的岗位上去。

刘晋年[①]:《就毕业生分配工作问题发表的谈话》,《人民南开》第16期,1951年6月8日

毛泽东时代的大学毕业生,他们的任务是艰巨的,千万件祖国的建设事业正等待着他们去动手开展。这一支大军必须是有组织有计划的,只有一批批有组织有计划的走上工作岗位的建设大军,才能完成这个艰巨的任务。今年毕业的日期快到了,教育部正在妥慎地为他们排配工作的岗位,使他们可以在祖国的建设事业上成为一支有组织的强大的生力军。本校大部分今年的应届毕业生已经坚决地响应了祖国的号召,响亮而愉快地唱出了"人民需要我们到哪里,我们就到哪里"的歌声,他们光荣而勇敢地把建设祖国的重任扛上了肩头。他们不计工作地区,不计工作性质和待遇,准备接受祖国所给予的一切任务。这是南开人的光荣,祖国的光荣,也是人民于含辛茹苦以血汗培育了他们将近20年所得到的无上的安慰。

陈舜礼[②]:《就毕业生分配工作问题发表的谈话》,《人民南开》第16期,1951年6月8日

---

① 刘晋年,数学家,曾任南开大学教授、数学系主任。
② 陈舜礼,社会活动家、教育家,曾任南开大学教授、副教务长、总务长。

过去一年的抗美援朝运动显著地提高了同学们的爱国主义政治觉悟。半年来的时事学习使全体同学认清了敌我,坚定了保卫和平建设祖国的信心,但是我们一般的教学工作和爱国主义教育结合得还很不够,同学们也还没有能充分地发挥爱国主义的精神到学习上去。本学期我们要继续深入抗美援朝运动,加强时事学习,同时把爱国主义的思想教育贯彻到每门课程里去,使同学们认识到中国劳动人民在历史上的创造能力和祖国的伟大与可爱,让同学们的爱国主义的热情提高自己的学习效率和积极性,并树立起为人民服务的革命人生观。

吴大任:《大力贯彻爱国主义的教育》,《人民南开》
第 18 期,1951 年 9 月 30 日

随着祖国经济建设的发展,也赋予新南开大学以新的历史任务。

第一,新型的各种大学都是完全为国家培养高级干部的主要机构。综合性的大学所培养的干部包括各种研究人员、高等及中等学校的师资和机关的文化与专业干部。他们既然是国家的干部,就必须全心全意地为人民服务,不能专为个人作打算,他们必须充分掌握近代的科学技术与高度的文化水平。

第二,除了为国家培养高级干部外,综合性的大学与其他的大学不同,尚负有另外一个同等重要,或者从国家长远的需要来看,更为重要的任务,那就是发扬学术与提高文化,使人类能更好地掌握事物的发展规律,更有效地征服自然改造环境,更丰富更美满人的生活内容。

杨石先:《新南开大学的成立和它的方针任务》,《人民南开》新第 1 期,1952 年 11 月 29 日

经过院系调整之后,新的南开大学将于本月 29 日正式成立。这是一

个新型的综合性大学。它将要为祖国培养千千万万的优秀的科学研究人员、人民教师和经济建设与文化建设的干部；它负有推动祖国的建设和提高人民的科学文化水平的双重任务。新南开大学在祖国大规模建设的前夕诞生，它的任务是艰巨的，也是光荣的。

吴大任：《为搞好新的南开大学的教学工作而努力》，
《人民南开》新第 1 期，1952 年 11 月 29 日

教学改革原是一个长期的过程。必须坚持下去作不断的努力，才能逐渐地把旧的一套换成新的一套，才能达到真正彻底改革的目的，才能没有遗憾地完成祖国交付给我们的任务，才能无愧于"人民的大学"的称号。

吴大任：《为搞好新的南开大学的教学工作而努力》，
《人民南开》新第 1 期，1952 年 11 月 29 日

在祖国大规模建设的前夜，新的南开大学经过院系调整以后，以崭新的面貌担负起培养祖国建设人才的新任务。青年团三中全会的决议，明确指示青年为了更好参加祖国建设，学习就成为今天更加特别突出的任务。天津市第五届学代会决议也号召全市同学，要努力学好功课，牢靠地掌握文化科学知识，树立正确的劳动观点，把学习当做祖国人民交给我们的神圣而庄严的任务；要经常努力学习时事政治，不断提高政治觉悟，并进一步开展文娱体育活动，提高健康水平。在这样一个新的形势下，学生会的中心任务就是如何团结全体同学，为完成这个更加特别突出的学习任务而努力。

学生会执委会：《学生会今后工作的方向和任务》，《人民南开》新第 1 期，1952 年 11 月 29 日

我国正在进行抗美援朝战争，志愿军战士在朝鲜进行正义的斗争，很多人已经贡献出自己宝贵的生命。他们是为了保卫祖国，对我们来说，就是为了保卫我们的学习环境。另一方面，我国马上就要开始大规模的经济建设和文化建设。三年来，由于党正确的领导，工人农民忘我的劳动，改善了国家财政经济情况，保障了我们的物质生活。但我们不以此为满足，还要开展更远大的建设。因此，培养高级建设人才就成为头等重要的任务，学习也就成为青年学生的突出任务。具体到南开大学，学校在半年来进行了院系调整及教学改革工作，教师热心投入运动，苦心钻研，学习苏联，尤其在俄文突击学习中，很多年纪大的及身体不好的教师仍然坚持不懈，表现了高度的为祖国而学习的精神。

滕维藻[①]：《关于学习纪律问题的报告》，《人民南开》
新第 2 期，1952 年 12 月 5 日

发展社会主义的经济，尽速地变农业国为工业国，这一伟大的艰巨的任务已日益紧迫地期待着我们进一步来完成。在这个历史任务中，我们祖国向青年一代提出的要求就是学习有系统的科学知识，把自己锻炼成为有高度政治觉悟而又能掌握现代科学知识的德才兼备、体魄健全的祖国建设干部。

我们广大同学经过党的教育，都能认识到"为祖国学习"的意义。祖国需要培养各种各样的专家，整个社会需要有一个分工。今天每个学生都是祖国未来建设中的一个螺丝钉。新的南开大学所要负担起的任务是培养科学研究人才和高等、中等师资。我们同学将要在未来担负起培养大批的工程师和各种专家的任务。这个任务是非常光荣的。我们同学必须积极学习来完成这个艰巨的任务。

---

① 滕维藻，经济学家、教育家，曾任南开大学教授、教务长、副校长、校长。

祖国有许多重要的工作岗位，政府的、工业的、文化的、卫生的，各个部门的工作需要我们成千百万的青年来担任。我们应把眼光放得更远一些，认清祖国的前途，也就进一步明确自己努力的方向。我们应成为不浪费时间的人、钻研的人、不怕困难的人、顽强的人。在学习上要洋溢着爱科学、爱祖国、爱人民的精神，踏实刻苦，循序渐进，谦虚热情，献出我们毕生的精力。

> 孙君坦[①]：《迎接伟大的一九五三年 向科学作群众性地进军》，《人民南开》新第 5 期，1953 年 1 月 1 日

今年是一个有特殊意义的一年。这是第一个五年计划的第一年，是抗美援朝胜利的一年，也是全国开始普选的一年。我们的祖国正朝着民主自由、繁荣富强的方向迅速前进。我们的学校也正在继续深入学习苏联的先进经验，进行课程改革，教学质量在不断地提高。今年入学的本科新同学，在将来毕业的时候，正在第一个五年计划接近完成，第二个五年计划将要开始的时机。那时候祖国正需要一批新的强有力的干部来担负更广泛、更艰巨的建设任务。

新同学们，祖国对你们正寄托着无限的期望：期望你们在学校里努力学习，锻炼身体；期望你们在这几年内，能够培养成有马列主义的世界观、全心全意忠实于祖国和人民事业、掌握先进的科学技术、并且有健全的体魄的专门人才；期望你们在毕业之后，都成为生气勃勃的优秀的研究干部和教学干部，推动祖国经济建设和文化建设的高潮。祖国的期望也正是你们的理想、你们的抱负。我们深信，你们将不会辜负祖国的殷切的期望。我们全体南开人，新旧老师、同学和职工同志也都要团

---

① 孙君坦，时为共青团南开大学委员会书记。

结一致,保证祖国的期望,你们的理想与抱负,能够实现。

<blockquote>
吴大任:《欢迎新同学到校》,《人民南开》新第 28 期,1953 年 10 月 24 日
</blockquote>

为了不愧为我国革命青年的光荣传统继承者,为了适应新的形势的要求,你们需要学习,必须学习的东西还很多,必须怀着对祖国建设事业无限忠诚的责任感,永远不骄不躁地学习下去,从各方面来充实自己。在这中国青年的节日里,我们——这老一辈的人,作为你们的校长——向你们提出以下几点希望:

1. 以饥渴般强烈的求知热情,努力地学习科学知识,社会主义、共产主义的建设任务在你们的肩上。你们知道,没有科学,是不可能设想建设起社会主义的。在今天,你们应热爱自己的学习岗位,热爱自己的专业,热爱自己的学校,热爱自己的师长,热爱自己的同学,大家团结得像一个人,戒骄戒躁,虚心好学,不怕困难,循序渐进地学好功课,切实地逐步提高学业成绩。

2. 努力学习马克思列宁主义,培养新的世界观人生观,继承中国青年为工农服务的优良传统,树立起全心全意为工农服务的思想,培养劳动观点、劳动习惯和艰苦朴素的作风,准备为祖国建设服务。

3. 必须进一步加强体格锻炼。

<blockquote>
杨石先、刘披云[①]:《在纪念"五四"的前夕给全体同学的一封信》,《人民南开》新第 47 期,1954 年 5 月 3 日
</blockquote>

---

① 刘披云,革命家、教育家,曾任南开大学党组书记、党总支委员、副校长。

我国正在逐步过渡到社会主义社会,全国人民正在集中一切力量,为建设祖国成为一个伟大的社会主义国家而斗争。南开大学是一个综合性大学,而综合性大学的任务则是培养理论或基础科学方面的、从事研究工作或教学工作的专门人才,而以培养科学研究人才为主要目标。为了国家的社会主义建设和社会主义改造,我们需要大批优秀的建设干部和高度发展的科学技术。综合大学培养科学研究人才和教学人才,正是适应国家过渡时期总路线的需要。

吴大任:《本校科学研究的基本任务与方针》,《人民南开》新第 50 期,1954 年 5 月 24 日

青年的基本任务是学习,特别是我们祖国正在进行着伟大的社会主义建设的时候,学习已成为我国青年更加突出的任务了。我们中国的青年不但是英勇的祖国保卫者,同时将是新中国的优秀建设者,为此我们必须要学好政治理论,及中共中央和人民政府所颁布的政策法令,以提高我们的思想水平,同时还要学习现代科学知识和技术,将来更好地为建设而服务。

解放五年以来,每位青年都会深深地体会到毛主席和人民政府对我们的关怀是无微不至的,对青年学生的培养是非常重视的。我们的学习环境改良了,生活条件改善了,学校设备亦在不断地充实中。这些都说明祖国给了我们不少东西,可是它要求我们的亦是很多。那就是它已经把伟大的建设祖国的任务放到人民,尤其是我们青年的前面。所以青年的学习是为了祖国美好的将来,同时也是为了我们自己幸福的生活。假使我们每个人都能把祖国未来的前途和今天自己的学习联系起来,那么我们就会体会到今天学习任务的重大,一定会更严格地要求自己,今后要踏踏实实地学习及不倦地学习,来担负起祖国所交给我们的光

荣任务。

陈天池①：《为谁学习与如何对待学习兴趣》，《人民南开》新第58期，1954年9月23日

我们国家的性质是决定我们一切的根本因素。我深深地体会到我们五年一切成就最根本的因素是在于我们国家的性质。即宪法第一条："中华人民共和国是工人阶级领导的以工农联盟为基础的人民民主国家。"有了这样性质的国家，人民才有了无限的权力，才能有真正为人民服务的政府，才能有正确的政策和美好的制度，也才能制定这样的宪法来保证我们走社会主义的道路。而这是与中国共产党的领导分不开的。它是工人阶级的神经中枢亦是我们国家的领导核心。五年以来的事实已经充分证明了它领导国家的非凡才能。为了巩固我们已经得到了的胜利成果和早日实现社会主义的事业，我们全国人民一定要更加紧密地团结在中国共产党的周围，努力工作，共同奋勇向前迈进！

杨石先：《出席第一届全国人民代表大会的体会与观感》，《人民南开》新第61-62期，1954年10月21日

我们今天对学生进行热爱专业的教育，应该有比较深刻和比较丰富一些的思想内容。我们应该说明，专业之所以值得热爱，是因为每一专业都有着丰富的科学知识内容，因为这些科学知识是建设祖国和不断提高祖国人民物质生活水平和文化生活水平所迫切需要的。并且要说明，为了获得这些科学知识，每一个学生就必须辛勤学习，付出艰苦的劳动。

我们要认识到，只有学生在真正懂得应该根据祖国的需要，来确定

---

① 陈天池，有机化学家、教育家，曾任南开大学教授、物理二系总支书记兼系主任、元素有机化学研究所副所长。

自己的兴趣和志愿，知道所学习的专业的意义和整个建设的关系，并且知道这一专业的丰富的学习内容后，才可能使学生真正热爱自己的专业。只有学生真正热爱了自己的专业，才可能真正学好自己的功课。这就是我们今后向同学进行专业思想教育的方向。

<blockquote>吴大任：《关于一年级教学工作的几点意见》，《人民南开》新第 61-62 期，1954 年 10 月 21 日</blockquote>

实现国家的工业化，发展和繁荣祖国的科学事业，是多少年来一直为中国科学工作者寤寐以求的。但在旧中国根本不可能实现，那些曾为正直的科学家们所苦心经营的一点科学事业，也遭受到国民党反动派无情的摧残，所以旧中国的科学状况是非常落后的。只有在中国人民革命胜利后，科学和工人阶级的事业、人民的事业结合在一起，才开始有了自己广阔的发展道路，科学工作者真诚的愿望和理想才能得到实现。随着国家社会主义工业化的发展和胜利，过去科学落后的状况也就将永远成为历史上的陈迹了。

党和政府明确指出了国家过渡时期的总路线和总任务，科学工作者经过学习、讨论，普遍提高了认识和觉悟，明确了国家社会主义的前途，要把我国建设成为一个伟大的社会主义国家。这一伟大的指示和号召是吸引一切科学工作者最强烈的力量，鼓舞着每一个人从事科学建设事业的热情，自愿和乐意地为自己人民的事业而忘我地奋斗。

<blockquote>杨石先：《发挥科学潜力，积极开展高等学校研究工作》，《科学通报》，1954 年第 6 期</blockquote>

祖国要求我们大学生的，就是要在学校学习中把自己逐步培养成为

具有高度政治觉悟、体魄健全、掌握专门科学技术的高级建设人才，以便在各个工作岗位上肩负起把祖国建设成为伟大的社会主义国家的光荣任务。因此在大学学习中，切实掌握系统的专门知识和培养独立的工作能力，就成为我们每个同学的首要职责。

> 杨石先、刘拔云：《勉励同学为培养成为社会主义建设人才而努力》（1955年2月9日），《人民南开》新第76期，1955年2月12日

学习本身就是一种艰苦的脑力劳动。伟大的革命导师马克思教导我们："在科学上面是没有平坦的大路可以走的，只有那在攀登上不畏劳苦、不畏险阻的人，才有希望攀登到光辉的顶点。"我们在学习上，必须战胜困难，才能掌握为我们祖国建设所需要的科学和技能，毕业后才能独立地、创造性地担负起国家所分配给我们的工作。

> 杨石先、刘拔云：《勉励同学为培养成为社会主义建设人才而努力》（1955年2月9日），《人民南开》新第76期，1955年2月12日

我们更要求同学们认清祖国社会主义建设的艰巨任务，将要由我们青年一代来担承、来完成。这种光荣的新社会建设任务是一种天翻地覆的事情。新社会的建设不仅在于物质建设，尤其重要的一方面就是人类道德面貌的完全改观。这就需要我们建设者自身不但具有现代的科学知识，而且更需要首先锻炼自己，使自己具备共产主义的高尚道德品质。所以国家要求我们青年在四年的大学学习中，所应达到的规格是包括着德才体三个方面，也就是国家以合格的全面人才要求我们。

思想言论篇

我想绝大多数同学对于"自私自利的个人主义"已经能够作出否定；对于个人利益与集体利益，对于应否服从组织分配，也知道应该如何处理；甚至已经很懂得"培养共产主义道德，反对资产阶级思想侵蚀"的道理，并且自己也说得出不少理论根据，然而问题的症结并不停止在理论上，真正的认识是要靠实践来鉴定的，我们不能把理论放在口头上。我们中国古语说得好"听其言而观其行"，我们要求同学们能够通过学习而实践，以自己的言行一致来拥护学校校务会议《关于加强学生政治思想教育工作的决议》，进一步全面贯彻国家教育方针，今后为祖国输送完全合格的优秀建设干部，对祖国的社会主义建设事业起早日完成的保证作用。

曾鼎禾①：《为祖国输送合格干部》，《人民南开》新第87期，1955年4月30日

《人民日报》社论曾指出："人是建设社会主义的最宝贵的资本，健康身体和坚强意志，是建设社会主义的重要保证。"这句话对于祖国大规模的经济建设和国防建设，是具有重大意义的。南开大学是培养祖国建设人才的高等学校，要为祖国培养出大批合乎规格的建设人才，我们首先必须有坚强的身体和饱满的精神，来进行学习和工作。

体育运动正是促进人民健康、增强人民的体质和充分发扬人体劳动能力的一种积极的科学方法，并能锻炼人们的勇敢、坚毅、机敏、刻苦、耐劳、守纪律、乐观和集体主义的优良质量。建设现代化的国防军，需要最新式的武器来装备，如喷气式飞机、重型坦克、大炮等均需要体格坚强，受过体育锻炼的人才能愉快胜任。我们国家义务兵制规定：大学生均为预备役尉官，这是最光荣的义务，也是新中国青年的神圣职责。

毛主席一再号召"健康第一"、"发展体育运动，增强人民体质"、"身

---

① 曾鼎禾，曾任南开大学教授、数学系主任。

体好,学习好,工作好"。我们要共同努力,来改善同学健康状况,为学习打好物质基础,增进学习效果,以便将来更好地为国家建设事业和国防事业服务。我们全体同学,要提高政治觉悟,把体育运动看作新中国人民的政治任务,树立为增强人民体质、建设祖国而服务的基础,把我校的课外锻炼开展得更好。

侯洛荀[①]:《加紧锻炼身体,适应祖国要求》,《人民南开》新第114期,1956年1月28日

周总理说:"为了实现向科学进军的计划,我们必须为发展科学研究准备一切必要的条件。"党和政府对我们知识分子、科学工作者准备好了这么多的教学设备和科学研究的条件,我们应该负起党和政府所交给的任务,按照政府的十二年规划,进行国家所需要的科学研究,使我国落后的科学,迎头赶上世界先进的科学水平,以不断提高我国人民的生活水准和巩固我国的国防。这个任务虽然艰巨,在党和政府的关怀与支持下,我们知识分子抱定了决心,发出无限的毅力,在伟大的社会主义时代里,一定能够完成这个伟大的历史任务。

顾昌栋[②]:《党的关怀要求我们更加努力》,《人民南开》新第115期,1956年2月8日

培养学生独立思考和独立工作能力是高等学校教育任务之一。为什么要积极从各方面培养学生独立思考和独立工作能力呢?首先,由于我们社会主义建设这一伟大而艰巨的任务所要求的。参加社会主义建设的干部,不但需要掌握最先进的科学技术,而且需要具备克服困难、创造

---

① 侯洛荀,曾任南开大学教授、体育教研组主任。
② 顾昌栋,曾任南开大学教授、脊椎动物教研组主任。

性进行劳动的品质。只有学生在学校里能独立思考刻苦钻研地进行学习，才能深刻地掌握各种先进的科学知识，认识真理，掌握自然和社会发展的规律；只有学生在学校里学会了独立工作，到工作岗位上才能勇敢地克服困难，从而充分发挥自己的积极性和创造性，为社会主义建设做出更大的贡献。

> 汤仁[①]：《培养学生独立思考和独立工作能力的几个问题》，《人民南开》新第 133 期，1956 年 9 月 5 日

今天科学已经发展到紧密联系、互成整体的阶段，只专一门没有其他广博的知识作基础，要在某一科学领域内深造是很困难的。所以，必须在全面发展的基础上去深入钻研，发展特长，才可能使自己成为一个合乎规格的干部。因此，我们既不能把"全面发展"了解成"平均发展"，也不能抽象孤立地把"因材施教"了解成随心所欲，爱学什么就学什么。同时，国家教育事业是有计划地发展的，我们在考虑个人志愿时必须首先考虑到国家的需要，使个人志愿与国家建设相适应，决不能把个人爱好和国家利益对立起来。

> 滕维藻：《深入钻研发展专长，攻下科学堡垒》，《人民南开》新第 135 期，1956 年 9 月 22 日

我首先代表学校向应届毕业生祝贺，祝贺你们在大学的五年期间，在党的亲切关怀和教导下，在老师辛勤的培养下，勤奋读书，深思好学，已经掌握了一定的科学文化知识，具有了一定的政治觉悟，并即将陆续走上工作岗位，为社会主义建设服务。希望毕业生都能够自觉地、愉快

---

① 汤仁，时任南开大学教学研究科干部。

地接受国家分配的工作,善于把个人志愿和国家实际需要正确地统一起来。被分配到边远地区工作的毕业同学,一定要坚决服从国家的需要,自觉而愉快地接受国家分配,到祖国最需要的地方去。用自己的双手和智慧,辛勤地劳动,把祖国的边远地区建设得更加美丽,更加幸福。

> 杨石先:《在南开大学毕业典礼上的讲话》(1961年9月6日),《人民南开》新第489期,1961年9月8日

要坚定社会主义方向,听党的话,努力学习马克思列宁主义,继续改造思想。一个人选择什么方向,决定一个人能不能有所成就。如果选择的方向正确,经过刻苦努力,就会对人民作出贡献。

要树立雄心壮志,为建设社会主义事业刻苦钻研业务。毕业同学应当有自己的理想抱负,要在自己所从事的专业工作中取得出色的成就,为祖国的社会主义革命和社会主义建设作出更大的贡献。要实现远大的理想,就必须扎扎实实地打好基础,就必须热爱工作、刻苦钻研。

要和工农结合,向工农学习,向一切有实际工作经验的人学习。工农群众是我们力量的源泉,知识分子和工农结合,就会使知识分子本身获得无比的力量,显出巨大的智慧。你们还要向一切有实际经验的人学习。只有这样,才能学到更多的知识和经验,有利于自己在业务上迅速地成长,有利于做好本岗位工作,有利于社会主义建设事业。

> 杨石先:《在南开大学毕业典礼上的讲话》(1962年9月29日),《人民南开》第527期,1962年9月29日

飘零纸笔过一生,
世誉犹如春梦痕。

思想言论篇 073

喜看家园成乐土，

廿一世纪国无伦。

陈省身[①]：《回国》（1974年），《陈省身文选》，科学出版社1989年版

党中央发出"一定要极大地提高整个中华民族的科学文化水平"的号召，确实是站得高看得远，使我们深受教育。坚持社会主义道路是和四个现代化不可分割的，而极大地提高整个中华民族的科学文化水平向四个现代化进军，完成新时期的总任务同样是紧密联系的。群众科技队伍是科技战线上的广大民兵，是后方，是源泉；专业队伍则是科技战线上的野战军和地方军，是担任攻坚任务的尖兵，是前线。两者必须紧密地联系、紧密地配合。这种体制是我国人民解放战争取得胜利的体制，在今后的科技战线上要取得胜利，同样也可以应用。现在中央希望提高全民族的科学文化水平，就必须有一支巨大的、能打硬仗的科学技术队伍。所以，我们每个同志都要积极地投入科学普及工作中去，并和工人、农民并肩作战，把工农业生产尽快搞上去，把科学技术不断地推向新的高度。

杨石先：《参加全国科学大会和参加科学规划会的一点感受与体会》（1978年），《杨石先纪念文集》，南开大学出版社1999年版

党的十一届三中全会以后，全党工作的着重点转移到社会主义现代化建设上来。适应四化建设的需要，高等学校必须在加速"两个中心"

---

① 陈省身，国际数学大师，被公认为20世纪伟大的几何学家，1985年创办南开数学研究所并任首任所长。

的建设上作出贡献。面对这样一个艰巨的战略任务，我们的责任是巨大的。科学需要民主。高等学校要切实办成"两个中心"，就必须坚持四项基本原则，继续解放思想，切实执行"百家争鸣"的方针，把学术上的民主空气真正活跃起来，努力造成一种敢于思考、敢于争论、勇于探索、为真理而斗争的新气象。

> 杨石先：《科学需要民主》，《南开大学学报（哲学社会科学版）》，1979年第4期

构厦多材岂待论，
谁知散木有乡根。
书生报国成何计，
难忘诗骚李杜魂。

> 叶嘉莹[①]作于1979年，叶嘉莹：《沧海波澄：我的诗词与人生》，中华书局2017年版

我校是周恩来同志的母校，具有光荣的革命传统。庆祝国庆30周年和校庆60周年，我们要在党中央领导下，端正思想路线，坚持实践是检验真理的唯一标准，坚持四项基本原则，继续贯彻执行十一届三中全会和五届人大二次会议精神，解放思想，群策群力，努力把我校建设成为教学科研两个中心，为我国四个现代化作出新的贡献。

首先，要在全校范围内认真进行辩证唯物主义思想路线的教育，深入广泛地开展真理标准问题讨论的补课。第二，集中主要精力，提高教学质量和科研水平。第三，全面整顿学校秩序，加强后勤工作，修订必要的规章制度。第四，进一步加强党的领导。认真执行党委领导下的校长分工负责制，充分发挥党政各职能部门的作用。

---

① 叶嘉莹，中国古典文学研究专家，南开大学中华古典文化研究所所长。

思想言论篇

今年,是全党工作着重点战略转移的第一年。在全国亿万军民同心同德大干"四化"的大好形势下,我们热烈庆祝"双庆",具有特殊重要的意义。伟大的时代,给我们展现了光辉灿烂的前景;新的形势,对我们提出了更高更严的要求。让我们沿着十一届三中全会指引的方向,坚持实践是检验真理的唯一标准,同心同德,努力奋斗,为把我校办成两个中步,阔步前进!

中共南开大学委员会:《端正思想路线 办好两个中心》,《南开大学》第 20 期,1979 年 9 月 27 日

当前我们正处在一个伟大转折的历史时期。作为在国内外久负盛名的南开大学,不仅要为国家培养更多的高质量的又红又专的人才,而且还要创造更多的高水平的研究成果。这是新时期赋予我们的历史使命,是党和人民寄予我们的殷切期望,也是全校师生员工共同的心愿和责无旁贷的任务。在新的形势下,我们要学习和继承老一辈无产阶级革命家的革命品质和战斗精神,并继承发扬我校的革命传统和优良学风,追求真理,勇于实践,为祖国富强勇于攀登科学高峰,在我校两个中心的建设中,争取更大的光荣。

杨石先:《继承革命传统,发扬优良学风,为建成教育、科研中心而奋斗》,《南开大学》第 21 期,1979 年 10 月 15 日

南开大学是敬爱的周恩来总理的母校,具有光荣的革命传统。早在建校初期,以周恩来同志以及于方舟同志为代表的南开大学师生就投身于"五四"爱国运动的伟大洪流之中,为拯救国家,唤醒民众,改造社会,进行了英勇的斗争。周恩来同志在南开的革命实践,开创并培育了

我校的光荣革命传统,为我们树立了光辉的榜样。

滕维藻:《在南开大学建校65周年庆祝大会上的讲话》(1984年10月17日),《南开校友通讯》复刊第6期,1984年12月

除旧布新、继往开来,是时代的召唤。今天,经济学研究的形势从来没有这么好,人人意气风发,大家笑逐颜开。让我们的研究工作更好地围绕四个现代化建设,献计献策,奋发图强,这是我们义不容辞的任务。为国为民,发挥我们的聪明才智,此其时矣。

滕维藻:《知识和人才》,《南开经济研究》,1985年创刊号

我们应该立足于本国的具体条件培养高级人才。实际上我国现行的研究计划和学习时间都是国际上水准较高,时间较长的,培养出来的人才质量不低于任何国外培养的研究生。这样不但可以节约外汇资金,还可改变人才外流的状况。

对研究生的要求就是刻苦学习,坚持不懈,勤于实践,勇于探索。青年人要有崇高的理想、坚强的意志和坚定的信念,这样才能肩负起推动中国科学发展的重任,才能为祖国的四化建设作出应有的贡献。

陈荣悌[①]:《浅谈研究生培养问题》,《南开周报》第212期,1986年3月17日

教育的现代化是一个随社会历史进程而不断发展的动态概念。我国

---

① 陈荣悌,配位化学家和无机化学家,中国科学院院士,南开大学教授。

教育的现代化,不仅意味着赶上先进国家,而且更要注意使教育服务于我国现代社会发展的需要。因此,在不断改革教育制度结构、职能、内容、手段,跟上时代步伐的同时,还必须使学校教育同"两个高度文明"的建设结合起来。

<blockquote>母国光①:《积极为两个文明建设做贡献》,《南开周报》第241期,1986年12月1日</blockquote>

我们社会主义大学的根本任务是什么呢?那就是要为国家培养出有理想、有道德、有文化、有纪律的,适应我国社会主义现代化建设需要的各种专门人才。无疑,我们学校内的各项工作都是围绕这一根本任务而展开的。

教书育人是百年大计,高等学府培养出来的人才不具有各种专门知识是很难想象的,但培养出来的专门人才政治上不过硬,不能自觉自愿地为党和人民的利益勇于献身,更是不能允许的。我们要对学生负责,更要对党和人民负责。要爱护学生,解决他们的实际困难,也要严格要求,坚持原则,对于学生中存在的不良现象要敢抓敢管,对于违反校规校纪的学生要坚决处理。只有这样,才能在我校造成一丝不苟、严谨治学的态度和严明的组织纪律性,才能造成自由探讨的学术空气和生动活泼的生活作风。

<blockquote>李原②:《在主题团日活动开幕式上的讲话》(1987年3月20日),《南开周报》第255期,1987年3月23日</blockquote>

---

① 母国光,中国科学院院士,南开大学原校长。
② 李原,南开大学原党委书记。

要进一步明确学校的中心任务是培养德智体全面发展的社会主义建设需要的合格人才。围绕这个中心，我们要把握好以下几点：第一，要从整个社会主义建设需要安定的环境这个大局出发，维护安定团结是学校的责任，也是对社会的责任；第二，我们不仅要培养"四有"合格人才，而且要培养具有共产主义觉悟的先进分子，培养人才的质量关系到党和国家的命运；第三，我们不能封闭式办学，学校既受社会思潮的影响，又影响社会思潮，要在精神文明建设中起重要的带头作用；第四，出一批好的科研成果。

李原：《在学校党政中央文件学习班上的讲话》（1987年8月27日），《南开周报》第271期，1987年9月7日

加强对学生的思想政治工作是时代赋予我们的不可推卸的责任。

一、首先要培养学生的爱国主义思想。在做学生的思想政治工作中，首要的任务是培养学生热爱祖国、热爱人民的高尚情操。学校各级人员应经常地、不失时机地教导学生，作为社会主义祖国的公民，应该有高度的荣誉感、自豪感和责任感，有为保卫祖国、建设祖国奉献自己毕生精力的坚定信念。

二、坚持四项基本原则教育。在进行爱国主义教育的基础上，对学生进行坚持四项基本原则的教育是容易收效的。在这方面的要求主要是两条，即中国共产党的领导和走社会主义道路。做好这方面教育最好不要空洞说教，而是要结合实际问题，言之有物，才能收效。

三、进行优良传统教育。办学校应该办出特色，每所学校都应有自己的优良传统。我认为，每所学校应有校歌，有自己的校训，借以明确办学宗旨和对学生的具体要求。使他们在几年的学习中深受熏陶和鼓舞，

从自己的内心热爱母校，热爱自己的老师和同学，并以自己是这所学校的学生引为终生的荣幸，具有高度的荣誉感。无论是在校内，或是走向社会，都要以自己的谨慎言行来体现母校的优良传统，不允许校誉受到任何玷污。

> 申泮文[①]：《加强学生思想政治工作是时代赋予我们的不可推卸的责任》，《南开周报》第 273 期，1987 年 9 月 21 日

南开学校（包括四所中学一所大学）素有自己办学的优良传统，我是南开学校培养出来的学生，我对南开教育所给予我的一切迷恋至深。那深沉肃穆的校歌，唱出了南开精神，那就是深刻的爱国主义思想，是德智体全面发展；是日新月异——不断改革，不断前进；允公允能——学真本领，全心全意为人民服务；是不畏艰险，不怕困难，勇往直前，越战越强，百炼成钢。南开精神一直是鼓舞我在事业中不断前进的推动力量。

> 申泮文：《加强学生思想政治工作是时代赋予我们的不可推卸的责任》，《南开周报》第 273 期，1987 年 9 月 21 日

学校的主要活动、中心任务是教学，教学的直接目的是培养人才，它既传授书本知识，又教以如何做人。一个学生只是学会了一些文化知识，并不就等于他能把自己的聪明才智奉献给人民。要做到这一点，还需要有崇高的理想和高尚的品德。"知识就是力量"也是有条件的，有了知识只是说明具备了为社会做出贡献的能力，要把能力转化为现实，还

---

① 申泮文，无机化学家、教育家，中国科学院院士，南开大学教授。

需有献身的精神。著名教育家、老校长张伯苓先生立下的校训"允公允能",至今仍不失为我们办教育的楷模。他关注的首先是"公",国家兴亡匹夫有责,公而忘私,大公无私,为祖国献身精神不可无;其次是"能",徒有一心为公的赤子之心,而无报效国家之才干和能力,同样不可取,为人民服务的本领不可缺。张伯苓先生的办学思想值得借鉴和发扬。

<blockquote>
南开周报评论员:《教书和育人是统一的》,《南开周报》第 278 期,1987 年 10 月 26 日
</blockquote>

集三校之俊彦,育四海之英才。
安贫乐道,师生同济;
科学民主,壮志满怀。
念八年昆明之既往,迎廿一世纪之即来。

<blockquote>
黄钰生:《西南联合大学建校 50 周年纪念碑题字》(1988 年 11 月 1 日),申泮文主编:《黄钰生文集》,百花文艺出版社 2009 年版
</blockquote>

注意全民的爱国主义教育。德国别林斯基说过:"谁不属于自己的祖国,那么,他也不属于人类。"南开大学是 1949 年以前创办的,其办学宗旨就是"允公允能",即培养学生"爱国爱群之公德与服务社会之能力"。也就是首先必须是爱国。

对外开放以后,一些人崇洋媚外的思想、言论与行动有了较大的滋长和发展,在闭关锁国时,一些人认为中国是"到处莺歌燕舞","世界革命灯塔",如今又认为中国一无是处,洋人(无论是"东洋人"还是"西洋人")似乎什么都比中国人强。因此,从中小学起,就必须大力加强少年儿童的爱国主义教育,应该通过电影、电视及新闻机构大力宣传民族

精神。这里还要强调指出，必须加强近、现代史的学习，多创造和宣传一些近、现代史的文艺作品。

定光桂①：《教育立国，振兴中华》，《南开周报》第 324 期，1988 年 11 月 28 日

南开大学具有光荣的革命传统。南开师生从建校之始就孕育着一种强烈的爱国主义精神。这种精神，不但表现在对科学真理的执着追求方面，而且表现在反对帝国主义侵略，反对封建专制统治的英勇奋斗之中，并且由此形成了南开教育的一个重要特征，即科学人才和革命志士的同时涌现。

母国光：《在庆祝南开大学建校 70 周年暨周恩来总理塑像揭幕仪式上的讲话》（1989 年 10 月 17 日），《南开周报》第 353 期，1989 年 10 月 19 日

在改革开放的今天，我们的教育要为社会主义现代化建设服务，要把青年一代培养成社会主义的有理想、有道德、有文化、有纪律的"四有"新人。为此，我们南开大学一定要有坚定正确的政治方向；广大青年学生一定要坚持四项基本原则，把爱国主义与社会主义联系起来，坚定地热爱我们伟大的社会主义祖国，具有共产主义的思想道德，具有为祖国、为社会主义事业服务的实际能力。从一定意义上说，这也是"允公允能"所应具有的时代特征和时代精神。我相信，蕴含了新的时代特征和时代精神的"公能"校训，必将成为广大在校同学前进的精神力量，

---

① 定光桂，南开大学教授，曾任南开大学教务长、数学系主任。

为南开教育发挥更大的作用。

温希凡[①]：《在校训纪念碑揭幕仪式上的讲话》（1989年10月17日），《南开周报》第353期，1989年10月19日

知识分子作为工人阶级队伍中主要从事脑力劳动的一部分，在社会主义现代化建设中发挥着不可替代的作用，承担着重大的社会责任。作为知识分子的一员，在南开园从事教学、科学研究和学校管理等工作，我们深感党的信任，人民的重托，自己责任的神圣和光荣。高校是知识分子成长的摇篮，担负着为国家培养合格的社会主义建设者和接班人的光荣任务，理应发扬革命知识分子的优良传统，努力学习马列主义、毛泽东思想，忠诚党的教育事业，精心教学、教书育人，为祖国培养大批既有坚定的政治方向又有真才实学的优秀人才。

南开周报评论员：《高举爱国主义旗帜 走与工农相结合的道路》，《南开周报》第374期，1990年5月9日

要弘扬我们的民族精神。我们中华民族有悠久的历史和丰富的文化遗产，这需要我们通过爱国主义教育继承和发扬。我们坚决反对"民族虚无主义"和"全盘西化"的观点，同时也要有选择、有批判地吸收外国的先进思想和文化。在坚持改革开放的同时，要立足于自力更生。

要发扬我们的南开精神。南开历来具有治学严谨的良好学风，有艰苦奋斗的光荣传统，有自强不息的拼搏精神。发扬南开精神，还必须始终把坚定正确的政治方向放在首位，坚持四项基本原则，反对资产阶级

---

① 温希凡，南开大学原党委书记。

自由化。要在校园内创造一个良好的育人环境,使南开真正成为培养社会主义事业建设者和接班人的摇篮。

温希凡:《发扬三种精神 优化育人环境》,《南开周报》第 382 期,1990 年 9 月 10 日

解放战争时期,南开大学地下党组织在斗争中进一步巩固和发展。他们积极开展群众工作,建立各种学生群众团体和进步社团,进行反饥饿、反内战、反迫害的斗争,并向各解放区输送和转移了数百名干部和进步教师。当时,南开园成为天津反蒋学运活动的中心,被誉为"天津的解放区"。以地下党员为中坚力量的广大革命师生,则成为我们党领导的"第二条战线"的坚强战士。在中国革命的每一个转折关头,都留有南开大学共产党员英勇奋斗的足迹,为建立独立富强的新中国贡献了自己的力量。他们那种坚信共产主义,坚信马列主义、毛泽东思想,不屈不挠地为党的事业而奋斗的革命精神;那种热爱祖国,热爱人民,不畏强暴,不怕牺牲的献身精神;那种冲锋在前,战斗在前,把困难和危险留给自己,把安全和幸福留给他人的奉献精神;那种全心全意为人民服务,与人民群众同呼吸,共命运的实干精神,都是留给我们南开人的宝贵财富。

温希凡:《继承和发扬党的优良传统,积极发挥党在高校的核心领导作用》,《南开周报》第 410 期,1991 年 6 月 29 日

我国在战后出生的几代人,没有亲身经历日本帝国主义侵略战争的苦难,没有目睹日本帝国主义在中国大地上犯下的滔天罪行。学习和重温日本侵华史,纪念九一八国耻日,对于提高警惕、防止日本军国主义

东山再起，和抵制日本侵略者在经济崛起后用经济手段掠取他们在军事上未能得到的侵略果实，都有重要意义。前事不忘，后事之师，寄望我全体南开师生，加强爱国主义信念，坚持四项基本原则，为祖国的四化建设事业献身，为祖国的强大作出不懈努力，冀使被外寇侵略宰割的旧历史永不复返。振兴中华，匹夫有责，愿我南开人与全国人民一道共勉。

申泮文：《纪念九一八 牢记国耻日》，《南开周报》第411期，1991年9月14日

军训的主要目的在于：能够提高学生的思想政治觉悟，进一步激发爱国热情，增强历史责任感和使命感，发扬革命英雄主义和集体主义精神，强化国防观念和组织纪律性，锻炼体魄和自理能力，进一步掌握基本军事知识和军事技能，深刻理解新一代军人的奉献精神，为造就社会主义现代化建设所需要的各类人才，为我军训练预备役和培养预备役军官打下更加坚实的基础，同时，为校园文明建设添上精彩的一笔。从某种意义上说，军事训练是坚持高校正确办学方向，建设校园文明环境，"爱我南开，建我南开"，多出人才，出好人才的重要途径和有效措施。

朱光华[①]：《在南开大学军训开训典礼上的讲话》（1994年6月25日），《南开周报》第515期，1994年9月25日

当前，全校师生员工要在党的建设有中国特色社会主义理论指导下，贯彻落实《中国教育改革和发展纲要》，贯彻落实《爱国主义教育实施纲要》，加强和改进党的建设和德育工作，"面向现代化，面向世界，面向

---

① 朱光华，南开大学教授，曾任南开大学副校长。

未来",不断开拓进取,深化改革,通过"211工程"的实施,大力提高教育质量和办学效益,使办学整体实力和水平再上新的台阶,为我国社会主义建设事业做出更大贡献。

> 母国光:《在南开大学建校75周年庆祝大会上的讲话》(1994年10月17日),《南开周报》第520期,1994年10月29日

南开有一个好传统,就是爱国、爱校、求进步。从严范孙先生、张伯苓校长办学开始,就倡导爱国、爱校、求进步的精神。以周恩来为代表的老一辈校友,在爱国、爱校、求进步上,更是以身作则,身体力行。这样,就形成了爱国、爱校、求进步的南开精神传统,成为南开人"允公允能、日新月异"的一个坚强的精神支柱,一个强大的精神动力。

爱国主义始终是南开的鲜明旗帜。祖国的繁荣富强,中华民族的兴旺昌盛,始终是南开人的共同理想,南开学校办学的宗旨。对此,在南开精神教育与熏陶下成长起来的一代又一代南开学子,是切身体验、深有体会的。南开培育了一批批由爱国主义升华为共产主义的先锋战士和为人民的事业鞠躬尽瘁、做出辉煌业绩的爱国者。这是南开的荣誉,南开的贡献,南开精神传统的具体体现。

> 牛星熙[①]:《爱国爱校求进步是南开的精神传统》,《南开周报》第521期,1994年11月5日

旧南开学校与旧中国共命运,她是在国难频仍国耻持续的时代中发展成长的。南开学校的旧发展历史,是中国人民对抗日本军国主义侵略

---

① 牛星熙,南开大学教授,曾任南开大学党委副书记。

斗争史的不可分割的组成部分。历史使命锻炼了南开人，爱祖国、爱人民、仇恨侵略者，顽强不懈地参加抗日斗争，直到胜利。爱国主义教育自始至终是旧南开教育的核心。张伯苓校长在1986年4月5日被党和国家评为著名的爱国主义教育家，绝非偶然。所以在校歌中自始至终引吭高歌的"南开精神"，其核心是爱国主义。爱国主义教育应该是任何级别学校德育教育的中心内容，教育人者切切不可忽略。

> 申泮文：《南开校歌释义》，《南开周报》第522期，1994年11月11日

南开人秉承南开精神在事业上取得成就者，一般都具有如下特点：
1. 爱祖国、爱人民、爱事业、爱母校，善于与人团结合作共事；
2. 健康的身心体魄；
3. 高尚的道德品质，正直正派，大公无私；
4. 高水平的科学文化素质；
5. 文明的公民行为准则；
6. 达观、进取、努力不懈、知难而上和认真求实的工作态度；
7. 活跃的社会活动能力和干练的工作能力；
8. 勤俭节约，节俭清廉是办一切事业的良好作风；
9. 不向恶旧势力屈服，敢冲敢闯的斗争精神。

事业成功的经验公式：事业成功=教育+勤奋+机遇+奉献。

> 申泮文：《南开人事业成功的经验》，《南开周报》第532期，1995年3月17日

南开人是爱国的，也是爱南开的。南开的爱国主义应该有自己的特色。利用我们的光荣校史，对学生进行校史教育，使学生在增强我是南开人的自豪感和"我是爱南开的"责任感的同时，自觉地加强爱国主义

思想情操的修养。

笑风:《南开教育中的爱国主义精神及现实意义》,《南开周报》第536期,1995年4月15日

抗日战争中南开师生表现的爱国、奉献、勤学、奋进和艰苦奋斗的精神,是一种伟大的爱国主义精神,也就是南开精神,是"允公允能,日新月异"南开校训在民族危亡之秋的具体体现。正是有了这种精神,日本侵略者才没有毁灭南开;正是有了这种精神,南开的事业才一代一代承传下来,昌盛不衰。这是南开大学的光荣,也是南开人的骄傲。

纪念抗战胜利,要进一步弘扬爱国主义精神,要以革命前辈在抗日战争中表现出来的气吞山河坚韧不拔的战斗精神为榜样,以当年南开师生在抗日战争中表现出来的爱国奉献、团结奋斗精神为榜样,站在时代的高度,把爱国主义教育同集体主义、社会主义教育结合起来,为祖国四化大业培养有理想、有道德、有文化、有纪律的社会主义一代新人;纪念抗战胜利,要创办一流大学,为实施"科教兴国"战略做贡献。"科教兴国"的战略决策是我国科技史上又一重要里程碑,是保证我国现代化建设成功的强国之路,也为我国知识分子施展才能、实现报国之志提供了新的机遇。我们要积极响应中央号召,为实现南开大学实施"211工程"改革和发展规划奠定基础,力争经过20年的努力,把我校建设成为一所接近或达到世界一流学术水平的社会主义综合大学,为"科教兴国"做出南开人的贡献。

洪国起[①]:《在南开大学纪念抗日战争和世界反法西斯战争胜利50周年大会上的讲话》(1995年9月1日),《南开周报》第548期,1995年9月10日

---

① 洪国起,南开大学原党委书记。

把自己锻炼成具有全面素质的跨世纪人才，需要广大青年学生更加严格要求自己，一方面，要重视自然科学和业务知识的掌握，要练好基本功，要有扎实、雄厚的理论根基，另一方面，还要十分重视精神面貌、道德品质、理想情操的培养，要树立无产阶级的价值观、人生观和世界观。在加强业务知识和能力培养的同时，尽力提高自身的文化素质，在文化观念上扎根于民族优秀传统，使我们这一代跨世纪青年成为真正的爱国者和真正的共产主义者。

<blockquote>南开周报评论员：《发扬爱国主义传统 做跨世纪英才》，《南开周报》第560期，1995年12月11日</blockquote>

我们应从三个方面学习周恩来总理，我们要学习他艰苦朴素的生活作风、实事求是的工作态度；学习他尊重知识、尊重人才，模范执行党的知识分子政策的精神；学习他公而忘私，忠于党、忠于祖国、热爱人民的高尚品格。我们要继承周恩来总理的遗志，要把总理的精神与他生平事迹列入新生教育中去；全校的党员干部要像总理那样全心全意为人民服务，要甘为孺子牛；周恩来研究室要加强对总理的研究工作，使我们对周总理的纪念建立在深层次的研究基础之上。

<blockquote>洪国起：《在纪念周恩来总理逝世20周年座谈会上的讲话》（1996年1月8日），《南开周报》第567期，1996年2月2日</blockquote>

我现在所关心的并不是我个人的诗词道路，更不是我在这条道路上有什么成功与获得，我所关心的乃是后起的年轻人如何在这条道路上更开拓出一片高远广阔的天地，并且能藉之而使我们民族的文化和国民的

品质，都因此而更绽放出璀璨的光华。

<blockquote>
叶嘉莹：《我走过的诗词道路》（1996年3月26日），南开大学校史研究室：《南开学人自述》第一卷，南开大学出版社2004年版
</blockquote>

大学生应当积极思考问题，使自己的思想活跃、朝气蓬勃、锐意进取。但如何使这种思考"从心所欲不逾矩"，那就要以科学的信仰为指导，加强马克思主义理论的系统学习，学习中国革命史，了解历史，了解国情、民情，产生"知之深，爱之切，求之烈"的爱国主义情怀，从理论与实践的结合上深刻地认识中华民族的历史命运，认识社会主义和共产主义是历史发展的必由之路，只有社会主义才能救中国、富中国、强中国。从而树立爱国主义信念，树立正确的世界观和人生观，把自己的命运同国家、民族乃至人类的根本利益紧密结合在一起，成为集体主义者、爱国主义者，献身社会。这也是南开校训"允公"的要求。

<blockquote>
侯自新[①]：《在九六级本专科新生开学典礼上的讲话》（1996年9月17日），南开大学档案馆藏
</blockquote>

在我国历史上，爱国主义从来就是动员和鼓舞人民团结奋斗的一面旗帜，是各族人民共同的精神支柱，在维护祖国统一和民族团结、抵御外来侵略和推动社会进步中，发挥了重大作用。正是在爱国主义精神的激励下，我们的国家和民族自强不息，具有伟大的凝聚力和生命力。马克思主义认为，爱国主义是一个历史范畴，在社会发展的不同阶段、不同时期有不同的具体内容。我们所讲的爱国主义，作为一种体现人民群众对自己祖国深厚感情的崇高精神，是同促进历史发展密切联系在一起

---

① 侯自新，南开大学原校长。

的，是同维护国家独立和广大人民的根本利益密切联系在一起的。在新民主主义革命时期，爱国主义表现为致力于推翻帝国主义、封建主义和官僚主义反动统治的斗争，把黑暗的旧中国改造成为光明的新中国；在现阶段，爱国主义表现为献身于建设和保卫社会主义现代化的事业，献身于促进祖国统一的事业。继承和发扬五四运动的光荣传统，就要树立高度的民族自尊、自信、自强精神，"以热爱祖国、贡献全部力量建设社会主义祖国为最大光荣，以损害社会主义祖国利益、尊严和荣誉为最大耻辱"，就要自觉地和社会主义现代化建设事业同呼吸、共命运，在自己的岗位上刻苦学习，增长才干，将来为建设祖国而努力工作。

洪国起：《在五四运动八十周年纪念大会上的讲话》（1999年4月30日），《南开周报》第691期，1999年5月14日

又到长空过雁时，云天字字写相思，荷花凋尽我来迟。
莲实有心应不死，人生易老梦偏痴，千春犹待发华滋。

叶嘉莹：《浣溪沙·为南开马蹄湖荷花作》（1999年9月），叶嘉莹：《沧海波澄：我的诗词与人生》，中华书局2017年版

向2001级研究生提出三点希望：一、树立正确的世界观、人生观，坚定爱国主义、社会主义、集体主义的崇高信念，努力使自己成为具有远大理想和高尚品德的人。二、珍惜大好时光，勤奋学习、刻苦钻研、大胆开拓，努力用人类创造的优秀文明成果武装自己，在科学事业上不断攀登、勇于创新，把自己锻造成为优秀的祖国建设事业的高素质人才。三、增强为民族振兴而努力奋斗的责任感，立志献身于改革开放和现代

化建设的伟大事业，肩负起历史赋予的重任。

> 侯自新：《在南开大学 2001 级研究生开学典礼上的讲话》（2001 年 9 月 18 日），《南开周报》第 783 期，2001 年 9 月 21 日

高等教育是先进生产力的重要源头，是创造和传播先进文化的重要基地，关系到广大人民群众的根本利益。创建一流社会主义大学是实践"三个代表"的必然要求，是科教兴国的重大举措。当今世界，政治多极化和经济全球化的趋势在曲折中发展，科技进步日新月异，综合国力竞争日趋激烈，我国已正式加入世界贸易组织。形势逼人，不进则退。在这样的形势下，只有深化改革，发奋进取，不断发展先进生产力和先进文化，代表中国最广大人民的根本利益，才能在激烈的国际竞争中占据主动。

> 中共南开大学委员会：《实践"三个代表"创建一流大学》，《光明日报》，2002 年 10 月 16 日

经历了百年发展的南开，与世界教育体系不断地在进行着紧密的互动，形成了教育思想的深厚积淀。允公允能，历史证明凡是能够成为人才者，必以为公、为民、为国家作为自己的目标。因为有了服务之心，方有了成事之力。这是人才的个人成长与社会发展的必然逻辑，也是我们进行人才培养的基本模式。具有健全的人格，具备献身科学、献身人类事业的坚强意志和科学精神的人，才可以成为真正的人才。

> 侯自新：《在"人才培养与社会进步"百年峰会上的致辞》（2004 年 10 月 15 日），《侯自新教育文集》，高等教育出版社 2018 年版

"南开精神"是强烈爱国忧患意识的结晶,爱国乃南开精神之魂。南开的办学者认为教育的意义在"润身",尤在"淑世"。"润身"是为个人私己;"淑世"是为社会的发展服务,为强国富国服务。将"淑世"放在"润身"之先,爱国特点鲜明。同强调爱国一样,南开的办学者反复强调为公的精神。"允公允能"的校训就喻示着为公的精神诉求。……百年南开的发展历史证明,一所学校只要有一种昂扬的爱国、救国、强国的精神,并锲而不舍地为之奋斗,就能拥有生生不息的活力。有理由相信,在中国共产党的正确领导下,南开人一定会继往开来,继续发扬南开精神,不断丰富南开精神,为科教兴国,为中华民族的伟大复兴,续写出更加辉煌的篇章。

中共南开大学委员会:《"南开精神"及其对当代高等教育的启示》,《求是》,2004年第21期

作为承前启后、继往开来的一代,你们要将国家的昌盛、民族的复兴和个人价值的实现结合起来,将增长才干与加强道德修养结合起来,在新的人生旅途上积极进取、乐观向上,以开阔的眼界、宽广的胸怀把握时代要求,从人民中间吸取甘露,在实践之中提高素质,自觉地把自己锻造成为具有远大理想、高尚情操、创新品质和实践能力的"国民表率,社会栋梁",以骄人的业绩,伴随祖国和母校共赴辉煌。

饶子和[①]:《在南开大学2006届本科生毕业典礼上的讲话》(2006年6月28日),南开大学档案馆藏

对于高校来说,深入学习、宣传、贯彻总书记重要讲话精神,认真

---

① 饶子和,中国科学院院士,南开大学原校长。

落实市第九次党代会部署，就要以科学发展观统领全局，深刻认识高校在落实教育优先发展中肩负的历史使命和责任，将中央和市委的要求转化为推进高水平大学建设的强大动力，加强人才队伍建设，努力办好让人民满意的国际知名高水平大学，为国家经济社会发展和天津滨海新区建设提供强有力的智力支持与人才保证。

南开大学校理论学习中心组：《以科学发展观统领高校人才队伍建设》《天津日报》，2007 年 10 月 19 日

在我看来，个人的浮沉荣辱和成败得失，在宇宙间是一件微不足道的事情，只有劳动人民的祸福安危，祖国的盛衰兴替，才是头等大事。为了祖国和人民，我可以牺牲自己的一切。

杨敬年：《期颐述怀》，南开大学出版社 2007 年版

在新的历史时期，高校发展要善于把握继承和创新的着力点，在继承的基础上创新，在创新的过程中继承。南开大学的"公能"校训和"爱国、敬业、创新、乐群"传统，是南开人一贯珍视的宝贵财富，它们既是值得继承的传统，本身又包含着创新的要求和指向。长期以来，南开在继承优良传统的基础上，不断赋予其新的时代内涵，使传统赓续如新；同时，在创新教育教学的过程中，又不断彰显和体现南开优良的办学传统，使创新源自继承。

南开大学党委理论学习中心组：《把握历史发展新机遇开创科学发展新局面》《天津日报》，2009 年 4 月 27 日

我们将紧紧抓住党和国家要求高等教育注重质量、突出特色的重大机遇，抓住天津加速发展尤其是滨海新区开发开放深入推进的重大机遇，抓住市委市政府为南开规划建设新校区、拓展学校发展空间的重大机遇，全面实施"人才强校"战略、"强势学科"战略、"质量提升"战略、"科研创新"战略、"服务滨海"战略和"国际化"战略，大力提升学校的核心竞争力，不断开创南开科学发展、和谐发展的新局面。我们要牢记温总理视察南开大学时的重托，勇敢地肩负起历史的重任，坚持南开道路，发扬南开品格，光大南开精神，求真务实、埋头苦干，开拓创新，为中华民族的伟大复兴而不懈奋斗，努力创造出南开在新世纪新阶段的光荣与梦想。

饶子和:《在南开大学建校90周年庆祝大会上的讲话》（2009年10月17日），《南开大学报》第1073期，2009年10月24日

同学们，南开的校训是"允公允能，日新月异"。它对我们的第一要求是有公德。我们很早的一条办校方针是"知中国，服务中国"，为中华民族培养领袖人才。在二战时期，我们的创始校长张伯苓有句名言："中国不亡吾辈在！"这句话，激发过张学良将军的爱国热忱，让他一生以"南开人"自勉。

今天，在校园里，你会看到周恩来校友的塑像、西南联合大学的纪念碑，或者被侵华日军抢走而重铸的校钟。那是对于我们的提醒。不是为了追忆过去的光荣，而是为了传承爱国的传统；不是为了夸耀校友的功绩，而是为了发扬先辈的志气。

饶子和:《在南开大学2010级新生开学典礼上的讲话》（2010年9月13日），南开大学档案馆藏

弘扬南开精神，必须坚持爱国道路。一所杰出大学的发展道路总是与国家、民族的命运息息相关。民族危亡则大学艰难，国运昌盛则大学走强。作为由著名爱国教育家严范孙与张伯苓创办，诞生于五四爱国运动期间的中国著名高校，无论在战争年代，还是在建设时期，南开始终以民族复兴和国家强盛为己任，把自己的命运同国家和民族的命运紧密联系在一起，始终站在时代变革和社会进步的前列，团结奋斗，尚德报国。这是一条危难时刚毅坚卓、兴学救国，和平时奋发图强、科教强国之路，是一条为中华崛起和国家富强培育英才、贡献力量之路。这条道路体现了南开"文以治国、理以强国、商以富国"的办学宗旨。正是坚持这条道路，南开取得了辉煌成就，南开教育模式不断为中国高等教育增色添彩。

薛进文[①]：《培育南开特色的大学精神》《求是》，2012年第6期

在今日之中国，"公"就是要实现中华民族伟大复兴，把祖国建设成为富强民主文明和谐的社会主义现代化国家。在今日之南开，坚持和发展"允公允能，日新月异"的教育理念，就是要坚持德育为先、能力为重、全面发展，培养学生在民族复兴大业中实现个人价值的社会责任感，培养学生脚踏实地将理想付诸行动的实践能力，培养学生在实践中自强不息锐意进取的创新精神。为此，南开教师要从自身做起，率先践行"公能"校训。

龚克[②]：《心怀大公，走在时代前列》《人民日报》，2014年8月8日

---

① 薛进文，南开大学原党委书记。
② 龚克，世界工程组织联合会主席，南开大学原校长。

中央《关于培育和践行社会主义核心价值观的意见》将"三个倡导"的24个字确定为社会主义核心价值观的基本内容之后,我们经过认真学习,提出:如果把"公"理解为致力富强、民主、文明、和谐的家国情怀,追求自由、平等、公正、法治的社会理想,涵养爱国、敬业、诚信、友善的人生操守,把"能"理解为修身报国、服务社会、践行"公"之价值观的能力,把"日新月异"理解为追求和践行"公能"过程中要与时俱进、开拓创新,那么"公能"校训便可谓社会主义核心价值观的"南开表达"。

薛进文:《"公能"校训:核心价值观的南开表达》《人民日报》,2014年10月9日

在艰苦卓绝的抗日战争中,南开师生以实际行动向世人展示了爱国爱群、服务社会的奉献精神,自强不息、愈挫愈进的奋斗精神,勇于开拓、敢于创新的进取精神。这既是伟大民族精神和抗战精神在南开的具体体现,也是南开大学砥砺前行的不竭动力。南开人在建设中国特色、世界一流高水平大学的过程中,将继承发扬南开精神,并不断赋予其新的时代内涵,为实现中华民族伟大复兴中国梦,作出足以告慰前哲、不负后人的贡献。

薛进文:《抗战烽火中的南开大学》《人民日报》,2015年7月23日

建设世界一流大学,是党中央的决策,体现着国家和人民的意志,以"知中国,服务中国"为理念,以"治国、强国、富国"为己任的南开人,面对党和国家、人民的召唤,从来都是一马当先、奋勇向前。实现南开发展宏愿,加快迈向"南开品格、中国特色、世界一流"的目标,

时刻鞭策着我们、激励着我们。让我们更加紧密地团结在以习近平同志为核心的党中央周围，团结一心、斗志昂扬、苦干、实干、拼命干，用智慧和汗水谱写南开建设世界一流大学的宏伟篇章，以优异的成绩迎接党的十九大胜利召开。

魏大鹏[①]：《在南开大学第七次教职工代表大会暨第十六次工会代表大会上的讲话》（2017年5月16日），《南开大学报》第1339期，2017年5月26日

南开，是对国家民族的担当。上个世纪初，在西化之风盛行之时，南开提出"知中国、服务中国"，推行"土货化"，这就是担当！当日寇野蛮地摧毁了我们的校园并试图亡我中华的时候，南开人刚毅坚卓地和北大清华人一起合组西南联大，为"千秋耻"的"中兴业"育"人杰"。整整八年间，"联合大学以其兼容并包之精神，转移社会一时之风气，内树学术自由之规模，外来民主堡垒之称号，违千夫之诺诺，作一士之谔谔"，这就是担当！当新中国百废待兴，六亿人民尚不能饱腹的时候，杨石先校长和他的同事们、学生们毅然把研究方向转向农药学，为解决当时国家最为紧迫的粮食问题呕心沥血、全力以赴，这就是担当！……我们南开人无论在什么地方、在什么岗位，哪怕是做细小琐碎的事情，都要秉公尽能地担当起为国家、为民族、为世界和平和人类可持续发展的历史责任。

龚克：《"南开"是什么——在南开大学2017届毕业典礼上的讲话》[②]，《南开大学报》第1346期，2017年7月4日

---

① 魏大鹏，南开大学原党委书记。
② 本文根据龚克2017年6月27日在南开大学2017届本科生、硕士研究生毕业典礼上的讲话和6月28日在2017届博士研究生毕业典礼上的讲话综合整理。

南开大学"允公允能、日新月异"的校训,创造性地把"公"和"能"结合在一起,不仅在价值层面宣示南开人要以国家民族利益为至高追求,而且在实践层面要求南开培育的人才必须通过发展自身能力,将其付诸改造社会、振兴民族之实践,从而"立"核心价值观之"德","树"为中华振兴和世界进步奋斗创新之"人"。

龚克:《南开品格是南开人知行合一的修为》,《光明日报》,2017年9月5日

学校的思想政治工作绝不仅仅是对学生的思想教育,也绝不仅仅是党团部门的工作,而是涉及国家前途、民族命运、社会进步、一流大学建设等全局性的战略工程,是校党委和全校各部门各单位的共同任务。我们必须提高认识,清除和校正有关思想政治工作的模糊认识和观念偏差,深化对学校思想政治工作内涵的深度理解,增强办好南开大学的政治责任感和使命感,不忘南开初心,牢记党中央嘱托,回应国家人民期待,全校上下齐心协力,与时俱进地把南开思想政治工作和事业发展不断推向前进。

魏大鹏:《深入学习贯彻党的十九大精神 努力开创新时代我校思想政治工作新局面——在南开大学思想政治工作会议上的讲话》(2017年12月5日),《南开大学报》第1354期,2017年12月15日

我们努力把"公能日新"的文化品格贯穿在学生培养中。围绕立德树人根本任务,学校以"允公允能、日新月异"校训作为社会主义核心价值观的南开表达,实施"立公增能"的素质教育,先后召开德育、体育、美育和教学工作会议,推动德智体美四育融合并进,推出"公能英

才选拔计划",构建"公能"素质辅学支持体系和素质发展测评体系。注重培养学生追求真理的精神,在德育中突出"为中华之崛起而读书"和担当强国使命的立志教育,并坚持不懈地进行科研诚信教育;在智育中不仅要求重通识、强基础,而且努力浸润科学素养和人文情怀;在体育中不仅坚持面向全体学生、增强学生体质,而且注重体育对人格精神的锤炼陶冶;在美育中坚持健康的审美价值取向,不仅讲求艺术之美,而且力求学术之美、自然之美、生活之美。

  魏大鹏:《学习贯彻党的十九大精神 以"公能日新"文化品格推动内涵式发展》,《中国高等教育》,2018年第3/4期

  爱国是人世间最深沉和持久的情感,是终其一生为之奋斗的信念和追求,也是立德之源、立身之本、立校之基。爱国就要胸怀大局、心有大我,坚持国家至上、民族至上、人民至上,立足国情,放眼世界,坚守正道,追求真理。在南开,爱国主义教育已成为必修课,爱国主义精神深深植根于师生心中,生生不息,薪火相传,润物无声。作为中国人自力图强、兴办现代大学的光辉典范,南开大学从建校开始就深怀爱国、救国、报国的基因,拥有强烈的家国情怀和大义担当,坚持"文以治国、理以强国、商以富国"。

  曹雪涛[①]:《爱国奋斗 公能日新 勇担中华民族复兴大任》,《爱国奋斗精神学习读本(理论篇)》,中国科学技术出版社2018年版

---

① 曹雪涛,中国工程院院士,南开大学校长。

作为承担立德树人根本任务的高校,要激扬学生的爱国之志、奋斗之心,教育引导学生成为担当民族复兴大任的时代新人,在中华民族从站起来、富起来到强起来的伟大历史阶段,把学习的具体目标同民族复兴的伟大目标结合起来,矢志爱国奋斗,勇于忠诚奉献。

把厚植爱国主义情怀作为立德树人、激扬志向的立足点。当今世界正在经历百年未有之大变局,新一轮科技革命和产业变革蓬勃兴起,各国综合国力的竞争日益激烈。在新的时代背景下,我们党和国家对高等教育的需要、对先进科学技术和卓越人才的渴求更加强烈。在此过程中,教育引导学生把爱国情、强国志、报国行自觉融入坚持和发展中国特色社会主义事业、建设社会主义现代化强国、实现中华民族伟大复兴的奋斗之中,是新时代高等教育义不容辞的责任;熔铸高校爱国之魂、激扬青年奋斗志向,更是新时代落实立德树人根本任务的题中应有之义。一直以来,南开大学牢牢抓住立德树人根本任务,围绕爱国主义教育进行了不懈探索。学校注重发挥南开校史校训校歌校情的资教育人作用,以"允公允能、日新月异"校训凝魂聚气,实施德智体美劳五育并进的"公能"素质教育,打造点线面结合、人事物融汇的爱国主义教育基地,全员全过程全方位厚植爱国主义情怀,让光荣的爱国主义传统成为"南开的魂"。

杨庆山[①]:《爱国奋斗 铸魂育人 谱写一流大学建设新篇章》,《光明日报》,2019 年 4 月 15 日

坚持打通党建思政工作与人才培养体系,从南开爱国主义传统和"允公允能、日新月异"校训中汲取滋养,推进德智体美劳融合并举的"公能"素质教育。围绕改革开放 40 周年、中华人民共和国成立 70 周年,

---

① 杨庆山,南开大学党委书记。

深入开展"弘扬爱国奋斗精神、建功立业新时代""厚植爱国主义情怀"等主题教育活动。深化"课堂教学—校园文化—社会实践"三位一体育人模式,蓬勃开展"小我融入大我、青春献给祖国"实践活动,师生同学同研、同行同讲,将爱国报国的情怀书写在扎根人民、奉献国家的担当实践中。

杨庆山:《淬炼办学治校的基本功》,《人民日报》,2019年7月21日

南开之所以为南开,是因为她始终根植国情、魂系国脉、心系国运,爱国是代际传承于每个南开人的血脉之中,化育为有形或无形的鞭策。

爱国要爱她的"国情",爱她广袤的土地,爱她悠久的历史,爱她厚重的文化,爱她不屈的意志,这一切都须建立在对"何为中国"的深刻洞悉之上。爱国要爱她的"国民",张伯苓曾教导诸生"以火把自命,匪独自燃,且能助燃,则方为真正之爱国",只有每个人都心怀大公、众志成城,中国才会好、南开才会好。爱国要爱她的"国威",我们比历史上任何一个时期都更接近实现中华民族伟大复兴的目标,中国理念、中国智慧、中国方案正在得到世界的广泛认同,这值得我们自豪并为之持续奋斗。

曹雪涛:《书写百年南开"爱国三问"的时代新篇章——在南开大学 2019 级本科新生开学典礼上的讲话》(2019 年 8 月 25 日),《南开大学报》第 1387 期,2019年 9 月 6 日

要扎实推进党史学习教育各项工作安排。要提高政治站位,精心组织。按照教育部党组部署要求,根据天津市委统筹安排,迅速掀起党史

学习教育的热潮,切实把专题学习、政治引领、专题培训、"我为群众办实事"实践活动、专题组织生活会等工作安排落实到位;要突出特点,彰显特色。紧密结合高校工作特点,注重传承南开大学爱国主义传统,挖掘南开大学红色资源,精心设计有效载体、方式方法、特色做法,奋力书写党史学习教育的南开答卷;要结合实际,务求实效。把开展党史学习教育同深入学习贯彻习近平总书记关于教育的重要论述,同深入学习贯彻习近平总书记视察南开大学重要讲话精神结合起来,同庆祝建党100周年总体安排、"四史"专题教育、巩固拓展"不忘初心、牢记使命"主题教育成果结合起来,同学习"两会"精神,现学校"十四五"开好局、起好步结合起来,融入日常,抓在经常,不断将学习教育成果转化为推进"双一流"建设、谱写南开新百年新篇章的强大动力,开创南开高质量发展新局面。

曹雪涛:《在南开大学党史学习教育动员大会上的讲话》(2021年3月18日),《南开大学报》第1412期,2021年4月1日

这次党史学习教育,党中央明确提出要做到学史明理、学史增信、学史崇德、学史力行,立足新起点新征程,把握新时代中国共产党肩负的历史使命、中国发展的历史方位,深刻汲取历史经验,全面掌握实践要求,勇于担当、善于作为,不断开创全面建设社会主义现代化国家新局面,书写中华民族伟大复兴新篇章。习近平总书记强调,这次开展党史学习教育要努力做到"六个进一步",即进一步感悟思想伟力,增强用党的创新理论武装全党的政治自觉;进一步把握历史发展规律和大势,始终掌握党和国家事业发展的历史主动;进一步深化对党的性质宗旨的认识,始终保持马克思主义政党的鲜明本色;进一步总结党的历史经验,

不断提高应对风险挑战的能力水平；进一步发扬革命精神，始终保持艰苦奋斗的昂扬精神；进一步增强党的团结和集中统一，确保全党步调一致向前进。全校各级党组织、党员干部师生要认真贯彻落实中央工作部署，通过学习教育，进一步学懂弄通做实习近平新时代中国特色社会主义思想，把党史学习教育与南开工作紧密结合起来，进一步提高政治判断力、政治领悟力、政治执行力，一体推进学党史、悟思想、办实事、开新局，不断将学习教育成果转化为推进"双一流"建设、谱写南开新百年新篇章的强大动力。

按照中央部署要求，结合南开实际，党史学习教育要重点围绕以下六个方面内容开展学习。一是深刻铭记中国共产党百年奋斗的光辉历程，认清历史发展规律和大势，主动把小我融入大我为之而奋斗；二是深刻认识中国共产党为国家和民族作出的伟大贡献，坚持和加强党对学校工作的全面领导，切实肩负起为党育人、为国育才的神圣使命；三是深刻感悟中国共产党始终不渝为人民的初心宗旨，站稳人民立场，增强办好人民满意教育的责任感使命感；四是系统掌握中国共产党推进马克思主义中国化形成的重大理论成果，感悟思想伟力，强化用党的创新理论武装头脑指导实践的政治自觉；五是学习传承中国共产党在长期奋斗中铸就的伟大精神，汲取不竭动力，坚定扎根中国大地建设世界一流大学的战略自信；六是深刻领会中国共产党成功推进革命、建设、改革的宝贵经验，不断提高应对风险挑战的能力水平，着力提升学校党建质量。

杨庆山：《在南开大学党史学习教育动员大会上的讲话》（2021年3月18日），《南开大学报》第1412期，2021年4月1日

三、文档资料篇

　　南开大学自成立以来始终坚持爱国、敬业、创新、乐群的办学传统,将爱国主义教育纳入立德树人、教学科研、学科发展、师资建设等各方面,体现了爱国主义教育的深层次和全覆盖。对此,学校的文档资料中有生动详细的记录。

吾校自成立以来，对于社会有何贡献，对于国家有何扶助？吾知吾师长同学当亦抱此重任以期改造国家，改造社会。然则吾人，其长此取专心研究科学乎？潜意致力欧美文化乎？现时所谓武力统一，所谓和平统一。其有妨碍吾人治安与秩序者，正多，吾人其袖手旁观乎？

或曰："吾校年才五龄，尚自谋立足之不暇，子所言者，不亦过欤？"吾思之，吾三复思之，吾乃恍然于此问题之不易解决也。虽然，吾人能自甘暴弃。须振作精神使吾校对于国家，对于社会有所贡献。

《此季本刊主张与希望》，《南大周刊》第7期，1924年11月22日

本刊以往校评稳健持重，收效非小，素无任何之误解。然吾人苟有真知独见，良心上认为有提高公众利益者，虽有困难．又何所用其踌躇哉！生活写真，校务评述以外，最要者即为世界大局，国内时事。吾人既幸得受高等教育。其责任决不仅求个人衣食之温饱，应各尽其力之能及，注意政治之发展；发表挽救时局之言论，激起多数民众之同情，使人民政治知识日高，国事日臻安定，其效力之速，岂不比终日埋头书窗为大哉。

《编辑者言》，《南大周刊》第21期，1925年11月7日

以往大学之教育，半"洋货"也，学制来自西洋，教授多数系西洋留学生，教科书非洋文原本即英文译本，最优者亦不过参合数洋文书而编辑之土造洋货。大学学术，恒以西洋历史和西洋社会为背景。全校精神，几以解决西洋问题为目标。就社会科学论之，此种弊端，可不言而知。社会科学，根本必以某具体社会为背景，无所谓古今中外通用之原则。倘以纯粹洋货的社会科学为中国大学之教材，无心求学者，徒奉告故事，凑积学分，图毕业而已；有心求学者，则往往为抽象的定义或原

则所迷，而置中国之历史与社会于不顾。自然科学稍异，然亦不能谓洋货均能适用，更不宜谓中国应永久仰给于洋货。地理、地质、气候、生物诸学无不对环境而立。中国人欲利用中国之天然环境，非有土产的科学不为功。此就科学之实用而言。但实用科学，倘无锐进的理论科学为后盾，其结果不异堵源而求流，且今日国人思想之急需，莫过于科学精神与方法，故吾人可断定，中国大学教育，目前之要务即"土货化"。吾人更可断定，土货化必须从学术之独立入手。

是故"土货化"者，非所谓东方精神文化，乃关于中国问题之科学知识，乃至中国问题之科学人才。吾人为新南开所抱之志愿，不外"知中国"、"服务中国"二语。吾人所谓土货的南开，即以中国历史、中国社会为学术背景，以解决中国问题为教育目标的大学。

《南开大学发展方案》（1928年2月），南开大学档案馆藏

社会科学系以社会为对象。各国社会现象之构成，原本历史，彼此互异。因之社会科学每具国别，固非中外一辙，可执一以概百也。经济为社会科学之一，故中国之经济研究，非仅明了经济学原理及国外之经济组织与制度，即为已尽能事。贵在能洞澈本国之经济历史，考察本国之经济实况，融会贯通，互相比较，以为发展学术，改进事业之基础。能如是，斯可谓之中国化的经济研究。

《本刊旨趣》，《大公报·经济研究周刊》[①]，1930年3月3日

社会科学以社会为对象。经济为社会科学之一。故中国之经济研究，

[①]《大公报·经济研究周刊》是南开大学社会经济研究委员会与《大公报》合办的经济研究专刊，1933年3月改为《经济周刊》。

非徒明了经济学原理及国外之经济组织,即为已尽经济研究之能事;贵在能洞澈本国之经济历史,考察本国经济实况,融会贯通,互相比较,以为发展学术,解决经济问题之基础。本校社会经济研究委员会,自成立以来,即本实事求是之精神,努力于此。用实地调查之方法,搜集事实,以为研究之资料。

> 李兰英[①]:《社会经济研究委员会[②]》,《南开大学响导》,1930 年 5 月

世称地大物博天富之国者,中国居其首,而我东三省及热察各特别区,版图之辽阔,蕴藏之丰富,尤甲于全国。沿边万里,逼近邻疆,唇齿相依,国防要地。故东北神州之宝库,亦华夏之屏藩也。若国人及早注意,努力经营,则今日之东北当必不如是之危急也。惜委珠玉于泥途,弃珍馔如糟粕,坐视大好河山,供外人之染指。……

南开学校师生等顾念及此,爰匹夫有责之义,于民国十六年秋,相与立会研究,名曰东北研究会。拟先从学术方面,用教育的方法研究入手,然后再及其他,一俟专门研究得有结果,再行设法,以谋实行,尚望校内师生,及海内外博雅,协助进行,以匡不逮也。

> 《东北研究会》[③](1927 年 11 月 14 日),《南开大学响导》,1930 年 5 月

南开学校设学,旨在"教育救国"。盖欲挽救中国民族之衰,国家之

---

① 李兰英,南开大学学生。
② 1927 年 9 月 10 日,南开大学社会经济研究委员会(经济研究所前身)成立,为中国高等学校创建的第一个经济研究机构,宗旨为"研究经济,促进吾国学术"。
③ 1927 年 11 月 14 日,南开大学满蒙研究会成立,翌年 10 月改称东北研究会,组织师生开展实地调查,唤起国民和海外有识之士对东北问题的关注。

危亡,舍造成具有"现代力"之青年,使负建设新中国之责任,其道未由。欲达到此目的,其方法果何若乎?曰:实施"开辟经验"的教育以促成中国"现代化"而已。盖三百年来彼皙种人进步迅速,一日千里,以造成现代文化者,实环境使然,即"开辟的经验"有以致之。"社会视察"者使学生到社会上去作实地的观察与研究,借以谋活的知识之扩充,与夫活的经验之获得。易言之,欲实施"开辟经济"的教育,养成"现代化"之青年,非试行"社会视察"不可。

《社会视察委员会①》,《南开大学响导》,1930年5月

本所目的在研究我国工商业实际上之问题,利用南开大学之设备,辅助我国工商界改善其出品之质量,俾收学校与社会合作之实效。……

(一)化学部 专司化验分析各种物品;

(二)制造部 以研究所得之新法,自行制造各种物品,其结果备我国实业界之采用;

(三)咨询部 解答各界关于化学工业上之困难问题。

《南开大学应用化学研究所②章程》,《天津南开大学一览》,1932年

我们现在不但有政治的困难,还有经济的困难,政治的困难大家都感觉到:国土给敌人强占着,人民给敌人屠戮着,国家的主权给敌人蹂躏着。但是经济的困难却没有这样的为大家深切地注意到。大家固然都知道我国的农村经济困难日甚一日,国际贸易入超年多一年,然而大家却很少感觉到我们的经济已经蒙受着和政治同样深度的困难。

---

① 1926年,南开成立社会视察委员会,培养学生观察社会、了解社会、解决社会问题的能力。

② 1932年3月,南开大学应用化学研究所成立,研究解决中国工业生产中的现实问题,开展校企合作。

我们的政治困难,不全是由帝国主义的国家的侵略政策造成的,大部分的原因还在我们中国人自己身上。同样,我们的经济的困难,亦不见得全是受了世界经济衰落的影响,大部分也是由于国内的纷乱情形所致。然而帝国主义国家的侵略政策与我们的政治困难,世界经济的衰落与我们的经济困难,都是有密切关系的。

本刊就是以讨论我国经济状况,介绍世界经济大势,这样一个旨趣创办起来的。不过我们并不期望本刊是我国研究经济的专门刊物。我们只想以同人研究的馀暇,有系统地,把中国及世界经济的各方面,用浅近的文字和图表,介绍给读者。

《本刊之旨趣》,《大公报·经济周刊》第1期,1933年3月1日

本校成立之初,所标示之方针有三:曰协助国内制造事业,代为解决疑难问题,曰研究国外重要制造事业之成法,使之移植国内,曰培养训练化学工程之人材,以应中国之需要。

《南开大学应用化学研究所报告书》第3卷,1935年6月

教学设备方面,一面仍重养成各种学术之基础,一面兼重国难中临时之需要。首为课程问题,本会曾组织课程委员会,专任其事。大凡旧有课程,均经重新审定,以应学术上及国难中双方之任务。

《长沙临时大学筹备委员会工作报告书》(1937年11月17日),北京大学、清华大学、南开大学、云南师范大学编:《国立西南联合大学史料》第一卷,云南教育出版社1998年版

在这苦难的日子里，所有的热情的工作者，一切是为了祖国，一切是为了人民！

我们坚信：每个爱好和平的中国人，都渴望好好地生活。而这种渴望，这种社会现阶段的反映，掀起了蓬勃的人民巨流，倒退的必被毁灭，历史的浊流必被澄清。让无尽巨流滚滚来，我们当勇于担待斗争中的使命。

过去，我们虽也探讨真理，但一直在小圈子里兜绕；过去，我们虽也向进步之路走去，但始终迟滞于主观和卤莽。考其缘故，是因为与全国人民及全国同学不够结合，本报的早日复刊，正是这一教训的追使。在物质条件及周围环境的极端恶劣下，我们深愿肩起这联系的重任。

我们以本刊为桥梁，向全国人民集拢。向全国同学团结，集拢得更近一些。团结得更紧一点！！

《〈南开周刊〉复刊词》，《南开周刊》复刊创刊号，1947年5月18日

本所[①]旨在研究中国经济政治社会等问题，期对中国现代学术独立之发展尽其绵薄。载前各款各界赞助曾将平日研究所得出版《经济周刊》、《政治经济学报》、《南开指数年刊》及英文《南开社会经济季刊》(Nankai Social and Economic Quarterly)等四种定期刊物，并编行多种经济专刊及大学用书，颇受社会称许。……

本刊虽由本所主编，但向为经济学术界同道及一般读者公开讨论的园地。其内容主要地为研究当前我国及世界各种经济问题。……庶使学术昌明，对于国家及世界经济建设，尽其最大之贡献。

《〈经济周刊〉复刊词》[②]，《大公报·经济周刊》新第1期，1947年10月15日

---

① 即南开大学经济研究所。

② 抗战爆发天津陷落后，《经济周刊》于1937年7月21日停刊。抗战胜利后，《经济周刊》于1947年10月复刊。

战前之研究工作：本所宗旨，为利用近代经济学之科学方法，研究中国经济。故成立未久，即从事于各种物价指数之编制，及天津工业调查；嗣又推及乡村工业，农业经济。复以经济问题与政治制度及措施，社会传统及组织，有密切不可分割之关系，于是进而研究地方行政、地方财政、社会组织及文化等问题。并为明了经济现状之历史背景，及其演进，同时着手中国经济史之研究。

民国二十年，南开大学经济学院成立后，所内同仁，分任教职，深感大学教本，采用欧美原著，不合国情，隔膜滋多，常致事倍功半，收效未宏。为谋补救，又从事大学教本之编著，期以我国事实，阐证理论，俾学者能对本国情形，有所认识，不至偏废。……

战时研究工作：民国二十八年本所迁抵重庆后，图书设备，在后方首屈一指，盖以过去曾有各项研究工作之进行，各方期待甚殷。故除继续战前之研究项目外，并针对战时及战后我国之需要，对通货膨胀及战后之经济建设，特别加以研究。

《南开大学经济研究所一览》（1949 年 5 月），南开大学档案馆藏

（一）在全国学联总的宗旨与本校教学行政的计划下，团结同学加强以正课为中心的业务与政治学习，保证新民主主义的学习任务胜利完成，使全体同学培养成具有革命思想、精通业务、体格健康的新中国建设人才。

（二）根据人民政府教育方针，配合学校行政和教师一道进行必要与可能的教育改革，为建设人民的南开大学而努力。

（三）开展各种学习及配合正课的文娱体育活动，活跃学习生活，培养群众观点与自觉的纪律性，发扬爱祖国、爱人民、爱劳动、爱科学、

爱护公共财物的革命道德及国际主义的精神。

（四）在人民整体利益的基础上谋取同学福利，并适当地组织同学参加社会服务，以锻炼为人民服务的实际能力。

《南大学生会宗旨》，《国立南开大学一九五零年毕业年刊》

1. 拥护毛主席、拥护中国共产党、拥护共同纲领、拥护中央人民政府、拥护人民解放军，为建设富强、康乐、民主、自由、统一的新中国而奋斗。

2. 深入开展抗美援朝运动，积极做好抗美援朝工作，支援中国人民志愿军，支援朝鲜人民军。

3. 拥护世界和平理事会宣言和决议，反对美帝武装日本、西德，反对美帝单独对日媾和，保卫祖国安全，保卫亚洲和平，保卫世界和平。

4. 拥护土地改革，拥护解放台湾、西藏。

5. 坚决镇压反革命，检举特务分子，肃清谣言，加强防奸反特工作，提高警惕，保卫学校安全。

6. 加强时事政治学习，提高政治觉悟。

7. 爱护人民财产，厉行节约，反对浪费。

8. 重视身体健康，改进环境卫生。

9. 教师要运用科学的观点和方法，搞好教学研究工作，联系理论与实际，提高业务水平，在教学中贯彻爱国主义思想，为培养新中国的建设人才而努力。

10. 职工要树立认真负责的工作态度，建立工作制度，提高工作效率，为教学创造更好的条件。

11. 学生要努力锻炼身体，积极学习，回应祖国号召，随时准备为祖国服务。

12. 家庭妇女要关心政治，努力学习，搞好家务，建立民主和睦的家庭。

《南开大学爱国公约》，《人民南开》第 13 期，1951 年 5 月 18 日

本校为保证学生胜利地完成学习任务，培养学生成为德才兼备、体魄健全、积极参加祖国社会主义建设的优秀干部，特订立学生守则如下：

（一）以高度爱国主义责任感，努力完成本专业教学计划上所规定的全部学习任务。

（二）服务学校领导，尊敬师长，在教师领导下，以实事求是、克服困难的精神进行学习。

（三）遵守学习纪律。

（四）积极地认真地参加各项课外体育锻炼活动，增强体质，养成坚韧耐劳的意志。

（五）确守作息制度，遵守学校校规，参加学校规定的各项活动，自觉地遵守集体生活纪律。

（六）爱护公共财物，厉行节约，培养艰苦朴素和整洁的作风。

（七）对同学发扬团结友爱的精神，用批评和自我批评的方法互相勉励，共同进步，并向一切危害公共利益的言论、行为进行斗争。

《南开大学学生守则》，《人民南开》新第 57 期，1954 年 9 月 16 日

美帝国主义和蒋介石卖国集团签订的所谓《共同防御条约》是美帝国主义对我国人民的一个严重的战争挑衅，是明目张胆地侵犯我国主权、割裂我国领土、威胁亚洲和世界和平的露骨表现。我们南开大学全体师

生员工对于美帝国主义这种极端敌视和仇恨中国人民的罪恶活动,对于它这种阴谋破坏亚洲和世界和平的战争政策和侵略政策表示万分愤怒。我们决不能容忍美帝国主义的这种侵略行为,我们完全拥护周恩来外长关于美蒋《共同防御条约》的声明;我们反对战争,但是决不为战争威胁所吓倒,我们要求和平,但是决不拿领土和主权作代价来乞求和平,如果有人敢把战争强加在我们头上,我们一定要给他以严重的惩罚。

已经被中国人民唾弃了的蒋介石卖国集团,绝对无权对外签订任何条约,所谓美蒋《共同防御条约》完全是非法的、无效的,我们南开大学全体师生员工坚决反对这个所谓"条约",和全国人民一起警惕地注视着美帝国主义和蒋介石卖国集团的阴谋,准备随时回答敌人的任何挑衅行为。

过去我们南开大学全体师生员工为了保家卫国,在伟大的抗美援朝斗争中曾经作了巨大的努力。今天,为了我国领土的完整和祖国的安全,为了亚洲和世界和平,为了保卫我们的社会主义建设,为了我们的自由幸福,一定要尽我们的全部力量支援解放台湾的斗争。

我们全体教师决心努力学习苏联先进经验,深入教学改革,大力开展科学研究,提高思想觉悟,为培养国家所需要的干部而努力。

我们全体职工决心坚守岗位工作,遵守劳动纪律,力行精简节约,为保证深入教学改革、完成教学任务而创造条件。

我们全体同学决心学好科学技术,提高觉悟,锻炼身体,把自己锻炼成为祖国所需要的干部。

最后,我们全体师生员工坚决表示,要更进一步加强团结,提高警惕,坚定立场,克服困难,为保卫亚洲及世界和平而坚决斗争。

《南开大学反对美蒋〈共同防御条约〉决议》(1954年12月26日),《人民南开》新第72期,1954年12月31日

文档资料篇 117

对学生进行政治思想教育工作,是完成培养合乎规格即具有一定的马克思列宁主义思想水平,忠实于社会主义事业,体格健全,掌握先进科学技术的高级建设人才的总任务中所不可缺少的有机组成部分。不能设想,没有或缺少社会主义的政治思想教育工作,而能培养出合乎社会主义建设和社会主义改造事业要求的干部。过去学生政治思想教育工作还落后于现实的最主要原因,就是我们对于学生政治思想教育工作在提高教学质量中的地位与作用认识不够,和不少教师认为对学生进行政治思想教育不是自己分内的事,以及认为本身政治思想水平不高,无法对学生进行政治思想教育工作。加强学生政治思想教育工作的关键,首先,在于端正上述的对学生政治思想教育工作的不正确看法,不仅要认识到学生的政治思想教育工作在贯彻"全面发展"的教育方针中的重要意义,同时还要认识到对学生进行政治思想教育的主要责任就是我们教师。

《南开大学关于加强学生政治思想教育工作的决议》,《人民南开》新第85期,1955年4月16日

学生政治思想教育工作的任务,是在于培养学生具有马克思列宁主义的世界观、社会主义的政治方向和共产主义的道德品质,而完成这一任务的最主要最基本的途径是要在整个教学过程中来进行,决不可把政治思想教育工作与教学工作截然分开,因而,对学生进行政治思想教育工作的主要责任就毫无疑问地落在我们教师身上了。教师对学生进行政治思想教育工作是有极为便利的条件的,而其收效也是较快较大的,因为教师与学生接触的时间最多,和教师在教学过程中起主导作用的缘故。因此,我们要求每个教师均能自觉地主动地担负起对学生进行政治思想教育工作的责任,在课堂讲授中,在进行实习(生产实习、教学实习)、实验、课堂讨论、测验、考试、考查、答疑、学年论文、毕业论文等教学环节中,在一切课外活动中(如指导新生选择专业,指导学生科学小

组和文学作品阅读,以及举办各种类型的讲演会、座谈会等),均应以辩证唯物主义的思想和方法来教育学生,揭露本门课程中资产阶级唯心思想的表现并给以无情的批判;培养学生热爱祖国、热爱劳动、热爱科学和指导学生运用自己的知识为人民服务的志向;以及培养学生遵守纪律、尊敬师长、诚实谦逊、团结互助、爱好整洁、爱护公物、个人利益服从集体利益等优良品质。

《南开大学关于加强学生政治思想教育工作的决议》,《人民南开》新第 85 期,1955 年 4 月 16 日

根据当前国家的社会主义革命形势,根据党提出的在 12 年内使我国最急需的科学部门接近世界科学的先进水平的庄严号召,全校青年应该把大力向科学进军看作自己对国家、对人民的神圣职责,应该以战斗的姿态,勇敢地向科学高峰挺进。为此,全校青年应该进一步树立为共产主义事业奋斗到底、把毕生精力献给祖国文化科学教育事业、争取在祖国科学事业上做出最大贡献的远大理想,虚心地、顽强地、循序渐进地、创造性地钻研科学知识和马克思列宁主义。

以更加紧张的学习和劳动,模范地完成伟大时代赋予的历史使命。为了更有效地协助党担负起培养全面发展的社会主义建设人才的任务,动员广大青年向科学进军,我校青年团各总支和分支必须在党的领导和教育下制订出全面工作规划,进一步改进和加强政治思想工作,切实具体地帮助青年教师、职工和学生提高进修和学习质量,提高全面发展水平;并注意紧密联系群众,发扬批评与自我批评的精神,把理论和实际相结合,"说"和"做"统一起来,树立生动、活泼、具体、切实的工作作风。

《南开大学第一届团代大会决议》(1956 年 2 月 25 日),《人民南开》新第 116 期,1956 年 3 月 3 日

今后各级学生会的任务是：在党委的领导下，在行政、团委的指导和帮助下，坚决贯彻党的八届十中全会精神，继续贯彻执行党的教育方针，加强对学生进行国际主义、爱国主义和社会主义教育，引导同学刻苦钻研，学好功课，积极组织课余活动，关心同学的生活和身体健康，并经常听取和反映同学们的意见和要求，充分发挥学生会的组织作用，把广大同学紧密地团结在党的周围，努力完成党所交给的任务。

《第七届学生代表大会决议》（1962 年 12 月 2 日），《人民南开》新第 533 期，1962 年 12 月 15 日

雷锋同志是中国共产党员、模范的共产主义青年团员、中国人民解放军五好战士。他在平凡的岗位上，忠于祖国，忠于人民，忠于党的光辉事迹，写下了一部壮丽的诗篇，为我们树立了坚定的无产阶级立场和高尚的共产主义思想道德的优秀榜样。我们每个共青团员和青年，都可以从雷锋同志事迹中得到鼓舞，受到教育。因此我们必须积极响应团中央和团市委关于开展学习雷锋模范事迹的号召，在全校共青团员和青年中广泛开展宣传和学习雷锋同志模范事迹的活动。

在活动中，应着重宣传和学习以下几点：

1. 忠实于党，忠实于社会主义事业的无产阶级立场。

2. 自觉地服从祖国需要，以人民利益为重，做一个"永不生锈的螺丝钉"，全心全意为人民服务的精神。

3. 关心同志、助人为乐、毫不利己、专门利人的共产主义风格。

4. 坚韧不拔、勇于克服困难的意志和克勤克俭、艰苦朴素的作风。

5. 坚持又红又专的方向，努力学习毛主席著作，刻苦钻研业务，模范地完成工作任务。

在宣传和学习中，应紧密结合当前形势和青年的思想实际，使他们认识到：雷锋同志的高贵品质，都是在日常的平凡工作、学习和生活中表现出来的。他做的许多事情，只要努力每人都能学到做到。因此，必须用高标准要求自己，自觉地进行思想改造、学习、工作和生活，逐步把自己培养成为共产主义事业的接班人。

<blockquote>
《共青团南开大学委员会关于在全校共青团员和青年中开展宣传和学习雷锋同志模范事迹活动的决定》，《人民南开》专刊，1963年2月26日
</blockquote>

一、坚持又红又专，德智体全面发展，努力把自己培养成为革命接班人。

二、拥护中国共产党，热爱社会主义祖国。

三、热爱专业，勤奋学习，刻苦钻研，善于思考，不畏困难，勇攀科学高峰。

四、坚持体育锻炼，提高健康水平。

五、讲文明，讲礼貌，讲卫生，讲秩序，培养高尚思想品德。

六、尊重老师及干部职工，与同学友爱团结，互助互勉。

七、服从组织领导，遵守法令和规章制度，反对无政府主义。

八、不骄不躁，勇于批评自我批评，敢于同不良倾向作斗争，反对自由主义。

九、关心集体，热爱公益，爱护公物，勤俭节约。

十、衣着整洁，朴实大方，不吸烟，不喝酒，自觉抵制资产阶级思想侵蚀。

<blockquote>
《南开大学学生守则》（1981年5月4日），《南开大学》第69期，1981年5月8日
</blockquote>

现阶段全校师生员工社会主义精神文明建设的基本要求：

1. 坚持为人民服务、为社会主义服务，反对极端个人主义、一心追逐个人名利、一切"向钱看"；

2. 坚持四项基本原则、树立共产主义高尚品德，反对不讲原则、不讲公德、不顾整体、不守法纪；

3. 坚持又红又专、忠诚党的教育事业，反对脱离政治、不钻研业务、对教育质量不负责不关心；

4. 坚持党的优良作风，加强组织纪律性，干部带头，反对歪风邪气、组织涣散软弱、精神萎靡；为建设高度物质文明、高度精神文明的社会主义祖国而奋斗，为办好南开而奋斗。

《关于在全校大张旗鼓深入持久开展社会主义精神文明建设的决定》（1982年2月10日），《南开大学》第92期，1982年2月15日

广泛、深入、持久地开展爱国主义教育是对学生、青年职工及全校师生员工进行思想政治教育的最重要的基础课，是加强我校思想政治工作反对精神污染的一个基本途径。我们要以爱国主义教育为起点，有层次地开展集体主义、社会主义、共产主义的教育。同时还要把爱国主义教育同理想教育、道德教育、纪律教育结合起来，长期坚持下去。通过这种综合性的思想教育工作，引导师生员工自觉地拥护和坚持四项基本原则，把热爱祖国、热爱社会主义制度、热爱共产党融为一体，自觉抵制和消除形形色色资产阶级腐朽思想的影响，成为有理想、有道德、有文化、守纪律的一代社会主义新人。

在最近一个时期内，我们要围绕以下四个方面的问题开展宣传教育工作：

1. 要激发爱国热忱，把"祖国母亲"铭刻在自己的头脑中，热爱我们伟大的社会主义祖国。把个人的命运同祖国的命运联系起来，树立祖国的利益和荣誉高于一切的精神；克服那种认为"中不如外"、"社不如资"等妄自菲薄、盲目崇拜外国的错误思想倾向；向历史上的民族英雄学习，向老一辈无产阶级革命家学习，向各条战线的英雄模范学习，提高民族自豪感和民族自信心，为振兴中华奋发努力，贡献自己的青春和才华。

2. 要牢固树立热爱党、热爱社会主义才是真正热爱祖国的观念。坚定对党的领导和社会主义道路的信念，要深刻了解中华民族受压迫和求解放的历史，了解人类社会和中国历史发展的客观规律；懂得只有社会主义才能救中国，没有共产党就没有新中国；正确认识建国以来我们工作中的成就和错误，十一届三中全会以来我们党的路线、方针、政策的正确性。

3. 要树雄心立壮志，把毕生的精力用社会主义事业上。既要克服志大才疏、脱离实际的空谈，又要克服胸无大志、庸庸碌碌的混世哲学。任何只顾个人利益、不顾国家集体利益的事项和行为都应当在爱国主义的教育中得到克服。

4. 要把爱国家和爱集体结合起来。真正的爱国主义者是把国家利益、集体利益和个人利益统一在一起的。在爱国主义教育中，我们要培养和树立爱南开的思想，学习和发扬周恩来同志曾经讲过的"我是爱南开的"精神。把自己的工作和学习同南开的发展紧密联系起来，齐心协力，人人为建设南开做贡献。

中共南开大学委员会：《关于在全校开展爱国主义教育活动的安排意见》（1983年10月8日），南开大学档案馆藏在改革开放的形势下,尤其要注意进行党性、党风和党的纪律教育,特别是理想和纪律教育。共产党员要做到自觉增强党性,首先要牢记党的宗旨,全心全意为人民服务,这是党性的集中表现和最高原则。要坚定共产主义信念,正确认识局部与整体、眼前与长远、个人与集体的关系,把办好教育事业、多出人才、出好人才作为今天的现实目标;要有牺牲精神,吃苦在先,享受在后,在改革中不怕困难、挫折,勇于探索;要自觉抵制和消除各种腐朽思想对自身的影响,同削弱党、有损于党的形象的错误言行、不正之风和腐败现象做斗争,永远保持共产党员的先进性。

《中国共产党南开大学第三次党员代表大会报告》
(1985年12月16日),南开大学档案馆藏

要把深入开展形势教育、爱国主义教育和理想教育作为加强改进思想政治工作的基础。要组织有关的理论工作者和实际工作者,采取灵活多样的方式,有针对性地开展教育活动,使广大师生员工正确认识十年改革的伟大成就和改革的艰巨性、复杂性;正确认识治理整顿与深化改革的关系;正确认识全局观念、奉献精神与按劳分配、物质利益的关系,把实现四化、振兴中华、办好南开作为目标,把全校师生员工团结起来,凝聚起来。

《中国共产党南开大学第四次党员代表大会报告》
(1989年3月25日),南开大学档案馆藏

研究生教育,必须坚持德智体全面发展,必须把树立坚定正确的政治方向和培养高尚的道德品质放在首位,切实加强思想政治工作。

为社会主义现代化建设服务,培养社会主义事业的建设者和接班人,

这是研究生教育的根本任务。从政治上、思想上、品德上培育和引导研究生健康成长，既是研究生教育的重要内容，又是激励研究生树立崇高的理想和人生追求，奋力攀登科学文化高峰的必要手段。我们要把广大研究生团结在党的周围，使他们成为热爱祖国，拥护党的领导，拥护社会主义制度，遵纪守法，具有为人民服务的奉献精神的良好的道德品质，拥有比较广博专深的知识和较强的工作能力，立志为实现祖国的社会主义现代化建设而艰苦奋斗的一代新人。

中共南开大学委员会：《关于加强研究生思想政治工作的几点意见》（1990年），南开大学档案馆藏

要从研究生的特点和思想实际出发，不断充实研究生思想政治教育的内容，拓宽教育途径，改进和完善教育方法，讲求教育效果。

要密切联系实际，组织研究生认真学习马克思主义理论，引导他们掌握运用马克思主义的立场、观点和方法，提高分析问题、鉴别是非的能力，抵制和反对资产阶级自由化思想的侵蚀；同时，要精心指导哲学社会科学各学科研究生的学习和研究，引导他们认真研究现实生活中出现的新情况、新问题，为坚持和发展马克思主义作出贡献。

要根据学科特点和硕士生与博士生的不同情况，采取多种方式，创造条件，组织研究生积极参加社会主义物质文明和精神文明建设的实践，接触工农，了解工农业等各条战线的实际情况，增长才干，促进他们的思想进步和业务学习。

要通过召开政治学习会、举办学术讲座、开展各种问题活动等方式，进行社会主义道德教育、爱国主义教育、集体主义教育、纪律教育。

中共南开大学委员会：《关于加强研究生思想政治工作的几点意见》（1990年），南开大学档案馆藏

文档资料篇

在加强教师思想政治工作的同时，继续重视和加强学生思想政治工作，要从实现学校根本任务的高度充分认识加强学生工作的重要性、必要性，牢固树立学校一切工作面向学生的思想；要紧密结合党的中心工作、国内外大事、改革和建设的进程以及学生的思想实际和特点，加强思想政治工作和形势政策教育，主动及时回答学生普遍关心的问题，引导他们深入学习邓小平同志关于建设有中国特色社会主义的理论，激励他们勤奋学习科学文化知识，立志成长报国，攀登科技高峰。树立竞争意识，勇于开拓进取，继承和发扬艰苦奋斗的传统作风，善于用法律和校规规范自己的行动。

中共南开大学委员会：《贯彻1992年全国高校党建工作会议精神的意见》，《南开周报》第446期，1992年9月25日

坚持德、智、体全面发展的教育方针，加强马克思主义理论课程的教学，加强作为高层次人才所必备的科学和文化基础的教学。在教学的全过程中大力培养学生的爱国主义、社会主义和集体主义精神，将充分调动学生的学习积极性与严格的学风结合起来。

中共南开大学委员会：《南开大学深化综合改革工作要点》（1992年9月），南开大学档案馆藏

要进一步加强和改进马克思主义理论教育，用建设有中国特色社会主义的理论武装学生。加强对学生进行党的基本路线教育及爱国主义、集体主义、社会主义和国情教育。加强社会实践环节，引导学生走与工农相结合的道路，逐步树立科学的世界观和为人民服务的人生观。同时，要适应社会主义市场经济体制的要求，注意培养学生的改革意识、创造

意识、竞争意识，使他们有一个献身改革开放和现代化建设的思想境界和良好的精神风貌。要通过实践，不断探索和总结在改革开放条件下加强和改进德育工作的经验，努力建设一支以精干的专职人员为骨干、专兼职结合的思想政治工作队伍，进一步提倡教书育人，把建立优良的校风、学风，优化育人环境作为经常性工作落到实处。

《中国共产党南开大学第五次党员代表大会报告》（1993年2月25日），南开大学档案馆藏

学生思想政治工作是一个复杂的系统工程。需要在党委的统一领导下，深入持久地开展教书育人、管理育人、服务育人的群众性思想政治教育活动，并同严格校纪、校风，加强日常管理紧密结合起来。

采取多种形式，在学生中深入开展基本路线教育，进行爱国主义、集体主义和社会主义思想教育，进行"两史一情"教育、中华民族优秀文化传统教育和革命传统教育，进行形势政策教育。帮助青年学生树立正确的世界观、人生观、价值观，增强民族自尊、自信和自强精神，抵御拜金主义、享乐主义和极端个人主义的侵蚀，培养青年学生成为合格的社会主义建设者和接班人。

中共南开大学委员会：《关于进一步加强和改进宣传思想工作的意见》，《南开周报》第505期，1994年5月14日

青年大学生是国家和民族的未来，教育和培养好他们，是社会主义建设事业的奠基工程，是社会主义大学所担负的光荣而艰巨的任务。我们所培养的学生的思想道德和科学文化素质如何，直接关系到21世纪中国的面貌，关系到我国社会主义现代化建设战略目标能否实现，关系到

能否坚持党的基本路线一百年不动摇，也关系到我校的发展战略目标能否达到。因此，我们必须对新时期学校德育工作给与充分重视。

<blockquote>学工部：《关于加强德育工作和贯彻〈爱国主义教育实施纲要〉的意见》（1994年11月18日），南开大学档案馆藏</blockquote>

在学生中开展爱国主义教育。要使贯彻执行《爱国主义教育实施纲要》，加强爱国主义教育成为我校德育的基础性工程和主线。学工部主要通过第二课堂开展这一工作。

考虑到我校有光荣而特殊的校史和独特的校训，开展以校训为中心内容的教育活动将能很好地体现爱国主义教育的宗旨和内容，并能够将爱国、爱校、爱集体结合起来。

<blockquote>学工部：《关于加强德育工作和贯彻〈爱国主义教育实施纲要〉的意见》（1994年11月18日），南开大学档案馆藏</blockquote>

新时期在学生中加强爱国主义教育要在原有工作基础上把握好两方面：

第一，明确大学生爱国的基本要求和标准。这就要求青年学生做到：（1）献身建设有中国特色的社会主义事业。（2）努力维护祖国的独立、主权、统一、尊严，与各种有损国格、人格的错误行径作坚决的斗争。（3）当代大学生爱国，必须学会正确处理个人与集体、与国家的关系，把个人的前途命运与祖国的命运紧密联系在一起，把祖国利益放在高于一切的地位。（4）爱国主义是一个历史范畴，但爱国是现实的实践活动，当代大学生必须从现在做起，从一点一滴的小事做起，努力成为社会主义事业的建设者和接班人。

第二,联系实际,确定爱国主义的内容,做到三个结合:(1)将爱国主义教育同学习建设有中国特色的社会主义理论相结合,引导学生树立正确的世界观、人生观、价值观,把爱国主义觉悟建立在科学的理论根基之上。(2)把学习历史同国情教育、同跨世纪发展的宏伟目标相结合,使广大学生不仅能够继承中华民族的优秀传统,更要在为实现祖国的繁荣富强而奋斗的过程中,接受生动、具体的爱国主义教育。(3)要把爱国主义、集体主义、社会主义教育同学生的学习、工作、生活紧密结合、融会贯通到团的各项工作之中,通过开展"青年志愿者""公民素质教育"等活动,使爱国主义、集体主义、社会主义教育具体化、有形化。

《共青团南开大学第十二次代表大会工作报告》(1996年5月25日),《南开周报》第583期,1996年7月5日

坚持不懈地加强教育和引导,学生的思想政治素质明显提高。坚持思想教育与管理紧密结合的方针,利用多种形式进行调查研究,摸清学生思想状况,针对学生思想实际,充分挖掘和利用本校各种宝贵的教育资源,对学生进行经常性的爱国主义、集体主义和社会主义思想教育,引导学生树立正确的世界观、人生观和价值观。

《中国共产党南开大学第六次党员代表大会报告》(1997年3月27日),南开大学档案馆藏

加强青年学生的思想道德教育,是关系国家命运的大事。要继续贯彻中共中央和国家教委有关文件精神,全面落实六中全会对青少年思想

道德教育的各项要求，把爱国主义、集体主义和社会主义教育搞得更加生动、扎实、有效，帮助青年树立正确的世界观、人生观和价值观。要以学生党团组织和班集体为依托，开展生动活泼的思想教育活动。要结合文化科学素质的培养，弘扬中华民族的传统美德和党的优良传统，培养自强不息、爱国奉献精神。要加强大学生的劳动教育、艰苦创业精神的教育。

《中国共产党南开大学第六次党员代表大会报告》（1997年3月27日），南开大学档案馆藏

我校精神文明建设的指导思想：以马克思列宁主义、毛泽东思想和邓小平理论为指导，坚持党的基本路线和基本方针，加强思想道德建设和教育科学文化建设，努力培育有理想、有道德、有文化、有纪律的社会主义事业的建设者和接班人，充分发挥我校在社会主义精神文明建设中的辐射作用和示范作用，为把我国建设成为富强、民主、文明的社会主义现代化国家做出应有的贡献。

我校精神文明建设的奋斗目标：在全校师生员工中牢固树立建设有中国特色社会主义的共同理想，牢固树立坚持党的基本路线不动摇的坚定信念。努力实现以邓小平理论为重要内容的政治理论素养的较大提高；实现以爱国奉献精神、民主法制观念、职业道德和基本文明修养为主要内容的思想道德素质的较大提高；实现以内容健康、格调高雅、丰富多彩为基本要求的校园文化生活质量的较大提高；实现以优良的校风、良好的校园秩序和优美的校园环境为主要标志的校园文明程度的较大提高，形成教学科研和思想道德文化建设协调发展的良好局面。争取到21世纪初叶，为把我校建设成为接近或达到世界一流大学学术水平的社会

主义综合大学奠定坚实的基础。

《南开大学社会主义精神文明建设规划》(1997年12月)，南开大学档案馆藏

热爱社会主义祖国，拥护中国共产党的领导；学习宣传马列主义、毛泽东思想，邓小平理论；贯彻执行国家的方针、政策。遵守宪法、法律和职业道德，自觉抵制各种错误思想和行为。

《南开大学教师教学工作规范（试行）（本科教学工作部分）》(1999年3月)，南开大学档案馆藏

强化"大德育"观念，完善德育渠道，切实加强对青年学生的思想政治教育，要在爱国主义教育、集体主义教育、社会主义教育、基本国情教育与马克思主义唯物论与无神论教育等方面，有新举措，见新效果。

深化"两课"教学改革，不断提高教学水平，增强课堂的吸引力，强化"主渠道"的功能；进一步发挥"第二课堂"作用，办好学生业余党校、团校；发挥学生党支部、团支部和学生骨干的作用；形成健全的学生骨干网络；加大对大学生邓小平理论研究会活动支持和指导；通过组织参观、考察和其他社会实践活动，增进大学生对国情和社会的了解，培养他们的优秀品质和奉献精神，把大学生邓小平理论学习不断引向深入。

中共南开大学委员会：《关于进一步加强和改进思想政治工作的若干意见》(1999年11月)，南开大学档案馆藏

师德建设必须坚持以马列主义、毛泽东思想和邓小平理论为指导，全面贯彻江泽民同志"三个代表"重要思想，以《教师法》、《高等教育法》和《公民道德建设实施纲要》为依据，坚持重在建设、以人为本，使广大教师做到：热爱党，热爱社会主义祖国，忠诚于人民的教育事业；树立正确的教育观、质量观和人才观，增强教书育人工作的自觉性；不断提高自身的思想政治素质和业务素质，以身作则，严于律己，为人师表，敬业爱生；有宽广厚实的业务知识和终身学习的自觉性，掌握必要的现代化教育科技手段；遵循教育规律，积极参与教学科研，在工作中勇于探索创新；与学生平等相处，真正了解学生，热情关心学生，尊重学生人格，因材施教，寓育人于言传身教之中。

要通过教师良好的职业道德和言传身教，使学生热爱社会主义祖国，拥护党的领导和党的基本理论、基本路线、基本纲领，确立献身于建设有中国特色社会主义伟大事业的政治方向；认真学习马克思主义、毛泽东思想、邓小平理论，努力实践"三个代表"重要思想，逐步树立科学的世界观、人生观和价值观，坚定地走与生产实践相结合、与工农相结合的道路；努力为人民服务，具有艰苦朴素的精神和强烈的使命感、责任感；自觉地遵纪守法，具有良好的道德品质和健康的心理素质；勤奋学习，勇于探索，敢于创新，努力掌握现代科学文化知识；真正做到坚持学习科学文化知识与加强思想道德修养的统一，坚持学习书本知识与投身社会实践的统一，坚持实现自身价值与服务全国人民的统一，坚持树立远大理想与进行艰苦奋斗的统一，成为能够自觉献身于建设有中国特色社会主义伟大事业的"四有"新人。

要紧密结合学生的实际，有针对性地加强辩证唯物主义和历史唯物主义教育，爱国主义、集体主义和社会主义教育，中华民族优秀文化传统和革命传统教育，理想信念、伦理道德以及文明习惯养成教育，中国近现代史、基本国情、国内外形势教育和法制纪律教育。坚定广大青年学生走建设有中国特色社会主义道路的共同理想,提高他们坚持党的基本路线和为社会主义现代化建设服务的自觉性。

中共南开大学委员会:《关于加强师德建设的若干意见》(2001年12月),南开大学档案馆藏

以马克思列宁主义、毛泽东思想、邓小平理论和"三个代表"重要思想为指导,深入贯彻党的教育方针,按照江泽民同志对全国青年和大学生提出的坚持学习科学文化与加强思想修养的统一,坚持学习书本知识与投身社会实践的统一,坚持实现自身价值与服务祖国人民的统一,坚持树立远大理想与进行艰苦奋斗的统一的要求,和"思想政治素质是最重要的素质"精神,贯彻落实《中共中央关于加强和改进思想政治工作的若干意见》、《中共中央国务院关于深化教育改革全面推进素质教育的决定》和《中共中央关于进一步加强和改进学校德育工作的若干意见》,教育引导学生树立正确的理想信念,加强思想修养,成为有理想、有道德、有文化、有纪律的一代新人。

中共南开大学委员会:《关于加强学生工作队伍建设的意见》(2002年1月),南开大学档案馆藏

教育引导学生热爱社会主义祖国,拥护党的领导和社会主义制度,确立献身于有中国特色社会主义事业和坚定共产主义理想信念的政治方向;热爱南开大学,努力为南开大学的进步和发展做贡献;认真学习马克思列宁主义、毛泽东思想、邓小平理论和江泽民同志"三个代表"重要思想,逐步树立科学的世界观和方法论;坚持学习科学文化与加强思想修养的统一,坚持学习书本知识与投身社会实践的统一,坚持实现自身价值与服务祖国人民的统一,坚持树立远大理想与进行艰苦奋斗的统

一. 具有高尚的道德品质、强烈的责任感、使命感、艰苦奋斗精神和健康的心理素质。自觉遵纪守法,勤奋学习,勇于探索和创新,努力学习和掌握现代科学文化知识。着力培养具有共产主义觉悟的先进分子。

德育内容根据德育目标和教育对象思想政治品德发展的一般规律而确定,并随着社会发展、教育改革而充实调整。德育内容是我校教育内容的重要组成部分,要针对我校学生及各学习阶段的特点安排德育内容,形成以世界观、人生观、价值观教育以及爱国主义、集体主义、社会主义教育为核心的相对稳定的教育内容体系。

中共南开大学委员会:《南开大学〈中国普通高等学校德育大纲(试行)〉实施细则》(2002年1月),南开大学档案馆藏

教育引导学生坚定社会主义理想信念,具有强烈的爱国热忱、国家意识、社会责任感和历史使命感;树立正确的世界观、人生观、价值观;掌握和运用马克思主义唯物辩证法分析事物、解决问题;成为知法、守法、文明守纪、具有创新精神和实践能力的德智体美诸方面全面发展的社会主义事业的建设者和接班人。

中共南开大学委员会:《南开大学本、专科生德育考评实施规程(试行)》(2002年1月),南开大学档案馆藏

学生应当努力学习马克思列宁主义、毛泽东思想、邓小平理论和"三个代表"重要思想,树立爱国主义、集体主义和社会主义思想,具有为国家富强和人民富裕而艰苦奋斗的精神;应当自觉遵守法律、法规,遵守国家和学校的各项规章制度,具有良好的道德品质和行为习惯;要努

力实践"允公允能，日新月异"的校训，勤奋学习，不断实践，勇于创新，努力掌握现代科学文化知识和专业技能；应当积极锻炼身体，具有健康体魄。

《南开大学学则》（2003年6月），南开大学档案馆藏

着力提高学生的思想道德素质、科学文化素质和身心健康素质，尤其要关注其思想道德素质。弘扬南开教育传统和特色，继续以周恩来校友为楷模塑造学生健全人格，培养学生敬业乐群、诚信守法的优良品德。针对不同层次学生各学习阶段的特点，安排以世界观、人生观、价值观教育以及爱国主义、集体主义、社会主义教育为主要内容的教育活动，尤其要重视社会主义信念和共产主义理想教育。把德育工作贯穿于学校教育的全过程，建立全员育人、全方位育人的德育工作格局。

《中国共产党南开大学第七次党员代表大会报告》（2003年11月3日），南开大学档案馆藏

加强和改进我校思想政治理论课的指导思想是：坚持以马克思列宁主义、毛泽东思想、邓小平理论和"三个代表"重要思想为指导，深入贯彻党的十六大精神，贯彻党的教育方针，解放思想、实事求是、与时俱进，立足于帮助学生树立正确的世界观、人生观、价值观，深入开展马克思主义立场、观点、方法教育，开展党的基本理论、基本路线、基本纲领和基本经验教育，开展科学发展观教育，开展中国革命、建设和改革开放的历史教育，开展基本国情和形势与政策教育，不断增强思想政治理论课教育教学的针对性、实效性和说服力、感染力。

中共南开大学委员会：《关于进一步加强和改进思想政治理论课的意见》（2005年10月），南开大学档案馆藏

要坚持以马克思主义中国化的最新成果为指导，深入宣传党的基本理论、基本路线、基本纲领和基本经验；坚持以理想信念教育为核心，深入进行树立正确世界观、人生观和价值观教育；坚持以爱国主义教育为重点，深入进行弘扬和培育民族精神教育；坚持以基本道德规范为基础，深入进行公民道德教育；坚持以大学生全面发展为目标，全面推进素质教育，努力构建社会主义核心价值体系。

中共南开大学委员会：《关于进一步加强和改进网络思想政治工作的意见》（2007年7月），南开大学档案馆藏

要以理想信念教育为核心，深入进行树立正确的世界观、人生观和价值观教育；以爱国主义教育为重点，深入进行弘扬和培育民族精神教育；以基本道德规范为基础，深入进行公民道德教育；以大学生全面发展为目标，深入进行素质教育。要重视和加强校风建设，培育良好的教风和学风，形成对教职工具有凝聚作用、对学生具有陶冶作用、对社会具有示范作用的优良校风。要积极开展校园文化活动，把德育与智育、体育、美育有机结合起来，寓教育于文化活动之中，促进大学生思想道德素质、科学文化素质和健康素质协调发展。

中共南开大学委员会：《关于进一步加强和改进校园文化建设的意见》（2007年7月），南开大学档案馆藏

进一步加强和改进师德建设，应当提高教师的思想政治素质。要自觉用马克思主义中国化的最新成果武装头脑，牢固树立科学发展观，坚持以社会主义核心价值体系为导向，自觉抵制各种错误思潮和腐朽思想

文化的影响。要牢固确立在中国共产党领导下走中国特色社会主义道路、实现中华民族伟大复兴的共同理想和坚定信念,拥护中国共产党的领导,拥护社会主义,热爱祖国,热爱人民,坚持正确的政治方向,在大是大非问题上,立场坚定,旗帜鲜明。要认真学习宪法和有关法律法规,坚持学术研究无禁区、课堂讲授有纪律,严格教育教学纪律。要高度重视学生的思想道德建设和思想政治教育,以良好的思想政治素质影响和引领学生。

<blockquote>中共南开大学委员会:《关于进一步加强和改进师德建设的意见》(2007年7月),南开大学档案馆藏</blockquote>

紧密围绕庆祝建国60周年,策划推出系列主题活动,以多种形式宣传展示新中国成立以来的伟大历程和光辉成就,深入进行革命传统、爱国主义和改革开放宣传教育,用中国特色社会主义共同理想凝聚人心,用以爱国主义为核心的民族精神和以改革创新为核心的时代精神鼓舞干劲,把社会主义核心价值体系建设引向深入。

<blockquote>中共南开大学委员会:《关于批转校宣传思想工作领导小组〈南开大学2009年宣传思想工作要点〉的通知》(2009年3月),南开大学档案馆藏</blockquote>

加强和改进研究生思想政治教育的指导思想是:坚持以马克思列宁主义、毛泽东思想、邓小平理论和"三个代表"重要思想为指导,深入贯彻落实科学发展观,牢固树立"育人为本、德育为先、立德树人"的观念,紧密围绕培养高素质拔尖创新人才和创建世界知名高水平大学的目标,努力提高研究生思想政治教育的针对性、实效性和吸引力、感

染力。

中共南开大学委员会：《南开大学关于进一步加强和改进研究生思想政治教育的若干意见》（2011年6月），南开大学档案馆藏

突出特色主题，就要坚持"允公允能、日新月异"的文化特质，以"公能"为育人之本，以创新为办学之魂，坚持爱国道路、"公能"品格和青春精神。就要以学生全面发展为宗旨，实施"公能"素质教育，培养学生"公"之志向、"公"之操守、"公"之襟怀；坚持"课堂教学、校园文化、社会实践"三位一体育人模式，切实做到全员育人、全程育人、全方位育人，实现传授知识、培养能力、提高素质的协调发展。就要坚持"日新月异"的创新理念，以创新增强办学活力，以创新推动改革发展，营造有利于创新人才培养、创新成果涌现的教育环境，全面提高南开的教育创新能力。

《中国共产党南开大学第八次党员代表大会报告》（2011年9月26日），南开大学档案馆藏

要以爱国主义教育为重点，以思想道德和理想信念为基础，广泛开展社会公德、职业道德、家庭美德和个人品德教育。在学生中开展集体主义、遵纪守法、明礼诚信和团结互助教育，加强恪守学习纪律和学术道德的教育，提高学生的生存能力、实践能力和创新能力。

中共南开大学委员会、南开大学：《南开大学素质教育实施纲要（2011—2015）》（2012年1月），南开大学档案馆藏

推动校史教育与大学生思想政治教育、社会主义核心价值体系教育、南开特色"公能"素质教育的紧密结合。校史教育不能仅仅局限于学生入校之时,而是要融入南开教育的全过程,渗透进"课堂教学—校园文化—社会实践"三位一体的"公能"素质教育体系之中,内化为学生自觉践行"爱国、敬业、创新、乐群"南开精神的实际行动之中。

中共南开大学委员会、南开大学:《关于进一步加强校史工作的意见》(2013 年 2 月),南开大学档案馆藏

当前,南开人的梦想就是坚持南开道路,发扬南开品格,光大南开精神,全面建成世界知名高水平大学,进而建设世界一流大学。要激励广大青年师生把南开梦与中华民族伟大复兴的中国梦紧密联系,开拓有为,建功立业,在追求南开梦的过程中,为实现中国梦做出南开人应有的贡献。

中共南开大学委员会:《关于深入学习贯彻习近平总书记五四重要讲话精神的通知》(2013 年 5 月),南开大学档案馆藏

要形成培育社会主义核心价值观的强大合力,注重发挥思想政治理论课的主渠道作用,细化学生发展的核心素养和学业质量标准,推动核心价值观进教材、进课堂、进学生头脑;切实抓好理想信念教育,采取理论学习、主题宣讲和校园文化活动等多种形式,增强学生报效祖国、服务人民的责任感;广泛开展形势政策宣传教育活动,加强对学生关注的热点问题的理论引导;积极强化就业创业服务体系建设,支持帮助广

大学生迈好走向社会的第一步。

<blockquote>中共南开大学委员会：《关于学习贯彻习近平总书记五四重要讲话精神的通知》（2014年5月），南开大学档案馆藏</blockquote>

南开大学坚持"允公允能，日新月异"的校训，弘扬"爱国、敬业、创新、乐群"的传统和"文以治国、理以强国、商以富国"的理念，以"知中国，服务中国"为宗旨，以杰出校友周恩来为楷模，作育英才，繁荣学术，强国兴邦，传承文明，努力建设世界一流大学。

学校贯彻国家的教育方针，全面实施"公能"素质教育，以具备"爱国爱群之公德，服务社会之能力"为目标，培养胸怀宽广、底蕴深厚、勤勉务实、追求卓越的高素质创新人才。

<blockquote>《南开大学章程》（2014年7月），南开大学档案馆藏</blockquote>

充分汲取中华优秀传统文化的丰厚养分，坚持以文化人、以文育人，以弘扬爱国主义精神为核心，以家国情怀教育、社会关爱教育和人格修养教育为重点，提升人文素养，培育健全人格。继承弘扬南开光荣传统，加强校史校情校训教育，以深入理解和自觉践行"公能"校训为主题开展系列活动，培育凝练有"公能"特色的校园文化、班级文化、社团文化、宿舍文化，切实落细、落小、落实，使社会主义核心价值观内化为价值追求、外化于自觉行动。

<blockquote>中共南开大学党委：《关于进一步加强和改进新形势下德育工作的意见》（2015年4月），南开大学档案馆藏</blockquote>

丰富师德教育内容，加强和改进教师理想信念教育、法制教育、心理健康教育和学风学术规范教育，特别要重点加强社会主义核心价值观教育，提高教职工爱国敬业、秉公尽能的自觉性，强化教师职业道德规范。

中共南开大学委员会、南开大学：《关于建立健全师德建设长效机制的实施办法》（2015年5月），南开大学档案馆藏

深入开展爱国主义的宣传教育和研究阐释。按照《教育系统深入开展爱国主义教育的实施意见》，把爱国主义教育贯穿国民教育全过程。加强爱国主义精神的研究阐释，组织相关研究机构和团队，结合当代中国国情和爱国主义实践，深入开展爱国主义精神的重大理论和现实问题研究，深入挖掘和阐发中华优秀传统文化的时代价值。

中共南开大学委员会：《关于批转校宣传思想工作领导小组〈南开大学2016年宣传思想工作要点〉的通知》（2016年3月），南开大学档案馆藏

以爱国主义为核心，深入开展中国特色社会主义和中国梦教育、家国情怀教育、校史校训教育、社会关爱教育、人格修养教育。积极培育和践行社会主义核心价值观，继承弘扬南开传统，强化"以德为先、能力为重、全面发展、勇于创新"的素质教育理念，完善课堂教学、校园文化、社会实践"三位一体"的人才培养模式，完善"公能"素质评价体系和评价机制，促进"德智体美"四育协调发展。

中共南开大学委员会：《南开大学关于加强和改进新形势下宣传思想工作的意见》（2016年3月），南开大学档案馆藏

文档资料篇 141

加强美育阵地建设，充分利用网络、广播、电视等载体和宿舍、教室、走廊等场所，营造清新高尚、富有美感、充满朝气的校园文化环境，以美感人，以景育人。以津南新校区的启用为契机，进一步加强校园文化艺术环境建设，建设弘扬爱国传统、宣教校史校训、铭志杰出人物的特色纪念设施，让学生在浓郁的文化氛围中净化心灵、陶冶情操。

中共南开大学委员会：《南开大学关于加强和改进新形势下美育工作的意见》（2016年5月），南开大学档案馆藏

光大南开品格，就是要把"允公允能、日新月异"作为社会主义核心价值观的"南开表达"，作为指导学校办学、规范师生品行的基本遵循，以"知中国、服务中国"为使命，传承巍巍南开百年来形成的爱国敬业创新乐群的优良传统，以杰出校友周恩来为楷模，作育英才、繁荣学术、强国兴邦、传承文明，为推动国家强盛、民族复兴和人类进步作出积极的贡献。

《中国共产党南开大学第九次党员代表大会报告》（2017年1月12日），南开大学档案馆藏

体现中国特色，就是要全面贯彻党的教育方针，坚持党的领导，把牢社会主义办学方向，扎根中国大地，聚焦中国问题，传承中华民族优秀文化，为人民服务，为中国共产党治国理政服务，为巩固和发展中国特色社会主义制度服务，为改革开放和社会主义现代化服务。

《中国共产党南开大学第九次党员代表大会报告》（2017年1月12日），南开大学档案馆藏

以培育和践行社会主义核心价值观教育为核心，推进"公能"素质教育的系统性和体系化，突出思想教育和价值引领，通过德、智、体、美四育融合发展，努力培养以杰出校友周恩来为楷模的"爱国、敬业、创新、乐群"栋梁之材。积极探索国家意识、法治意识、社会责任意识教育，民族团结进步教育，国家安全教育，科学精神教育的有效形式。加强以诚信为重点的社会公德、职业道德、家庭美德和个人品德教育，提升学生道德素养。制定学生守则，引导学生在深刻理解"公能"校训及社会主义核心价值观内涵的基础上，努力在勤学、修德、明辨、笃实的践行上下功夫，实现价值追求与实践的高度统一。

中共南开大学委员会：《关于深入贯彻落实全国高校思想政治工作会议精神的实施方案》（2017年2月），南开大学档案馆藏

开展"爱国奉献，服务中国"主题教育。以习近平总书记给我校入伍学生回信一周年为契机，通过重大历史事件纪念活动、主题社会实践和就业指导等活动，按照"四个服务"要求，不断强化青年学生"四个正确认识"，把社会主义核心价值观落实、落细、落小，强化德智体美四育融合，引导学生将个人的奋斗目标与社会发展进步紧密结合起来，到基层和祖国最需要的地方建功立业。

中共南开大学委员会：《在全校开展"牢记嘱托，勇担使命，做爱国奉献、公能兼备的时代新人"主题教育的通知》（2018年3月），南开大学档案馆藏

要进一步把习近平总书记重要勉励精神和党的十八大以来习近平总书记对南开大学的一系列关怀嘱托转化落实为办学治校、立德树人的具

体实践，以总书记对南开爱国奉献精神的肯定为强大动力，用总书记充分称赞的"允公允能、日新月异"校训凝心铸魂，进一步突出爱党爱国的主题主线，在坚定理想信念上下功夫，在厚植爱国主义情怀上下功夫，在加强品德修养上下功夫，在增长知识见识上下功夫，在培养奋斗精神上下功夫，在增强综合素质上下功夫，引导广大教师"秉公尽能"，教育青年学生"立公增能"，爱党爱国，忠诚报国，担当奉献，在新时代写下与国家民族同频共振的爱国奋斗新篇章，努力成为坚持中国特色社会主义教育发展道路的实践标杆。

> 中共南开大学委员会：《关于学习贯彻习近平总书记对南开大学入伍学生重要勉励精神的通知》（2018年9月），南开大学档案馆藏

以贯彻落实习近平总书记在全国教育大会上的重要讲话精神和学习贯彻习近平总书记给南开大学8名入伍大学生重要回信精神为主线，进一步落实《关于在全校开展"牢记嘱托，勇担使命，做爱国奉献、公能兼备的时代新人"主题教育的通知》（南党发〔2018〕10号）要求，在全体学生中大力开展爱国主义教育，将学习贯彻习近平总书记重要回信精神作为新生入学第一课的重要内容，厚植爱国主义情怀，让爱国主义在学生心中牢牢扎根，引导学生自觉把个人理想抱负与国家发展需求紧密联系，把个人价值实现融入中华民族伟大复兴的实践中，教育引导学生立志听党话、跟党走，立志扎根人民、奉献国家。

> 中共南开大学委员会：《关于开展"重温习近平总书记重要回信精神厚植爱国主义情怀"主题教育活动的通知》（2018年9月），南开大学档案馆藏

紧密结合"不忘初心、牢记使命"主题教育，结合深入学习贯彻习近平总书记在全国组织工作会议、全国宣传思想工作会议、全国教育大会和纪念周恩来同志诞辰 120 周年座谈会上的重要讲话精神，在全校基层党支部"三会一课"和主题党日活动中安排爱国奋斗精神专题学习讨论。深入学习领会习近平总书记对南开爱国精神的肯定勉励，在全校开展"弘扬南开爱国精神"大讨论，结合党史国史、改革开放史、社会主义发展史和南开校史的学习教育，结合张伯苓老校长"爱国三问"的学习教育，进一步梳理南开爱国主义传统脉络，深刻把握"允公允能、日新月异"校训思想内涵，大力弘扬南开爱国精神。在全体学生中开展"重温习近平总书记重要回信精神厚植爱国主义情怀"主题教育，校院联动、协同推进，让爱国主义在学生心中牢牢扎根，教育学生自觉把个人理想抱负与国家发展需求紧密联系，把个人价值实现融入中华民族伟大复兴的实践中，引导学生立志听党话、跟党走，立志扎根人民、奉献国家。进一步深化学生国防教育，引导学生把爱国之心化为报国之行，在强军兴军伟大实践中挥洒青春热情、谱写绚烂篇章。进一步加强党外知识分子工作，把爱国奋斗精神学习教育作为统一战线"跟党迈进新时代、同心共筑中国梦"主题教育的重要内容，切实增强党外知识分子对党和国家奋斗目标的思想认同、情感认同、价值认同。

中共南开大学委员会：《关于深入开展"弘扬爱国奋斗精神、建功立业新时代"活动的实施方案》（2018年 10 月），南开大学档案馆藏

牢牢把握习近平总书记视察南开大学和迎接南开百年华诞的契机，组织学生以家乡所在地、高中母校、家庭社区为实践地点，深入社区、工厂以及中小学广泛开展"习近平新时代中国特色社会主义思想"、"习近平总书记寄语南开师生精神"、"恩来精神"、"百年南开爱国奉献传统"等主题宣讲，继续推动学生在家乡建设"南开书屋"、"恩来书角"并成立"恩来精神读书会"。通过实践帮助师生进一步深入领会习近平新时代中国特色社会主义思想，领悟南开百年办学育人传统，感受以周恩来为代表的南开先贤对党和人民事业的无限忠诚以及服务国家、奉献时代的高尚品格，从而引导师生坚定理想信念，坚定"两个维护"，坚持爱国奋斗，不负总书记嘱托。

  中共南开大学委员会：《关于开展"把小我融入大我 南开与祖国同行"主题社会实践活动的通知》（2019年1月），南开大学档案馆藏

  要深刻领会习近平总书记视察南开大学重要讲话精神的丰富内涵和重大意义。习近平总书记在重要讲话中对百年南开的办学方向、理念、特色和成果，特别是南开爱国奋斗传统和爱国主义教育给予充分肯定，为新时代立德树人指明了方向，对高校党建工作和思想政治工作做出重要指示，对教师队伍建设提出明确要求，对学校"双一流"建设寄予厚望。……全校师生员工要倍加珍惜习近平总书记对南开大学的亲切关怀、巨大鼓舞，站在树牢"四个意识"、坚定"四个自信"、坚决做到"两个维护"的高度，充分认识学习宣传贯彻习近平总书记重要讲话精神的重大政治意义、历史意义、理论意义和现实意义，带着感情学习、带着使命思考、带着问题领悟，充分激发爱国主义情怀和奋斗精神，把强大势能变成强大动能，坚定建设南开品格、中国特色、世界一流大学的信心和决心，全面落实立德树人根本任务，着力加强和改进新形势下学校党建工作和思想政治工作，全力推进"双一流"建设，追求卓越，勇做标杆，努力培养德智体美劳全面发展的社会主义建设者和接班人，坚定不移地沿着习近平总书记指引的方向前进,再接再厉谱写南开大学改革发展新篇章。

中共南开大学委员会:《关于深入学习宣传贯彻习近平总书记视察南开大学重要讲话精神的实施意见》,《南开大学报》第1377期,2019年3月1日

一要谱写"高举旗帜、牢记嘱托"学习宣传阐释的新篇章。要通过各种形式,专题学习习近平总书记重要讲话精神,传达到每一个支部、每一个班级、每一名师生,实现全校各级党组织、各单位各部门和广大师生员工"全覆盖""全参与"。要综合运用学校线上线下全媒体阵地,提高宣传热度,扩大宣传规模,精心策划、集中报道、大力宣传习近平总书记视察南开大学重要讲话精神的思想精髓,大力宣传我校各级党组织和广大师生员工学习宣传贯彻习近平总书记重要讲话精神、扎实做好各项工作的具体举措、实际行动和典型事例,营造浓厚氛围。要持续宣传阐释,把学习宣传习近平总书记视察南开大学重要讲话精神与深入学习宣传习近平新时代中国特色社会主义思想和党的十九大精神紧密结合,坚持不懈用习近平新时代中国特色社会主义思想武装全体党员、教育师生员工、推动事业发展。二要谱写"爱国奋斗、公能日新"筑牢南开之魂的新篇章。要蓬勃开展爱国主义教育系列活动,深入开展百年校史宣传教育,大力传承弘扬周恩来精神,聚力办好百年校庆系列活动。三要谱写"把准方向、强基固本"加强党的领导和党建思政工作的新篇章。要着力加强党的全面领导,以"标杆"标准加强党建工作,落实落细意识形态工作责任制,构建"三全育人"大思政格局,协同推进思政课程与课程思政,加强共青团、学生会和学生社团管理。四要谱写"融入大我、勇担使命"人才培养的新篇章。要实施教育教学质量提升工程,开展"把小我融入大我 南开与祖国同行"主题社会实践,引导和支持毕业生主动对接国家战略需求，进一步做好大学生应征入伍工作。五要谱写"素质提升、德业双馨"教师队伍建设的新篇章。要提升广大教师政治素养，抓紧抓好专家型教师队伍建设，形成新时代南开"大人才观"。六要谱写"开拓创新、勇攀高峰"一流大学和一流学科建设的新篇章。要提升原始创新能力，实现学科发展新突破，提高国际化办学水平。

中共南开大学委员会：《关于深入学习宣传贯彻习近平总书记视察南开大学重要讲话精神的实施意见》，《南开大学报》第1377期，2019年3月1日

为进一步学习宣传贯彻落实习近平总书记来我校视察重要讲话精神，弘扬百年南开爱国主义传统，强化对学生的思想教育和价值引领，引导学生爱国奉献，立公增能，勇担使命，努力成为公能兼备的德智体美劳全面发展的时代新人，学校党委决定2019年在全校范围内组织开展"小我融入大我，青春奉献祖国"主题教育系列活动。

中共南开大学委员会：《关于在全校开展"小我融入大我，青春奉献祖国"主题教育的通知》（2019年3月），南开大学档案馆藏

思想理论教育和价值引领。引导学生深入学习习近平新时代中国特色社会主义思想，深入开展社会主义核心价值观教育，深入开展南开"公能"文化教育，弘扬南开百年爱国奋斗传统，帮助学生不断坚定中国特色社会主义道路自信、理论自信、制度自信、文化自信，牢固树立正确的世界观、人生观、价值观。

中共南开大学委员会：《南开大学辅导员队伍建设规定》（2019年3月），南开大学档案馆藏

紧紧围绕庆祝新中国成立 70 周年，以习近平总书记对南开爱国主义传统的充分肯定为强大动力，在"九个坚持""六个下功夫"上持续用力，涵育民族心，筑牢南开魂，唱响"弘扬爱国奋斗精神，奏响爱国三问时代强音"的主旋律，展现"知中国、服务中国""爱我中华、复兴中华"的新作为。坚持以爱国报国为主题主线，蓬勃组织开展庆祝新中国成立 70 周年、纪念五四运动 100 周年等重要纪念活动，通过丰富多彩的形式，唱响礼赞新中国、奋进新时代的昂扬旋律。紧密结合南开实际，在广大知识分子中持续深化"弘扬爱国奋斗精神、建功立业新时代"活动，在青年学生中持续深化"重温总书记重要回信精神、厚植爱国主义情怀"活动，着力创新教育形式，深化教育实效，在新时代谱写南开师生与国家民族同频共振的爱国奋斗新篇章。

中共南开大学委员会：《南开大学 2019 年宣传思想工作要点》（2019 年 3 月），南开大学档案馆藏

进一步加强思政选修课的课程体系建设。坚持统一性与多样性相统一，以"爱国奋斗、公能日新"为主题，构建思政必修课的"外围阵地"。实现思政必修课和选修课"同频共振"，打造"红色金课"的思政选修课南开品牌。坚持理论性和实践性相统一，探索形成"课程+社团+实践"融合模式，形成三全育人的格局。

中共南开大学委员会：《南开大学进一步加强思政课建设实施办法》（2019 年 4 月），南开大学档案馆藏

夯实"两大基点"，以立足新时代新百年和弘扬南开爱国主义传统为"两大基点"，将"允公允能、日新月异"南开育人模式的核心精神与新时代新理念新思政观有机融合，传承"爱国、敬业、创新、乐群"

的优良传统，铸牢南开爱国主义之魂，在新时代弘扬和坚持"知中国、服务中国"、"爱中华、复兴中华"。

  中共南开大学委员会：《关于全面提升思想政治工作质量构建"三全育人"体系的实施方案》（2020 年 3 月），南开大学档案馆藏

  着力突出贯彻落实习近平总书记视察重要讲话精神的主题主线，善于返本开新、守正创新，从百年南开的爱国主义光荣传统中汲取滋养，以杰出校友周恩来为楷模，传承爱国教育家严修、张伯苓的爱国教育理念，大力探索创新工作方式方法，加强经验做法总结宣传，把爱国主义教育活动融入日常、抓在经常、落在平常，着力通过颂扬先进形象、打造有效载体、营造浓厚氛围、激发爱国情感、利用重要仪式、激励使命担当等途径砥砺爱国奋进、铸牢南开之魂，奏响"爱国三问"时代强音。坚持长短衔接、由浅入深、内外联动、远近贯通，将传承民族精神与弘扬时代精神相结合，将激发爱国之情与投身报国之行相结合，将挖掘校内资源与运用社会资源相结合，将久久为功与重点推进相结合，通过在明理、共情、弘文、力行上下功夫，准确把握新时代爱国主义精神的丰富内涵，涵育爱党爱国爱社会主义的真挚情感，加强爱国主义教育的氛围营造和文化浸润，推动爱国精神转化为强国报国的自觉行动，探索形成底蕴深厚、特色鲜明的爱国主义教育南开模式。

  中共南开大学委员会：《南开大学贯彻落实〈新时代爱国主义教育实施纲要〉任务分工方案》（2020 年 3 月），南开大学档案馆藏

  以全面提高人才培养能力为核心，以爱国主义教育为主线，坚持学

校、学院、基层教学组织、教师"四维并进"推动课程思政建设。

"公能素质和服务中国"模块作为引领通识教育课程思政建设的重要载体，以南开"爱国三问"为统领，着力打造爱国主义教育类、服务学习类、学生个人成长类课程，引导学生践行社会主义核心价值观，服务社会，提升个人综合素养。

<blockquote>中共南开大学委员会：《南开大学课程思政建设实施方案》（2020年7月），南开大学档案馆藏</blockquote>

引导教师准确理解、把握、践行社会主义核心价值观，面向教师开展国情党情社情教育，通报学校改革发展情况，增强中国特色社会主义政治认同、思想认同、理论认同和情感认同。加强中华优秀传统文化和革命文化、社会主义先进文化教育，落实《新时代爱国主义教育实施纲要》，深入持续开展新时代爱国主义教育系列活动，引导教师热爱祖国、奉献祖国。

<blockquote>中共南开大学委员会：《南开大学关于全面深化新时代教师队伍建设改革的实施意见》（2020年8月），南开大学档案馆藏</blockquote>

要紧紧围绕迎接建党100周年，依托天津市学校爱国主义教育联盟和八里台校区爱国主义教育基地，发挥南开大学爱国奋斗精神宣讲团、南开公能校史文化宣讲团、恩来精神数字化展演团、红色记忆宣讲团、杨石先精神宣讲团、郭永怀事迹宣讲团等团队的积极作用，持续组织开展主题宣讲，通过线上线下等灵活多样的形式，广泛宣传南开爱党爱国爱社会主义的光荣传统和南开爱国主义教育的内涵精髓，持续深入讲好新时代"爱国奋斗、公能日新"的南开故事，引导党员干部师生深刻领

会"只有共产党才能救中国""只有共产党才能发展中国"的道理。

中共南开大学委员会:《关于深入开展党史、新中国史、改革开放史、社会主义发展史学习教育的通知》（2020 年 8 月），南开大学档案馆藏

坚持以马克思列宁主义、毛泽东思想、邓小平理论、"三个代表"重要思想、科学发展观、习近平新时代中国特色社会主义思想为指导，深入学习贯彻党的十九大和十九届二中、三中、四中、五中全会精神，紧紧围绕学懂弄通做实党的创新理论，坚持学习党史与学习新中国史、改革开放史、社会主义发展史相贯通，坚持学习习近平总书记重要讲话重要论述与学习贯彻习近平总书记视察南开大学重要讲话精神和重要指示批示精神相贯通，以杰出校友周恩来为楷模，传承弘扬周恩来精神，巩固深化"不忘初心、牢记使命"主题教育成果，做到学史明理、学史增信、学史崇德、学史力行。引导广大党员干部增强"四个意识"，坚定"四个自信"，做到"两个维护"，不断提高政治判断力、政治领悟力、政治执行力，自觉在思想上政治上行动上同党中央保持高度一致，切实把培养德智体美劳全面发展的社会主义建设者和接班人的使命任务落实好，激励全校师生在满怀信心迈进全面建设社会主义现代化国家新征程中作出新贡献，为实现中华民族伟大复兴中国梦作出贡献。

《南开大学校院两级理论学习中心组党史学习教育专题读书班方案》（2021 年 4 月），南开大学档案馆藏

四、爱国实践篇

南开人的爱国志生动体现于南开的报国行,自建校以来,南开的发展始终与国家民族命运紧相联,与时代社会发展共奋进,走出了一条心系国家、服务社会的爱国之路,谱写了一部部爱国奉献的时代华章。本篇主要选取了《人民日报》《光明日报》《新华每日电讯》《天津日报》《大公报》《益世报》等社会主要媒体和校内媒体关于南开师生爱国实践的部分新闻报道及出版物中的回忆文章。

爱国实践篇

　　昨日(二十九日)，本埠各学校男女学生为争外交最后胜利，又举行游行大会，赴省长公署请愿，致又演出绝大的流血惨剧。记者莅场旁观，其一种凄惨状况，真令人目不忍睹，口不忍言。谁无姊妹？谁无儿女？而竟出此严恶手段以对待之，诚不解是何居心？盖自五四运动以后，诚空前未有之惨况也。……

　　午后三钟，各校学生等整队由东马路出发，过大胡同，径赴省长公署。由东辕门进入，齐立头门大院内。斯时，两辕门前均无卫兵守卫，亦无人阻止，而头门紧闭。全体男女学生鹄立门外，一面要求谒见省长，一面在东西辕门演说，大略谓：山东问题岌岌可危，福州交涉亦将谈判，际此风云日益紧急，吾国民理应一致力争，以得最后胜利。今日来辕请见省长，要求两大端，即誓争外交及恢复天津原状。现吾等俱抱极大牺牲，省长不允，至死不去等语。……

　　当学生聚立辕门内要求见省长时，突由西辕门冲入卫兵一队，全体武装，枪上刺刀，腰实子弹，前有军官，挥刀冲锋而入。正在驱逐学生出门时，而西辕门又闯入卫兵一队，复将学生驱入。斯时正中头门又冲出一队，三面夹击。……学生方面遂推举男代表周恩来、于兰渚，女代表张若名、郭隆真与之接谈。……俄顷，即见卫队戎装跑步而至，将东辕门扎驻。此时新铁桥亦由巡警扎驻，于马路南北，行人往来不通。旋省署大门即有无数卫队提枪而出，大肆殴打。……

　　代表周恩来、于兰渚、郭隆真、张若名四人，因入省署拟见省长，均被拘禁。于午后五钟时，由保安警察队数十人武装排队押解，每两巡警架一代表，进东马路乐善好施胡同，据闻系送至行营营务处收押。

　　　　《"九一念九"惨案综述》①，《益世报》(天津)，1920年1月30日

---

　　① 南开大学开办之际，五四运动方兴未艾。首批入学的周恩来、马骏等南开学子，积极投身这场反帝爱国运动。1920年1月29日，南开大学等天津大、中学校学生在周恩来、于方舟等人领导下，赴直隶省公署请愿，遭到残酷镇压。周恩来等4名代表被捕。此前被捕的南开大学师生还有马千里、马骏等人。

此次军警刺伤学生,本因外交问题而起。诸君须知,学生之运动出于爱国,纵有偏激,犹宜曲谅,而况未有过分之举,何至视之如仇,临之如敌。我国近来最不祥之现象,莫如人心麻木,无论若何重大之刺激,恒恬然受之而不怪,非常之凶机,冒然蹈之而不省。邹圣所云"安危利灾",正谓今日。自民国成立,于今九年,仅去年(五四运动可谓真正民意)康有为犹能为此言,足征公道尚在人心。夫我国一线生机寄于青年。青年之心所以未死者,以其朝气方盛尚未为恶空气所袭也。诸君稍有知识,当极力培植青年,使得尽量发嘘其清明之气,而后国命有所托,诸君亦可以对祖考长子孙,何乐而不为哉!今诸君乘权处势,不惜煮豆燃萁,自残同类,以敌忾之心待学生,则一点生意绝于汝手矣。

《南开教职工敬告各界书》,《益世报》(天津),1920年2月4日

(1920年)1月29日,3000多名勇敢的男女学生,由周恩来、郭隆真领导,从东马路出发,直奔省长公署。群众推举周恩来、郭隆真、于方舟、张若名为代表,要求面见省长曹锐。在省公署大门口,面对他们的是大批荷枪实弹的军警。周恩来和郭隆真、于方舟、张若名等人不顾军警阻挠,强行进入省公署。他们遭到一阵毒打,随即被捕。

在此后半年的时间里,周恩来"品尝"了反动当局的牢狱生活。

他们先被关押在天津警察厅的营务处,后又被移送到地方检察厅。在特殊的条件下,他们坚持斗争,坚持学习。被捕代表共同议定:每天早晨做体操,每晚举行全体会议,并推举周恩来、马千里、于兰渚(于方舟)三人主办读书团,带领大家研究社会问题。又议决每星期一、三、五开演讲会,介绍各种新思潮。

由于在日本期间周恩来比较多地接触到了马克思主义学说,在他的

思想中也有许多马克思主义的成分,因而在5月28日、31日、6月2日、4日、7日,他分五次给难友们介绍了马克思的学说。据周恩来当时编写的《检厅日录》记载,他讲的内容有:历史上经济组织的变迁,马克思传记,唯物史观的总论和阶级竞争史,经济论中的余工余值说(注:即剩余价值学说)、《资本论》和资产集中说。

在当时的中国,能作这样的关于马克思主义的系统讲演的人是不多的。周恩来所以能在被监禁的条件下做到这一点,自然同他在日本时已研究过马克思的学说有关。

经过监狱内外的斗争,7月6日,检察官对周恩来等提起公诉。7月17日下午,开庭审理。经大律师刘崇佑出庭为代表辩护,一一推翻了反动当局强加在代表身上的种种诬蔑之词。被拘禁的代表被无罪释放。

重新获得自由的周恩来思想得到了进一步的升华,他更加认清了当时社会制度的黑暗,认清了严酷的社会现实。后来他在谈到自己共产主义信念的形成时曾说过:"思想是颤动于狱中。"一种革命意识的萌芽,"是从这个时候开始的"。出狱后的周恩来把"改造旧中国,挽救中国的危亡"作为自己的坚定信念。

杨明伟[①]:《周恩来》,中央文献出版社2010年版

于方舟原名于兰渚,1900年9月15日生于直隶省宁河县(现为天津市宁河区)俵口村一个农民家庭。1917年秋,于方舟考入天津直隶省第一中学。中学时期,于方舟面对神州破碎、民不聊生的凄惨景况,自警道:"狂澜四面严相逼,群生彼岸须舟亟。方舟负任一何重?方舟遭境一何逆?"遂以"方舟"为名,以此自奋,愿做"渡人之舟",把祖国人民从水深火热中拯救出来。

---

① 杨明伟,中共中央文献研究室研究员。

1919年五四运动爆发，于方舟立即投身于反帝爱国斗争的革命洪流。他组织"学生救国团"，任团长，并先后当选为天津学生联合会评议委员、天津市各界联合会学生代表。9月，他倡导组织了进步团体"新生社"，创办了《新生》杂志。……

　　1921年暑期，于方舟化名于绍舜考入南开大学，后经李大钊介绍加入中国共产党。在李大钊领导下，建立社会主义青年团天津地区执行委员会，任委员长。第一次国共合作时，于方舟代表直隶省出席了国民党第一次全国代表大会，当选为国民党中央执行委员会候补委员，并任直隶省党部执行委员。同年，在中共中央和地方区委领导下，主持成立了中共天津地方执行委员会，任书记。

　　1927年大革命失败后，党确立了实行土地革命和武装起义的方针，各地纷纷举行武装起义。10月，北方局制定了《北方暴动计划》，决定在京津地区发动大暴动。于方舟以中共顺直省委组织部部长身份领导了冀东第二次玉田暴动。在战斗中起义部队遭到反动民团包围，分散突围时在丰润县被敌人包围，不幸被捕。于方舟被敌人杀害时，年仅27岁。

　　　　尹思源：《于方舟：为有牺牲多壮志》，《人民日报》，
　　2018年5月16日

　　马骏，又名马天安，回族，觉悟社创始人之一，著名的爱国学生运动领袖，中国革命的先驱人物。幼时，进入天津南开学校读书，初步受到爱国主义教育，心怀大志，加入了周恩来等组织的"敬业乐群社"，并两任学校的演说会、学生讨论会及自治励学会会长，又任义塾服务团总董及教务长，后考入南开大学。

　　在1919年的五四运动中，马骏始终站在最前列奔走呼号，发起并成立了学生联合会，成为五四运动京津地区主要青年领袖之一。他与周恩

来、邓颖超等 20 多名进步青年共同创立了马克思主义进步团体觉悟社。邓颖超评价他"具有高度的爱国思想，富有正义感，为人正直，性格豪爽，工作干练，认真负责……他积极参加实际斗争，不怕反动统治者的迫害，表现出高度的爱国热情和英勇的革命精神"。1922 年，马骏回到家乡宁安，组建了东北地区第一个中共的党组织"宁安党小组"，从事地下工作。1925 年，马骏赴苏联莫斯科中山大学学习。

1927 年，白色恐怖笼罩大江南北，正在苏联莫斯科中山大学研习社会理论的马骏毅然受命归国，"赴汤蹈火在所不辞"，担负起中国共产党北京市委的组织恢复和重建工作。不久被奉系军阀拘捕，1928 年英勇就义，年仅 33 岁。

马骏光辉而短暂的一生，始终坚守着一个时代先锋忠贞不渝的信仰。作为共产党员，面对敌人的诱逼和酷刑，他坚定回答："只要我还有一口气，叫我不宣传马列主义，不宣传革命，这比太阳从西边出来还难。"

赵洪波、张士英：《马骏：勇当革命先驱 播撒信仰火种》，《光明日报》，2018 年 5 月 20 日

陈镜湖 1901 年生于原热河省建平县（现辽宁省朝阳市建平县）哈叭沁南井村的一户农民家庭。8 岁开始在本村私塾读书，后入建平县高等小学。他勤奋好学，于 1918 年以优异成绩考入天津直隶省官立第一中学，并于 1922 年 8 月考入南开大学。在直隶一中和南开大学读书时，陈镜湖是五四运动积极的参与者与组织者，从这里，他走上了为革命事业不懈努力奋斗的道路。……

1922 年 8 月，陈镜湖考入南开大学文科班，攻读政治和外语，于方舟化名于绍舜也考入南开大学。1923 年 1 月，李大钊介绍韩麟符、于方舟、陈镜湖转为中共党员，于方舟是中共天津地委第一任书记。1923 年

初，陈镜湖等南开同学成立"向明学会"，学习社会主义新思想，同时创办了《天津向明学会半月刊》，对当时爱国民主运动的深入开展起到了推动作用。……

1933年3月5日，热河省首府承德失守。春天，在中国共产党的推动和影响下，爱国将领冯玉祥等准备在张家口建立"察哈尔民众抗日同盟军"。陈镜湖是察哈尔民众抗日同盟军的组织者和领导者，他根据党的指示，迅速带领一部分同志，从围场奔赴张家口，协助冯玉祥组织长城内外各旗县武装民团参加抗日同盟军，并出任同盟军总司令参议。5月12日，陈镜湖与冯玉祥的外甥朱耀远带领参谋、警卫员从张家口乘汽车到张北点验抗日武装队伍，途中遭到反动民团的袭击。在战斗中陈镜湖不幸中弹牺牲，时年仅33岁。

1933年5月，抗日同盟军收复承德市、多伦县，不久在现河北省张家口地区张北县树立起一座纪念碑，有陈镜湖、朱耀远的名字。历史是由人民书写的，陈镜湖的名字是中国人民心中永远的丰碑！五四运动的精神永放光芒！

李文广[①]：《永远的丰碑——记陈镜湖先烈》，《南开大学报》第1159期，2012年4月27日

五月七日为我国受日本最大耻辱之日。国人共愤。本校同学师长于是日上午十时齐集礼堂。由主席王玉轩君报告开会宗旨，继请校长演说。略谓"五七"为国耻纪念日，我等应沉心想想民国四年今日情形。从今日起，吾人对于以前种种不用去问，中国一日不亡，吾人当尽责一日，努力奋斗，鞠躬尽瘁，死而后已云云。次又有喻尘涧君演说，关于日本对华三大侵略：①经济侵略；②政治侵略；③军事侵略。后又有孟咸宇、

---

① 李文广，陈镜湖侄女之孙，内蒙古大板发电有限责任公司职工。

华风彩、王揆生诸君演说。无不痛快淋漓。至十二时始散会。

本校各走廊、各斋舍、各门前壁上均贴有"勿忘国耻"、"莫忘二十一条件"、"誓雪国耻"等等警语，视之无不惊心动人。全体均素食一日，各项运动游戏亦皆停止，以示纪念，而表决心云。

《本校国耻纪念日开会记略》，《南开周刊》第 7 期，1921 年 5 月 10 日

五月七日（上星期一），为日本强迫袁世凯承认"二十一条"之国耻纪念日。是日津埠同胞定于午后在本校操场举行市民大会，并全体游行，我校大、中两部同学除决定加入游行外，并于是日午前九时在中学礼堂开国耻纪念大会。由大学凌主任主席，致开会词。略谓开会之原因凡三：①表示国民对国家之态度；②借此促国民对国耻之注意；③由此日起吾辈皆当发大志愿立大决心，以备将来奔走国事云云。次请大学部历史系主任蒋廷黻博士演说。题为"五七与双十节"。略谓"五四"学生运动纯由外交问题发生，在彼时运动者只为学生；现"五七"纪念运动者却为大多数之国民，此不能不归于学生，故"五四"运动在中华民族史上实占最要之位置。然须知"五七"运动与双十节之运动先后正极堪注意，即"五七"为 Nationality 而争，双十节系为 Democracy 而争也二者相合而非分在历史中之事实昭然可考。欲求之实现，国民须先有团结力与共同心，然后始能易君主为民主。民主国家主权在民，故民有保存其国家之义务。现"五七"纪念纯出于爱国心之表规，可知有双十节为内政而争之纪念，尚须有"五七"为外交而争之纪念。……吾辈皆黄帝子孙，岂容外人将祖遗产业夺去而不顾？宜如何立志龟勉前程，以期达到 Democracy 主义及 Nationality 目的云云。又次为大学同学邱风翔君、中学同学周复君相继演说。十一时余始散会。午后全体同学加入市民游行

大会。

《记国耻纪念会》,《南开周刊》第 64 期,1923 年 5 月 11 日

五月七日晨十时,经总务部召集全体学生在大礼堂开国耻纪念会,到会者近三百人,主席为潘君景武,并请有徐叔谟先生演说,其辞激昂,异常动听,略谓国耻之痛,不啻断臂,断臂虽可接续,然其痕终不能磨灭。纵二十一条有取消之日,奈民国史上,永留污迹,何又谓二十一条共分五项足可致中国死命。后经和会及华会交涉结果,取消许多条款,现存者虽不数条,然待将来收回,恐白发苍苍欲为无力矣。(演至此全场无声若有所感焉)其次同学查良鉴君、夏兆荣君相继演说,其辞亦颇警切动人。午后一时,同学近二百人结队赴南开加入市民大会。三时出发游行至东南角,为军警所阻后复让行。四时抵北门,同学等遂穿城而归。

《五七纪念大会纪要》,《南大周刊》第 6 期,1924 年 5 月 20 日

天津学生联合会假我校礼堂举行"五四"纪念讲演大会,……到会者约千余人。……邓颖超报告"五四"运动历史,略谓今日为全国学生界有光荣之纪念日。"五四"学生之运动,即革命之运动。查凡尔赛条约,对中国殊不平等。条约中有山东问题,当时驻法中国公使已将签字,留法学生电告国内学生,故北京学生发起轰轰烈烈之运动,警告卖国贼曹汝霖、陆宗舆、章宗祥等。……后全国学生,纷纷响应。首先响应者为天津学生,进行非常猛烈,极有成绩。

《"五四"纪念讲演大会》,《南开周刊》第 122 期,1925 年 5 月 11 日

爱国实践篇

六月五日，本校因筹谋援助上海被杀同胞①及主持正义人道起见，特停课一日以志哀。是日上午开一全体大会，下午参加游行。六日停课半日，由学生组织演讲团出外演讲，俾一般民众能明了此次事变之情形，及吾人必须起而抵御之必要。

《"六·五"全体大会》，《南开周刊》第 126 期，1925年 6 月 8 日

南开大学沪案后援会于前日（九日）晚开会，宣告此次运动之目标：一、保障人权。二、废除不平等条约。三、力弭内争，谋各界大联合。四、为政府外交上之后援。五、对英日实行经济绝交。六、援助及救济上海罹害及困危同胞。七、警醒国内同胞，一致对外。

《南开大学沪案后援会女会员之提案》，《益世报》（天津），1925 年 6 月 11 日

英、日两国，欺侮我国家，蔑视我同胞，已经不是一朝一夕。往时攘夺我青岛，觊觎我西藏，迫我以二十一条件，国民奋起，不顾牺牲，以争公理。虽然收效有不同，然而外人才不敢轻视我民，将凉血动物比拟我们。这番更进一步，无告的工人，青年的学生，无寸铁、无尺兵，横遭轰击，死伤相比。上海是我国土，死者是我国民，本国人在本国土，而横受异族人钳制。钳制不已，继以手枪弹火，其视我国为何国？视我民为何民？是不特土地问题，不特主权问题，直是国民生存问题。凡我国民自认有应生存此世界权利者，有应尽人道保障之义务者，必一致兴

---

① 1925 年 5 月 30 日，上海英租界巡捕开枪屠杀爱国群众，制造了震惊中外的"五卅惨案"。在中国共产党的领导和推动下，五卅运动的浪潮迅速席卷全国。南开大学师生积极投入到这场反帝爱国运动中。

起与残暴的强权奋斗。

《南开大学教职员告国人书》,《益世报》(天津),1925年6月13日

"三·一八"惨案①消息传来,当即有同学六十余人签名要求(学生会)总务部召集全体大会,讨论对付办法。总务部乃于廿一晚召集全体大会,逯明君主席。议决:①派代表二人前往北京吊唁死者,慰问受伤学生,并调查实在情形;②用全体学生名义,通电全国及北京检察厅;③由总务部筹备开追悼会云云。

四月一日学生全体假秀山堂礼堂,开追悼三月十八日北京被难诸烈士大会。……四时半,由金祖懋君主席,首率全体向灵位行三鞠躬礼,并静默二分钟,以示哀忱。次颂读祭文,措词沉痛,闻者泪下。次为徐叔谟先生演说,略谓连年战事,死者千万,而独对北京此次被难数十人,表示哀悼者,盖彼等为无武器而为有武器的人所惨戮,被害者为国家梁栋,为知识阶级的人,我们是值得哀悼的。末谓我们应当再接再厉的去救国,我们要抱定了宗旨,力极奋斗云。次为同学梁岩、萧宗谋、王守聪等君演说,语多沉痛,悲愤之情,溢于言外。

《"三·一八"惨案纪念活动》,《南大周刊》第28期,1926年4月12日

东北同学会　东北惨局,发生于月之十八日。十九日上午十时,我校东北同学,即有闻讯。当消息传来,东北同学,即召集紧急会议,当

---

① 1926年3月16日,日本联合英美等八国向段祺瑞政府发出最后通牒,提出撤除大沽口国防设施的无理要求。3月18日,北京各界群众举行集会,要求拒绝八国通牒,遭到段祺瑞执政府血腥镇压。"三·一八"惨案发生后,南开大学师生举行一系列抗议活动,并召开死难烈士追悼大会。

爱国实践篇

场选定四人负责，对外则传递及刺探一切消息；对内则公布所得新闻，以广周知。二十日本为东北同学预定之迎新会，以国难方殷，无心取乐，乃改为茶话会，讨论如何以对付此狼子野心所造成之恐怖奇案，结果先谋事实之搜求，而于个人则取镇静态度。翌日我校全体同学之国难急救会成立，为谋办事一致，东北同学会对外事体，则全交急救会负责。不过对于东北同学，因此次惨案，而直接受影响者，仍选定四人负责交涉。

国难急救会 本校同学当东北噩耗传来，无不东望切齿愤恨，尤以东北同学最为感痛。例如吕君永刚失神多日，汪澈君当消息入耳之际，颜色立即惨白，盈盈之泪，充满眼眶，而手足不知所措；而女同学杨君泽桐闻听之时，竟放声痛哭，几已数日，直至乃兄来津安慰，方稍收泪，是皆明证。于是全校同学咸思有组织，以谋挽救颓局。国难急救会在沉痛间，乃即时成立。计被选代表有乐永庆、胡笃志、孙元福、谷源田、陈振汉、曾宪雄、毛国奇、刘毓芳、高顺臻、曲士敏、吕永刚十一位。其工作约分两方面，对外则代表全校，与全市他团体合作及调查消息（例如参加天津学生救国会）；对内则将外间所来新闻，于必要时，由油印分布全体同学，借明真相。

张校长演说 东北事发生后，全世界震动，我国上下，无不愤慨。校长乃于本周星期一纪念周到校演讲。其大意谓，我全校师生应取远大看法，冷静态度，不应效孩子稚气，求人帮助，天下一切事体惟求己方能自存。据闻其详细全文，不日另有发表云云。

迎新会停开 本校向例在秋季始业之时，即有欢迎新同学之组织，此于情理及事实两方本为必需，所以本届负责诸位，亦热心筹划，业有眉目。乃以强邻兽性突发，东北受创了，此国家危机存亡之秋，凡非凉血动物之中国国民，决不愿在此际作苦中之乐，是以文、理、商负责同人，商妥停开。

庸人与虚惊 驻津倭卒，向于我国内讧方炽之际，即实行"乘火打劫"之手段，所以每于平津有事之日，即彼爪牙打靶之机会。其惯技固早为吾人洞见之中。兹于东北事发生，彼狼子旧课，又欲利用机会重温。是以本周以内，即屡传倭寇某日某夜将打靶，虽然我校大部分同学均为有识青年，并不以是为可惊，虽彼无厌性成，难保不借此阴袭我校。顾果有此事，既为中国一分子，亦当效死以御之，岂可效鏧女儿之态，易装变服，以求苟活于不共戴天之下耶！所以每于谣诼传来，同学并不以是为忧，虽有一二庸碌分子，贪生怕死，故作谈虎之态，然大多同学，仍镇静勇敢。果也，并无若何事变发生，虽然将来不敢断其必无；究非畏怯所能免也。愿同学本不怕死之精神，以赴国难，则颓局未必不可为也。

誓不买劣货 东北事发生以后，凡为中国国民，无不发指。我校师生之爱国，向不后人。近日为与倭寇经济绝交起见，关于学校常用之白色腊纸，已改购中国自造之钟灵印字机替代。至于向来采用之洋纸报纸，则已改购毛边纸番纸，兰腊纸以后亦不再买，粉笔至用完后，亦改用中国自造之出产。印机纸张，虽较往时稍费，学校并不计及。不过纸质印工以及粉笔材料稍逊，此不得不望我校师友共济时艰，稍加忍耐。

《东北惨案发生后之各方面》[①]，《南大周刊》第 113 期，1931 年 9 月 29 日

沈阳事件暴发后，人心激昂，悲痛莫名，东北同学痛国念家悲时恨

---

① 九一八事变后，南开师生立即行动起来，"唤起国人，速救国难"，组成了以张伯苓为主席的国难急救会，并加入天津中等以上学校抗日救国会。南开大学成为天津的抗日救亡中心之一。

身，终日面孔严肃，傍晚更或倚枕暗泣，饮食难下，课业厌读，所谓风声鹤唳者是也。教授中关心国难者有蔡维藩、傅恩龄、陈弼猷三先生。先生等每于提书授课时，泪盈盈而欲泣，声气为之咽噎，恰似一幕"最后一课"，令人心为之感，可助同学时时铭刻国难于心，较之不关痛痒者，真不啻霄壤也。

    《教授中之关心国难者》，《南大周刊》第 113 期，1931 年 9 月 29 日

  近来该会会员对于工作已渐渐加紧，对外则参加天津学生救国会。（按，津学生救国会，内分三股一处：北洋任总务之劳；高工负宣传之责；法商则担任文书事件；我校则任交际事务，同时并设法调查日货，公布及劝告同学，此后勿购此类仇货，并拟作有组织之宣传，以广周知）；对内则请校长，于最短时间内，实行全校武装制服及实行军事训练，以备一旦战事开始，便于效死沙场。同时于校内之售品处及广泰康，则彻查及禁止购售仇货；于同学方面，则提倡风气，认购仇货者为亡国奴，并请各同学回家尽力宣传。谓此次抵制仇货，是永远不间断，同时在四通之处，张贴布告，唤醒同学，在此国难当头，务须绝迹于游艺场中、娱乐所在。所谓救国，必须从吾辈热血青年本身作起，非倚赖甚或期望他人所能有效，甚愿同学有以自勉。

    《国难急救会最近工作》，《南大周刊》第 114 期，1931 年 10 月 6 日

  第十八届华北运动会于 1934 年 10 月 10 日在天津市北站外新建的马蹄形运动场举行（即现在的北站体育场）。

  南开学校的同学为了迎接这次盛大的运动会在天津召开，正式组成

了南开学校啦啦队，队员有大学部、男中部、女中部同学和少数校友共约280余人。由严仁颖担任大队长，娄光后、张亦减、卢开周任小队长。男中部同学组成排字组，并由男中部的军乐队为啦啦队伴奏，军乐队的指挥是陈子诚先生。……

1931年"九·一八"事变，东北沦陷是我国的奇耻大辱，经常受到爱国主义教育的南开同学时时刻刻铭记东北。这次运动会啦啦队表演中表现出来抗日救国的思想，在歌词中有"十八届运动大会，开在河北天津卫，众英儿，精神焕发，时时不忘山河碎……"，排字中有"毋忘国耻"等字样。当开幕式上这些字样表达和唱出中国人民的心声时，博得了观众一致的好评。但这些行动却招来了在场参观开幕式的日本帝国主义驻津领事的抗议，张伯苓校长当时是大会的总裁判，正坐在主席台上。他对这种蛮横抗议未予置理。事后对啦啦队长们深表赞许。……

近三百人的啦啦队员在排练时期没有一个请假的。人人本着热爱祖国，爱护学校的精神而排练、而表演。在不到一个月的时间里，在不影响学业的情况下完成了这项光荣任务，也算是一个奇迹。

娄光后①：《南开大学啦啦队在第十八届华北运动会上》，《南开校友通讯》（复刊）第5期，1984年10月

天津中等以上学校全体学生昨日发表对于时局宣言，文云近日华北情势危迫，少数不良分子竟受人利用，策动所谓自治运动，丧失主权，破坏统一，言之至堪痛心，吾辈年青，努力学业，本不应过问政事，惟国势危急至此，决不忍坐视无耻宵小组织任何政治机构，假自治之名，行叛国之实，凡我国内领袖，能保持国土完整主权统一者，吾辈决尽全力、誓死拥护、敢布赤心、尚祈垂鉴，天津中等以上学校学生

---

① 娄光后，时为南开啦啦队成员。

全体具。

《天津学生对时局的宣言》(1935年12月5日),《大公报》(天津),1935年12月6日

南开大学学生三百余人,二十日晨化装搭津浦车赴京请愿,行抵沧州,路局来电阻止。全体代表向该站负责人一再交涉,迄不放行。最后代表等痛哭流涕,誓不下车,全车旅客及站中民众,无不被感下泪。截止发电时止,尚无放行消息。

南大请愿团仍在沧州车站,当地津浦工会招待晚餐,沧县中学派代表多人慰问,已引起当地民众同情。三十二军一百四十二师某君并来慰问。

《南大学生被阻沧县》[①],《大公报》(天津),1935年12月21日

南大学生受了几天的辛苦锻炼,因为在沧州得到与到京请愿同样的结果,昨晨业已回校。

南大的学风,在华北是一大特色,这些优秀青年的爱国纯情,可以使人敬佩。听说教育部特派员在沧州时,彼此感动,大家落泪,这种消息,又不知道要感动全国多少人!

南大此次是单独行动,其目的就是为到京请愿表示意见,我们盼望

---

① 华北事变后,平津形势日益危机。1935年8月1日,中共中央发表《为抗日救国告全国同胞书》,号召停止内战,一致对外。12月9日,"一二·九"运动爆发,南开学子积极响应。20日,300多名南开大学学生乘车南下请愿。火车到沧州被当局阻截,不能继续南行,同学们在天寒地冻中忍饥挨饿,坚持斗争。爱国学生的正义行动,得到当地群众和社会各界的热情支持。

诸君，常能给学界表示模范的精神与行为。

《南大学生回校》，《大公报》（天津），1935 年 12 月 24 日

一九三五年十二月九日，北平广大学生在党的领导下举行了抗日救亡的示威游行，喊出了全国人民的心声："打倒日本帝国主义！""反对华北自治运动！""停止内战！一致对外！"天津也立即行动起来，有"一二•一八"和一九三六年"五•二八"学生大游行。南大学生在这个期间思想面貌也有了较大变化。

大约在北平"一二•九"、天津"一二•一八"之后，南大全校同学在学校当局默许及学生会率领下，曾进行过一次乘火车南下向国民党政府请愿的行动。车到沧州被阻，在火车上住了三天。据说这时南京政府派了一个人来到沧州接见学生，最后强迫请愿同学回校好好读书。回校后，召开了一次全校学生大会。会上部分地改组了学生会执行机关，增加了进步的领导成分，有几位有进步思想的学生代表参加了学生会的领导。此后南大学生会与平津学联有了积极相应的联系。

当时学校的沙兆豫、李明义已是共产党员。沙兆豫又名沙琴晖、吴寄寒，陕南人。李明义又名李哲人，山西人。他们都是一九三五年秋季入学，在入校前即参加了共产党。他们两人的组织关系是由北方局转到天津的，党决定他俩开辟南开大学党的工作。当时学校内已有几个党员接受天津市委领导，但是没有建立起支部。到一九三六年暑假后正式成立党支部。这时，有的党员主要活动任务转向校外，如李明义、沙兆豫；有的转到其他学校，如顾瑞芳转学清华大学，朱家瑜转学南京中央大学。南大的党支部成员有程人士（支书）、刘毓璠（组织）、贾明庸（宣传）。一九三六年秋冬之际，程人士离校，担任新建学生区委书记，脱离本校

爱国实践篇 171

支部工作，贾明庸主要任务转到校外，支部工作由刘毓璠负责。一九三七年暑假刘毓璠回家（安徽巢县）度假，校内党支部工作由贾明庸兼管。……到一九三七年暑假前后共发展党员十三人。

> 秦雨屏[①]：《"一二·九"至"七七"抗战爆发期间的南开大学党支部》，中共天津市党史资料征集委员会编：《一二·九运动在天津》，南开大学出版社1985年版

一九三七年上半年，在平、津和华北学生抗日救亡运动中，出现了一个名叫《世界》（旬刊）的半公开刊物。它是由中共天津市委青运负责人姚依林同志倡议并在他直接领导下创办的，对象主要是中华民族解放先锋队（简称"民先"）队员和一些进步青年。刊物的具体编辑和发行工作全由我一人承担，工作场所就在我所在的天津南开大学学生宿舍四楼的一个房间里。这个刊物存在的时间只有近四个月光景，一共出了九期（或十期）就因形势急剧变化而停刊了。可是它在宣传、团结群众，推动、指导"民先"活动方面，起过一定的作用，在编写华北学运史时，是不应被遗忘的。

> 李文定[②]：《追忆〈世界〉旬刊》，《南开校友通讯》复刊第5期，1984年10月

促使何廉、方显廷、陈序经等学者学成回国从事科研工作的，首先是对祖国和同胞的热爱以及改变中国落后局面的社会责任感。他们领导下的南开经济学科也一直把中国经济的实际需要作为自己的研究方向，

---

① 秦雨屏，原名贾明庸，"一二·九"运动时期南开大学学生、中共地下党员。
② 李文定，后改名李鳌，时为南开大学经济研究所职员、中共地下党员。

始终倡导经济学的中国化。

何廉来到南开后开展的第一项研究工作就是编制经济指数,因为他注意到当时的中国经济界非常缺乏可靠的调查统计资料,因此迫切希望改变这一局面。由他主持编制的物价指数不仅可以弥补官方统计的不足,而且能帮助工商企业使用统计数据指导投资、测验市场、确定成本、推销商品和分析利益损失;生活费指数则有助于研究工人生活程度的变迁,了解生计的艰难情况,并为劳资纠纷的解决提供参考标准;因而很快就在学界和社会上产生了良好的反响。

面对当时世界经济大萧条的冲击、日本对中国领土的虎视眈眈和国内政治纷乱的情形,何廉带领南开同仁在《大公报》上创办《经济研究周刊》《经济周刊》和《华北经济特刊》,用他们的文章警醒民众"我们现在不但有政治的国难,还有经济的国难",希望通过自己的研究分析"能够在中国以及世界经济的各方面,给读者诸君一点点的贡献","使国人更明了华北经济地位之重要,及其与整个中国经济关系之深切,憬悟奋起"。

关永强[1]:《学者风范 南开精神——何廉等老一辈南开学人的点滴记事》,《南开大学报》第 1411 期,2021年3月15日

研究解决工业生产中的现实问题,面向社会,是应用化学研究所办所的主旨之一。……从二十年代到三十年代,我国的化学工业和化学工程学都比较落后,尤其是化学工程学更是薄弱。应用化学研究所在子丹[2]

---

[1] 关永强,南开大学经济学院经济研究所副研究员。
[2] 张克忠,字子丹,化学工程学家,曾任南开大学应用化学研究所所长兼化工系主任。

教授与全体科研人员的努力下,对于化学工业的设计、建筑考察、建议等方面,做了一些试验工作,倾注了一番心血。例如天津利中公司硫酸厂的设计和建筑,就是应用化学研究所的科研及辛勤劳动的成果。原来天津利中公司拟请外商包建一座日产三吨的硫酸厂,需要用设备费二十五万元,而且还必须由外商所在国家派一名工程师、二名焊工来华;工程师日薪十五美元,焊工每人每日工资五美元。而当时利中公司为硫酸厂筹集的资金总额不过二十万元,不敷外商的包建费用。在此困难的情况下,利中酸厂的发起人赵雁秋与吴印塘两先生向南开大学应用化学研究所求援。张子丹教授欣然接受了利中的委托,以子丹、洪沅教授及研究员蒋子瞻先生为主,从一九三三年六月开始投入设计,开展工程建设,到一九三四年五月,酸厂即得以试车,动转情况良好。公司方面只花费了十三万元的投资,酸厂就建成投产。这一项化学工程的建设,时间之短、投资之少、效率之高,都超过了外商的包工指标。应用化学研究所一九三四年报告第二卷记录了这项成果,并且就这项工程的研究与实施写了一段话:"以其费用之低廉,建筑时间之迅速,成绩之良美,本所同人深以为幸,亦以尽同人学习工程之责。因是尤觉中国问题可由国人自行解决,而中国工程师未必不如外人也。"所以,这项化工建设的成功,也长了中国化工科技人员的志气。而利中酸厂的建立,也给天津制酸工业奠定了基础,其意义是很大的。

伉铁儁①:《抗战前的南开大学应用化学研究所》,《南开校友通讯》复刊第 4 期,1983 年 10 月

这本书写于 84 年前。1931 年,"九一八"事变爆发一个多月,日本人又在天津制造了"津变",武装骚扰天津市南部,南开学校首当其冲,

---

① 伉铁儁,曾任南开大学应用化学研究所研究员、化工系教授。

随即南开四部（大学、中学、女中、小学）被迫停课。一个月后复课时，每位学生都马上领到了一本几十万字的《东北地理教本》，而且成为所有南开学生的必读教科书。

南开中学1932届学生、世界著名历史学家何炳棣曾在1980年撰写的《世界近现代史上笃笃实实最爱国的学校》一文中回忆并高度评价了这部教本，他说："张伯苓校长一向注意日本对'满蒙'的野心，尤其是对东北资源的垂涎。所以在'九一八'事变之前早已嘱咐校长秘书、精通日文的傅恩龄（字锡永）先生从南满铁路株式会社累年大量的调查统计资料选精撮要编出一本专书，以为南开大、中、女、小四部通用必读的教科书。"……

《东北地理教本》广泛涉及地缘政治、经济、历史、社会以及地理诸多方面，但随处饱含着对民族尊严、国家主权和政体屈辱的忧患忧愤和忧思。……个中情怀，用教本中言，即"诚国民创巨痛深，寤寐难忘者也"。如今，中国早已结束了那段屈辱的历史，中国人的站起与中国的崛起开创了全新的世界格局。唯此，我们却不能放弃对那段历史的思考，更不能忘记。

张元龙[①]：《〈东北地理教本〉重印序》，《八十四年前的东北地理教本》，南开大学出版社2015年版

1937年7月7日卢沟桥事变爆发后，鉴于平津形势危急，南开大学秘书长黄钰生等人果断决定进行疏散，仅留部分师生护校，同时紧急整理图书仪器运往租界。但由于受到日军阻拦，运出去的物资只有60%左右。

当时，南开大学校长张伯苓正在江西参加蒋介石召集的庐山会议，

---

① 张元龙，全国政协原常委、天津市人大常委会原副主任、南开创始人张伯苓嫡孙。

他在会上发言说："南开聚集我一生之心血,战端一开,难以保全,保不住就不保了,决不能向日本人屈服。打烂了南开可以再重建,国家一旦灭亡了,还谈什么教育。"

果不出所料,7月29日凌晨,日军全面进攻天津,第一轮炮击便将目标对准河北省政府和南开大学。29日和30日一连两天,日军派出飞行第六大队对南开校园轮番轰炸,秀山堂、芝琴楼被炸毁,木斋图书馆也部分损毁。29日下午,日军一度暂停轰炸,派出大量汽车抢掠图书。30日下午,日军骑兵百余名及数辆满载煤油的汽车闯入校园,到处纵火。据当时中央通讯社报道:"秀山堂、思源堂、图书馆、教授宿舍及临近民房,尽在烟火之中,烟头十余处,红黑相接,黑白相间,烟云蔽天,翘首观望者,皆嗟叹不已。"此后,日军便占领了南开大学并长期驻扎于此。

这场劫难,使南开大学损失惨重,三分之二的校舍毁于一旦,仪器设备破坏殆尽,图书期刊被洗劫一空,师生财物皆遭损失,重达一万三千余斤的刻有《金刚经》全文的校钟亦遭劫掠。以战前价值计算,财产损失达法币663万元,是全国高校全部战争损失的十分之一。……

南开大学被炸后,张伯苓在接受《中央日报》记者采访时说:"敌人此次轰炸南开,被毁者南开之物质,而南开之精神将因此挫折而愈益奋励。"7月31日,蒋介石约见张伯苓等人。张伯苓第一个慷慨陈词,表示:"南开已被日军烧掉了。我几十年的努力都完了。但是只要国家有办法,能打下去,我头一个举手赞成。只要国家有办法,南开算什么?打完了仗,再建一个南开。"蒋介石代表国民政府当场表态:"南开为中国而牺牲,有中国即有南开!"

南开大学校史研究室:《不能忘却的历史——南开大学被炸77周年祭》,《南开大学报》第1240期,2014年7月16日吾常听朋友们批评日本于天津事变时，将第一炮用在南大，不是军部昏愚，就是参谋不智。朋友误矣！日本人是以小聪明著名的，况侵略专家，算盘岂能打错。他们对于吾等明查暗算，是丝毫不苟的。吾们之一举一动，他们都有详细记载。据说日本领事馆内，尚为我们专设着一科。他们知道"亲善"、"威吓"、"吗啡"等政策，在吾们身上既行不通，而吾们之反侵略、爱国家、重实行之一贯作风，又正触犯他们之忌恨，所以在平时他们就不断的宣传南大是反日机关的总部。被炸之次日，又广播共产党大本营南大被毁，造谣欺骗，不值一辩。说真的，他们怕共产党吗？恐怕是这些不声不响有血气的青年，是这般埋头苦干爱国的学者，而让他们最恨、最放心不下的，又怕是那位教育界的老领袖。你想，在他们兵营、机场之间，岂能容许这般人存在。南大"七·二九"之被炸，无疑是敌人之预谋，与"九·一八"沈阳事变、珍珠港暗袭同是一套把戏。吾们校产被毁了，人被逼而走了，他们以为目的已达。哪知这团火又转在沙坪坝等处燃起，火不能克火之道理，奈敌人中所称为支那通者尚不明白。敬告东邻：吾们奋斗预备四十年了，七年相拼，只不过一场序幕耳！总之，敌人这种鄙劣作风，勿论其武力强到如何程度，天理已早注定其必败。待其投降之日，审判地点，若选在八里台举行，盼吾各地校友，一齐返校，清除秽垢，重整校容，到秀山堂前、荷花池畔，痛饮一场；登第一宿舍楼顶，高唱校歌，散步大中路，谈心北极亭。国耻雪，校仇报，七年闷气，一口吐出，岂不快哉！黎明在即，望共起奋斗。

郭屏藩[①]：《南大被炸之追忆》，《南开周刊》"四十周年纪念校庆特刊"，1944年10月

---

① 郭屏藩，又名郭平凡，曾任南开大学斋务课负责人。

爱国实践篇

1937年7月7日,日军蓄意制造了著名的"卢沟桥事变"。三周后,日军连续两天对南开大学、南开中学、南开女中、南开小学进行轰炸和放火焚烧。张彭春连夜化装离津,由威海卫转南京,应国民政府聘任赴英美等国宣传中国抗战并争取外援。

1937年9月,张彭春在英国参加了伦敦自由教会主政者举行的会议。在会上,他谴责日军轰炸天津的恶行,呼吁全世界爱好和平的人士积极援助中国抗战,并促使大会通过决议案:"对日轰炸中国不设防城镇之震怒,并促请英政府与国联采取种种方法制止日军暴行。"……

张彭春积极争取美国和平团体对中国抗战的支持,使他们游说美国国会通过《对日经济制裁案》,废除《美日商约》,禁止向日本出售军火原料,并最终取得成功。中国驻美总领事在对外交部的汇报中明确肯定了张彭春所作的贡献:"此次美政府骤然取消《美日商约》,国际情势及内部党派原因虽多,而舆论方面督促政府采取积极步骤之力实大。抗战以来,在美各方宣传救济工作,实促成舆论要素,不参加侵略委员会及张彭春博士奔走甚力。"

> 常健①:《张彭春在抗战中和战后的外交活动及其贡献》,南开大学党委宣传部、南开大学校史研究室:《抗战烽火中的南开大学》,河南大学出版社2015年版

由长沙西行直到贵州、云南,都是崇山峻岭,尤其是贵州境内,真是"天无三日晴,地无三尺平",我们几乎天天处在万山环抱中。有的山岭高可参天,形势险峻。有时翻越一座山,上下就需要一整天。记得我在翻越贵州关索岭时,面对陡峭壮观的高山和艰难攀登的老师与同学,

---

① 常健,南开大学教授,南开大学人权研究中心主任。

曾写下"仰登飞鸟道,俯视万峰低"的诗句,记下了在抗日烽火中我们这支教育大军长征途中战胜险阻的胸怀和情景。……

在长途行军中,我们虽然经历了艰辛生活,但也领略了祖国西南大自然的大好河山。……但那时,我们却很少纵情观赏。因为,一想到日本帝国主义的入侵,使我们美丽的河山以成半壁,怎不令人悲愤!当时,我曾写诗《湘西行》一首,记录了这种心情:

客路湘西界,傍山伴水行。

山山鸣翠鸟,涧涧响泉声。

国破花犹泪,月残猿亦惊。

疾时清寇虏,也欲请长缨。

经过长途跋涉,1938 年 4 月 28 日终于到达目的地——昆明。当时"临时大学"已改名为"国立西南联合大学"。全程 3600 华里的"长征"至此结束。我们这次"长征",在中国教育史上谱写了重要的一页。

王玉哲①:《西行往事》②,南开大学校史研究室编:《联大岁月与边疆人文》,南开大学出版社 2004 年版

敬启者,敝团为前线将士募集鞋袜公演《祖国》以来,多蒙各界赞助。今又来函纷请续演,敝团盛情难却,决再加演三日,……深望爱国士女届时参加,共襄义举,俾福利前方将士。

《西南联大出演〈祖国〉启事》,《益世报》(昆明),1939 年 2 月 22 日

---

① 王玉哲,历史学家,南开大学教授,曾参加"湘黔滇旅行团"。

② 长沙临时大学开学不久,抗战局势进一步恶化,学校决定继续南迁云南昆明。其中,三百余名师生组成"湘黔滇旅行团"步行入滇。

爱国实践篇

汪逆认贼作父，建立伪组织，出卖民族利益，罪恶盈贯，理无逃于天时，全沪同学及各沦陷区同学，不畏威胁，努力反逆及抗战工作，全校三千同学，谨致无上之敬意，值兹逆丑盗名窃器之际，我青年同学应申正义。……谨遵民族至上国家至上之大义，誓志收复祖宗疆宇；……奋勉学业，报效国家，特此通电，愿与我全国青年同学共勉，并祝全沪同学及各沦陷区同学反逆抗战工作胜利。

《国立西南联合大学学生自治会讨汪通电》（1940年），《国人皆曰汉奸汪精卫——痛斥伪组织特辑》，正论出版社1940年版

西南联大在滇已经两年多了。两年来的西南联大，可以说是无日不在苦难中折磨成长。……然而就在这种种困苦中，西南联大滋长起来了。许多参加救亡工作的同学回来复学了，在沦陷区的许多中学毕业生，尤其是华北一带的，他们不辞艰苦纷纷来到昆明，希望考进西南联大。所以现在的西南联大，虽是大量地吸收了西南各省的青年，而仍不愧为北方青年的大本营者。……

随着抗战局势的稳定，学校中课业的进行也积极起来。课室中同学们都专心听讲了，实验室就是在暑期中也都从早忙到晚，而图书馆，则是永远挤满了人。学校各处的墙壁上都贴满了壁报，讨论着有关政治、经济、法律、历史、社会、时事等等的问题，不下二三十种。而课外活动方面，举凡各种社会事业，如演剧、下乡宣传、响应寒衣募捐、防空救护等，西南联大都是热心活动的一分子。然而你会想到吗？这一切都是正为饥寒所迫的同学们做出来的！国难在激励着人们，我们对于日人最有效的答复就是拿工作的成绩来给他们看。

查良铮（穆旦）：《抗战以来的西南联大》，《教育杂志》第31卷第1号，1941年1月10日

五月三日的历史学晚会，成了纪念"五四"的第一炮；以《"五四"的历史意义及现阶段的任务》为讨论的中心；它正像当年"五四"前夜情形一样的热烈激动；一个容量三四百人的教室挤得水塞不通……会从七时起一直延到十一时半，许多好久没有作公开演讲的教授，今晚上热烈地发言了不止一次。同学们更兴高采烈地边听边提出各种各样的问题；紧张、严肃、热烈……最后，随着下面的几句短而有力的话散会了："'五四'是中国革命运动的划期；是反帝、反封建、反军阀的旗帜；它不光是新的文化运动，而且是伟大的社会政治运动；以'科学''民主'作号召，以达到整个中国的新生。……今天，我们来纪念'五四'，行动重于空论，必须发扬'五四'的青年精神！为未实现的新的民主和科学努力。"

黎昧：《"五四"在联大》，《新华日报》，1944 年 5 月 16 日

丰富学生校园生活，锻炼爱国民主力量。新的学生自治会大力开展工作。开展学术活动，举办时事座谈会和形势报告会，组织运动比赛，改善学生食堂伙食，出版《联大半月刊》和《联大通讯》。各社团十分活跃，壁报贴满民主墙。校园内朝气蓬勃，政治空气浓厚，为大后方一切大学所未有。（1944 年）12 月 25 日是云南护国纪念日，西南联大和云南各大学一起开会纪念，会后还进行大游行。此举是 1941 年昆明倒孔大游行后，民主力量度过革命低潮，冲破高压的大示威。1945 年春学生自治会改选……本届学生自治会领导的学生活动更广泛。1945 年 4 月针对反法西斯战争将胜利的形势发表宣言，主张废除国民党一党专政，成立联合政府。全国各大学响应，形成巨大声势。5 月又举办"五四"青年节扩大纪念周。连续 7 天，举行青年运动座谈会（吴晗参加并发表演说）、科学讨论会、文艺晚会、音乐晚会、诗歌朗诵会（闻一多、光未然参加

并朗诵)、球类比赛、壁报展览、联欢大聚餐。铅印出版了《五四》特刊、《联大通讯》。5月4日还举行了全校纪念大会,会后上街大游行,发出了时代青年的呼声,显示出强大的民主力量。

王树勋[①]:《我在西南联大参加学生运动的历程》,南开大学校史研究室编:《联大岁月与边疆人文》,南开大学出版社2004年版

历史在跃进,民主在昂扬,祖国在危难中,同胞在水火里。……

在这祖国十万火急的关头,我们——西南联大的二千五百位同学,实在不能再安于缄默,不能不以血泪的呼号,喊出我们的对国是的意见:

一、立即停止一党专政,承认各党派的合作平等地位,集合各党派代表,及资望与能力为国人所崇敬的无党无派进步人士,举行国是会议,组织联合政府。……

二、立即取消一切特务活动,释放所有爱国政治犯,确实保障人民集会、组社、身体等自由。立即取消有关军事秘密外一切检查制度,确实保障人民思想、言论出版等自由。

三、立即以断然手段,没收因人民的饥饿死亡而发国难财者的财产。没收在关冻结的三万万美金存款,及一切逃亡海外的资金,以充战费。立即停止通货膨胀政策,采取一切有效步骤,使富人负担战费,改善人民生活。

四、立即成立联合统帅部,平等提高全国抗日军队待遇,确实保障出征军人家属生活。

五、立即根绝党化教育,实施战时教育,确实保障公教人员生活。

六、加强与各盟国合作,目前尤应从速敦睦中苏邦交。……

[①] 王树勋,又名王刚,时为西南联大学生,中共地下党员。

同学们，沉默是逃避责任，散漫不能产生力量。在这祖国千钧一发的关头，让我们团结起来，组织起来，向胜利和民主进军罢！

这是我们赤诚的呼喊。我们希望它与全国进步人士要求民主胜利的呼声合成巨响，让民主自由的新中国在这巨响中出现。

《国立西南联合大学全体学生对国是的意见》（1945年4月6日），西南联大《除夕副刊》主编：《联大八年》，西南联大学生出版社1946年版

今天，自南至北，在广大的国土上，正在进行着残酷的自相残杀的战争，这是违背人民意志的行为。从敌人的炸弹炮火之下逃得生命的人，如今又被迫去牺牲于内战的疆场之上。法币更是加速发行，物价再继续上涨。庞大的内战又得一点一滴也要在已经干瘪瘪的老百姓的身上搜刮。人民尽力挣来了胜利，为的是在战后得到安乐的生活，而这希望现在已在内战的炮火下幻灭了，全国和平团结协力建国的大好机会也眼见要为炮火所断送，这种行为谁不愤恨？谁还能再忍受？更使我们引以为憾的是美国在"不干涉中国内政"美名之下，不断地在事实上作种种帮助中国进行内战的行为，使内战蔓延扩大，使得内战发动者毫无忌惮、为所欲为。今天，单方面的控制之下的新闻，已遮掩不了人民的耳目。中国人民坚持一个原则：国家民族的事情，只有我们人民才有权利决定，想抄袭过去军阀手段，以武力消灭异己，进行内战，必然为我们人民所反对。我们人民要求的是：以和平解决纠纷，以民主方式团结全国力量，在为人民谋利益的前提下建设新中国。我们坚决反对内战，反对一切来自国内外的危害人民的行动。

《西南联大等三十一所学校学生为反对内战告全国同胞书》（1945年11月28日），北京大学、清华大学、南开大学、云南师范大学编：《国立西南联合大学史料》第一卷，云南教育出版社1998年版

爱国实践篇

本月一日①，军人暴徒在本校散在四处之各学院及附中所肇事端，共有五起，而师范学院所遭事变，最为惨重。以上所述各节，为是日惨案经过概况。就调查所及，当日学生被殴杀者凡二十九人，计立时毙命者一人，逾时死亡者三人，受重伤住医院者十一人，轻伤者十四人。综观惨案经过，自非偶然事件，此数十百武装军人暴徒，在光天化日之下，结队横行，为所欲为，对于手无寸铁之学生教员到处殴打，恣意残杀，前后历四五小时之久，谓非当地党政军当局有意嗾使，谁复能信？……自惨案发生以来，此间全体教育界，已人人自危，随时随地均有横被殴杀之可能。地狱恐怖，无以复加，邦国前途，更难设想。本校教授会因设立法律委员会，根据法律，向政府有关部门提出法律上之控诉，以维法纪，亦所以平师生之公愤。兹敬以简单事实报告各位，并祈共同主张公道，教育幸甚，国家幸甚，固不仅本校全体师生所感幸者也。

《国立西南联合大学教授会为此次昆明学生死伤事件致报界之公开声明》（1945 年 12 月 10 日），北京大学、清华大学、南开大学、云南师范大学编：《国立西南联合大学史料》第一卷，云南教育出版社 1998 年版

我们应该骄傲，我们是联大的学生。

母校弟兄姊妹们那种英勇战斗的精神，赤手空拳，不畏武器，不怕强暴，只为了正义和公理，敢于和军阀党棍搏斗，为了民主与和平，勇

---

① 1945 年 12 月 1 日，昆明反动当局派出军警特务镇压爱国学生运动，制造了震惊中外的"一二·一"惨案。在中国共产党领导下，由昆明青年学生发起并得到全国各地响应的反内战、争民主的"一二·一"运动蓬勃开展起来，揭开了解放战争时期第二条战线斗争的序幕。

于牺牲。

我们，昆明校友会除了向母校的师长同学表示崇高的敬意之外，我们更增加了自信，我们要为这个伟大运动歌颂，我们也要歌颂母校这种震古烁今的精神。中国一定会进步，中国一定要民主，中华民族的活力依然充溢。联大的精神不仅暴露了反动势力的脆弱，联大的精神也恢复了民族的自信，惊醒了全中国人民。联大的精神已因这一伟大运动的锻炼而更有力量，更显得强壮坚固，一切反动的势力都将因联大精神之发扬而消灭。

《昆明西南联合大学校友会为母校遭受枪击屠杀惨案敬告全国同胞》（1945年12月），北京大学、清华大学、南开大学、云南师范大学编：《国立西南联合大学史料》第一卷，云南教育出版社1998年版

四烈士长眠了，他们的死是光荣的，他们的死暴露了反动派狰狞的面目，坚定了我们为自由民主和平奋斗的决心。

敬爱的父老弟兄姊妹们，我们在四烈士的灵前立誓了，我们要继承他们的遗志，永远追随着他们，为自由民主和平的新中国而奋斗。

我们在祖国的西南高原上向你们寄语了，让我们以三万人的行列加入你们的进军，让我们团结成一支钢铁的队伍吧！

全国人民团结起来,拥护蒋主席立即实行四项诺言及政协五项协议，立即改组政府，反对任何修改政协的企图。

粉碎反动派破坏和平民主事业的一切阴谋活动。

严惩"一二·一"惨案及一切惨案的主凶和破坏捣乱事件的主使者。

解散杀人行凶的特务机构。

四烈士的精神不死！

和平民主自由的新中国万岁!

<blockquote>
昆明学生联合会:《为"一二·一"死难四烈士举殡告全国同胞书》(1946年3月17日),北京大学、清华大学、南开大学、云南师范大学编:《国立西南联合大学史料》第一卷,云南教育出版社1998年版
</blockquote>

八年来联大民主运动的消长和国内民主运动的消长是相关的。……二十七年夏,蒙自的搬回昆明。而且第一次招收新生。联大的"中华民族解放先锋队"就是新生到校不久成立的。这年的"一二·九"出现了联大的第一个壁报,名字叫"腊月",里面很多是亲身参加过"一二·九"的回忆片断。而且一开始,就为"民主"而高呼。……

皖南事变到湘桂战事这一时期,联大的民主和大后方别的地方一样是相当消沉的。然而是不是说联大在这一时期完全收敛了它的光芒呢?不,这是讨孔运动所能证明的。……湘桂战事发生了,国军一退千里,国内局势真是万分严重,人民深切地认识这一事实:"政治不民主,便无法抗战。"从这时起,大后方民主运动到了一个蓬勃高涨的时期,联大民主运动也跃进了一个新阶段。

湘桂战争到日本投降这一时期里,联大民主运动是有好些值得称道的,我们参与了十二月的护国纪念游行,这是在"反对独裁,拥护共和"的口号下进行的;有今年四月初发表的对时事主张宣言,共印行了四万份,发起了五四游行,就在这一天昆明学联成立了。即如译员,青年军运动,联大也不落人后,虽然政府并不珍惜青年这份爱国热情,而且使它受到无益的损耗,然而假如说,中国民主运动不应也不能只是城市里的学生运动的话,又有大批同学离开学校到农村去了。总之,在这一时期里,联大是英勇而且坚毅地迎接而且推动了汹涌的民主潮流,她博得了"民主堡垒"的称号,大家是在对"联合政府"一致的认识与要求之

下团结起来的，而且每一行动都得到先生们的支持帮助，学校当局也并未加以干涉。

联大接受了北大清华南开的光荣传统，而且继续光荣地发扬光大了它。

《八年来的民主运动》，西南联大《除夕副刊》主编：
《联大八年》，西南联大学生出版社 1946 年版

抗日战争时期，南开大学与北京大学、清华大学联合组成西南联合大学于昆明。在艰难的战争年代，南开大学文学院创办科研机构——边疆人文研究室，因时、因地，对滇边少数民族地区的社会经济、人文地理、语言与民俗开展调查研究，并出版了刊物《边疆人文》。……

边疆人文研究室的创建，与云南的铁路建筑有一定的关系。抗日战争进行到四十年代初期，除去西北、西南之外，大半个中国的土地都已经沦陷。西南边陲的滇缅、滇越铁路成为连接国际的交通要道。

云南省政府决定再修筑一条铁路，由滇西的石屏通往滇边的佛海，以连接滇越铁路。石佛铁路筹备委员会愿意提供经费，委托一个学术单位，调查铁路沿线的社会经济、民情风俗、语言文化等方面的情况，以供修筑铁路的参考与应用。南开大学的黄钰生（子坚）教授和冯柳漪（文潜）教授在云南社会贤达缪云台先生的支持下，取得了石佛铁路的委托与经费，便决定乘这个机会创办一个边疆人文研究室，一方面为石佛铁路的修筑做些有益的工作，另一方面南开大学创办一个人文科学的研究室，开辟一个科研阵地。

我想，四十年前高等教育的办学者并不一定都有一套完整的"教学与科研并举"的概念，但是办得比较好、比较有名气的一些大学，大都比较重视科研，设有专门的科研机构。如北京大学的文科研究所、清华大学社会学系的国情普查研究所、南开大学的经济研究所，都办得很有

爱国实践篇 187

名气。各校也都有一批热爱祖国、热爱科学事业的知识分子、专家、教授，组成一支支科研队伍。抗战期间，尽管环境十分艰苦，多数人仍然以锲而不舍的精神，坚持科研事业，使教学与科研并重的传统，得以在西南联合大学继续发扬。

> 邢公畹[①]：《风雨如晦 鸡鸣不已——抗战时期的南开大学边疆人文研究室》，南开大学校长办公室编：《张伯苓纪念文集》，南开大学出版社1986年版

南开人在联大期间不忘回报当地的社会和民众。黄钰生创办、主持的联大师范学院主要是为云南等边疆地区培养中等教育师资，该学院还开设专修科，开展对中小学教育的研究与实验，并为当地编写教材。……

南开在做好联大工作的同时，还尽可能地抽出人手为发展当地的文化教育服务，王赣愚、陈筹谷等应云南大学校长熊庆来之邀到云南大学长期授课，其中陈筹谷终生留任该校。三校复员北归后，西南联大师范学院继续留昆明办学，南开的查良钊被借调担任院长，南开的蔡维藩等教授也被要求继续在昆明留任，承担为云南省培养师资的任务。

西南联大在昆明为云南所作的贡献，在云南省、昆明市商会《公送国立西南联合大学北归复校序》中给予高度评价："留滇九年，凡所以导扬文化，恢宏学术者无不至，一时文教之盛，遂使昆明屹然为西南文化之中心。"

> 梁吉生[②]：《西南联大与南开大学》，伊继东、周本贞主编：《西南联大与现代中国研究》，人民出版社2008年版

---

① 邢公畹，语言学家，南开大学教授，西南联大时期曾参加边疆人文研究室的工作。
② 梁吉生，南开大学教授、校史研究专家。

抗战期间，南开与北大、清华组成西南联合大学，以"刚毅坚卓"之精神，在极端困难的条件下，坚持为国家民族培养复兴之才，书写了中国高等教育史上的光辉篇章。西南联大期间，出现过三次较大规模的从军热潮。1100多名学子奔向抗日前线，牺牲的有15人。南开在联大三校中虽办学规模最小，但也有很多学生报国从军，包括1935年考入南开大学化工系，后来成为中国科学院院士的申泮文，1936年考入南开大学机电工程系，后来成为著名历史学家的黄仁宇等。1940年联大毕业留校，后来任教南开的著名诗人、翻译家查良铮（笔名穆旦）也曾参加入缅远征军。①

史心：《报国路上代有人杰》，《南开大学报》第1350期，2017年10月15日

何懋勋烈士（1917—1938），又名何方。1935年他考入南开大学商学院。何懋勋爱好文艺，擅长演讲，在校期间曾组织"白云诗社"，出版诗集。他学习成绩优异，思想进步，积极参加"一二·九"爱国学生运动，并加入"中华民族解放先锋队"。抗战爆发后，他进入长沙临时大学读书，继续开展多种形式的抗日宣传活动。

1937年11月，上海、太原先后沦陷，何懋勋响应中国共产党的号召，投笔从戎，北上抗日。1938年3月经武汉八路军办事处介绍，赴鲁西北抗日根据地参加抗日救亡工作，任青年抗日挺进大队参谋长。1938年8月，鲁西北抗日武装为配合保卫武汉，组织了济南战役，挺进队全体同志坚决要求参战。8月28日何懋勋奉命率青年抗日挺进大队进驻齐河坡赵庄，遭到日伪军四五百人的突然袭击，在血战中，因寡不敌众，

---

① 在国立西南联合大学纪念碑碑阴铭刻的834位联大期间从军学生名录中，有南开籍学生8名，他们是：黄振威、边立本、徐璋、陈毓善、杨育文、魏宗华、张华栋、倪民有。

爱国实践篇 189

何懋勋英勇牺牲，时年21岁。

何懋勋等人牺牲后，灵柩运到山东聊城东关华佗庙停灵3天，由挺进队全体队员守灵，当地机关团体及城乡群众络绎不绝前往吊唁。何懋勋牺牲后，与他同年入学的文学院学生刘兆吉于1939年写了两幕话剧《何懋勋之死》，以纪念烈士。昆明师范学院（西南联大旧址）烈士纪念碑于1995年12月1日树立，纪念碑基座上镌刻着为人民解放、国家富强而献身的27位英烈名录，他们为民族独立、自由和新中国的革命事业献出了宝贵的生命。其中，列在第一位的即是何懋勋。

> 李世锐：《抗战中的南开英烈》，南开大学党委宣传部、南开大学校史研究室：《抗战烽火中的南开大学》，河南大学出版社2015年版

刘毓璠（1915—1942），安徽巢湖人，蒙古族。1935年考入南开大学，1936年加入中国共产党，"七七事变"后，刘毓璠奔赴山西八路军总部。1942年5月，在太行山区"反扫荡"战斗中壮烈牺牲，时年27岁。

1932年，刘毓璠考入扬州中学读高中，1935年秋高中毕业后考取南开大学特种奖学金，被商学院经济系录取，学号为1949。……1935年"一二·九"学生爱国运动爆发后，刘毓璠与贾明庸一起领导天津的抗日救亡运动，先后参加铁流文艺社、中华民族解放先锋队。1936年，参加了天津大、中学校组织的"五·二八"大游行，喊出了"打倒日本帝国主义"、"反对日本增兵华北"、"反对华北五省特殊化"、"停止内战，一致对外"等口号。……

1936年暑期结束后，刘毓璠回到南开大学，加入中国共产党。南开大学正式成立党支部，程人士任支部书记，刘毓璠担任组织委员，贾明庸担任宣传委员。1937年春，程人士因党的工作需要调离学校，刘毓璠

主持党支部工作,负责发展组织和进行党内教育,带领群众开展抗日救亡运动,到1937年暑假前后南开大学支部发展到13名党员。支部成员和民先队员参加了声援绥远抗日将士的募集寒衣运动、营救"七君子"签名运动,争取天津"洪帮"组织参加抗日活动。

1937年,卢沟桥事变爆发后,何懋勋与刘毓璠投笔从戎,奔赴山东、山西抗日前线。刘毓璠告别了新婚一个月的妻子,奔赴山西八路军总部。……

1942年5月,侵华日军以摧毁华北抗战指挥中枢——八路军总部和主力一二九师为目的,发动"五月扫荡"血洗太行山。5月25日为掩护军民突出重围,八路军进行了著名的"十字岭突围战",刘毓璠在左权副参谋长指挥下随军作战,在十字岭掩护主力部队突围时壮烈牺牲,年仅27岁。

史永红[①]:《不朽的丰碑——纪念在抗日战争中牺牲的南开校友刘毓璠烈士》,"学习强国"学习平台

袁永懿又名袁永辉、于公,原籍贵州省修文县,1935年毕业于清华大学历史学系,到天津南开中学任教,1936年考入南开大学经济研究所,为第二届研究生。1937年"七七"事变后,毅然投笔从戎,南下抗日,并参加了抗日民族解放先锋队。后经中共西安八路军办事处介绍,到山西五台山八路军随营学校学习,1937年底结业后被派往徐州,参加"平津流亡学生同学会"的工作。1938年2月到山东滕县"善堌农民抗日训练班"任军事教员,并组建了滕县历史上第一支共产党领导下的抗日武装"抗日义勇队",任队长,5月任鲁南人民抗日义勇队第一总队第二大

---

① 史永红,南开大学物理学院党委书记,曾任南开大学档案馆馆长。

队队长。1938年秋加入中国共产党。同年冬，山东纵队成立，被任命为纵队参谋处作战科科长。他作战勇敢，指挥有方，屡建战功。在1939年8月的"肃托"中袁永懿被错误审查，1940年4月在沂南县被错杀，时年29岁。1985年1月，中共山东省委组织部为之平反昭雪，恢复名誉。

刘敬婷[①]、史永红：《缅怀先烈 继往开来》，《南开大学报》第1277期，2015年10月9日

倪民有烈士（1922—1950），江苏省睢宁县人，抗日战争期间考入昆明西南联大化工系，于1944年度下学期响应国民政府号召志愿从军。抗战胜利后，倪民有于1946年11月到天津南开大学化工系复学，于1948年毕业，获理科学士学位，解放前在无锡的一所中学任教。1949年无锡解放后，倪民有毅然投笔从戎，决心到祖国的西南去，为解放那里的人民、建设新中国的大西南贡献自己的力量。他参加了中国人民解放军西南服务团，经集训后被编在川南支队二大队四中队，当年10月初，随第二野战军进军大西南。

1949年底，川南支队经长途跋涉到达内江，立即投入了接管、剿匪、征粮、建政等工作。倪民有被分配到内江县史家区一个乡，任征粮工作组组长。由于他忘我地积极工作，较好地完成了征粮任务，于1950年2月3日被任命为内江县人民政府税务局东兴税务所所长。倪民有清楚地认识到征税与征粮具有同样的重要性。当时内江的匪患十分猖獗，在新的工作岗位上，他不顾个人安危，抓紧时间，首先完成糖税的征收。2月4日早晨，倪民有带领一名随行人员到十多里外的五龙寺检查工作时，

---

① 刘敬婷，时为南开大学档案馆干部。

突遭一股匪徒的袭击，因匪徒人多被俘，被押到匪巢五龙寺里严刑拷打至折骨断筋，血肉模糊。倪民有坚强不屈，怒视匪首，最后被土匪枪杀而壮烈牺牲，时年28岁。倪民有虽然倒下了，但他这种大无畏的革命精神，为继续建设大西南的战友们树立了光辉的榜样。

<blockquote>李世锐[①]：《抗战中的南开英烈》南开大学党委宣传部、南开大学校史研究室：《抗战烽火中的南开大学》，河南大学出版社2015年版</blockquote>

1947年1月5日，张伯苓偕黄钰生等出席南京校友56人借善后救济总署举行的欢迎茶会。会上，中央通讯社唐际清（也是南开校友会南京分会召集人）在欢迎张伯苓的讲话中说，据他所知，抗日战争胜利后，在被立案惩处的汉奸之中，没有一个是战前的南开学校毕业生。虽然这个发现暂时也许不宜公诸报端，但是凡我南开校友理应为此自豪。

3月19日，张伯苓回到天津，天津市市长杜建时（南开中学校友）也以平津二市被立案的汉奸之中没有一个战前南开毕业生向校长"报喜"，张伯苓笑答：这比接受任何勋章都让我高兴。

<blockquote>《南开未出汉奸（二则）》，梁吉生：《张伯苓年谱长编》下卷，人民教育出版社2009年版</blockquote>

反蒋反美的学生运动，在全国和南开大学都一浪高过一浪。在激烈的斗争中，中国共产党在南大的地下党组织也不断发展壮大。1946年秋复校时，南大学生一部分来自昆明的西南联大，一部分是北平临时大学分配来的，还有一部分是当年在全国各省市招收的新生，他们当中都有少量分属中共中央南方局、华北局两个不同系统领导的党员和外围组织

[①] 李世锐，南开大学档案馆干部。

成员。当时,党中央根据形势和地下斗争经验,制定了"转地不转党"的方针,即从大后方回到平津的党员,其关系暂不转交北方,仍由南方局领导。这样,在平津地区的包括南开在内的大学,就有两个系统的地下党组织,如果一个系统的组织遭敌人破坏,另一系统仍能坚持斗争。1948年秋,中共中央冀热辽分局系统也在南大发展了少量党员和外围组织成员。这样,南大三个系统领导的地下党组织团结广大师生,为推翻旧世界,建立新中国,共同进行了英勇斗争。在三年解放战争时期,南开大学中共地下党员累计发展到110多人,外围地下组织"民青"、"民联"、"革青"成员发展到210多人。……

1948年11月,"南系"平津工委书记黎智到解放区开会,回来后传达了中央决定解放平津,为迎接解放,平津各系统地下党组织合并,由华北局统一领导。市级成立统一的中共天津市工委,黎智任书记,李之楠、魏克、王文化、沈尔琳为委员。下设中共天津市学委,魏克兼书记,沙小泉、刘焱、廉仲、方蔚为委员。南开大学合并后成立中共南大总支,上级任命刘焱为党总支书记,钱传钧、郭玉祺、杨思复、胡鑑美为总支委员,并各兼一个分支书记。……

总的来说,复校以后,中共南大地下党在激烈斗争中不断发展壮大,他们在上级党的领导下,团结广大师生,发扬南开光荣革命传统,认真执行党的"配合解放战争,深入发动群众,发展进步势力,争取中间势力,孤立分化反动势力,为争取和平民主,反对内战独裁,为推翻旧世界,建立新中国,积极开展斗争"的方针,推动了反蒋反美学生运动的蓬勃开展。

刘焱[①]:《解放战争时期在斗争中发展壮大的中共南大党组织》,刘焱主编:《解放战争时期南开大学学运纵览》(征求意见本)

---

① 刘焱,南开大学教授,曾任南开大学"南系"地下党支部书记、南开大学地下党总支书记。

南开大学爱国主义教育资料选编

12月25日晚上，北京大学的一位女学生被美国兵两人在东单练兵场强奸了。这件事激起了我们的义愤。我们为了抗议，所以罢课两天了，三十六年的元旦举行向美军示威游行。

同胞们！我们是人还是畜生，是独立国家呢？还是殖民地呢？我国和美国是盟国，在战争期间曾并肩作过战，可是在今天，请看他们是怎样的歧视和压迫我们，他们抢夺我们小贩的货物，踢死了黄包车夫，任意放枪打死工人，把孤女掷在江中，我们更多知道的是惨死在美军汽车轮下的怨鬼，在一天天的增加。他们还说是人撞了车。……

父老们：你们已经可以认识清楚了吧！起来吧！请你们支持，请你们响应，为了我们同胞的生存，为了国家的独立和自由。

南开大学抗议美军暴行委员会：《告津市父老书》①
（1947年1月），中共天津市委党史研究室编：《解放战争时期天津学运史料》，天津古籍出版社1996年版

全中国受难的父老兄弟姊妹们：这里让我南开大学与南开中学的一千多个学生，流着眼泪告诉你们一个悲惨万分的"五·二〇"惨案。

五月二十日早晨，我们"反内战反饥饿"的游行队伍，走出校门还不到几百步，便遇到两百多个暴徒，歪戴着帽子，披露着胸膛，齐声喊打，用着碗大的石头向我们队伍扔来。二十多个警察，扮着狞笑的样子，向我们摇手阻拦。我们高声大喊："中国人不打中国人"，想以我们的喊声压过他们的叫打，可是暴徒们绝不顾及，石子扔得更凶，骂声叫得更大。我们虽然挨打了，流血了，倒在地下了，可是我们仍旧坚持着"中国人不打中国人"慢慢向校门退却。暴徒就向我们冲来，警察也向我们冲来。两个同学

---

① 1946年12月24日，美军士兵强奸北京大学先修班女生沈崇，引发了大规模的抗议驻华美军暴行的斗争。在中共地下组织的领导下，南开大学学生开展一系列抗议活动，广大师生进一步认清了美帝国主义和国民党政府的丑恶面目，为爱国民主运动新高潮的到来打下了坚实的基础。

流血不止,当场昏倒。大家决定退到校中暂避。这时,警察就乘机逮捕了我们的同学,一时皮带、警棍、石头向被捕的同学打来,枪声不绝,喊声震天,如临大敌。警备司令部立刻宣布了戒严,包围了我们的学校。

我们是犯罪了吗?我们不过是为了反内战、反饥饿游行啊!可是我们六个人被捕了,二十多个人受伤了。对于这些,我们还能说甚么呢?今天,我们先不问谁主使打内战。谁不让我们反内战的,谁就是内战的罪魁!

<blockquote>
国立南开大学学生自治会:《血的控诉——为"五二〇"血案告全国同胞书》[①](1947年5月25日),南开大学档案馆藏
</blockquote>

五·二〇血案发生后,李广田教授闻讯赶至六里台宿舍,慰问受伤被难同学,并于情绪激昂之全体大会中,痛切陈词:"……此次学生运动比任何一次学生运动更自然,更代表广大人民的意见。此次运动主要问题在反内战。无论在任何场合,任何危险之上,'反内战'三字一定要说。谁不让我们反内战,谁就是打内战(掌声不绝)。现在,我们仅有一双手和满腔热血,我们不能跟他们死拼,因为这是无谓的牺牲,我们当以生命和力量争取最大的效果(掌声不绝)。这几句话代表我的千言万语,最后,希望事情能得到合理解决。"

周基堃先生坚定地走到讲桌前,含着泪用沉痛的声调说:"我激动得说不出话来,只有希望大家遭到打击之后,要更坚强起来,绝不屈服。你们的要求是正当的,你们的行动是神圣的,以后要更加倍努力做去。……这次爱国的反内战反饥饿运动,决不能罢几天课就完了,我们要把眼光放远,要把仇恨记在心里,直到那最后一天到来,从现在起,

---

① 1947年5月20日,南开大学与南开中学学生参加"反饥饿、反内战"游行,遭到特务袭击。南开大学20多人受伤,6人被捕。与此同时,北洋大学游行队伍也遭到镇压。"五二〇"血案警醒并教育了更多的师生,"反饥饿、反内战、反迫害"运动更加深入地开展起来。

我们与他势不两立！"

张肇科先生沉着而坚定的说："大家的要求是全中国大众的要求，别的不用说了。我们今天来不只是同情、慰问、支援，我们不走了，我们要参加到同学里来！"

《谁不要人民反内战就是内战的罪魁，教授们指示我们同情我们参加了我们的行列》，《南开周报》反内战特刊第一号，1947年5月21日

亲爱的师长：

我们看你们流泪，看你们痛心，现在，你们又把难免于饥饿的薪水捐助出来，我们敬受之下，感激万分！

请你们放心，反内战反饥饿的伟大任务一定会贯彻；周围的恶势力一定会毁灭；历史的浊流一定会澄清！

死亡敌不过生存，我们一定要冲上去搏斗！你们给我们的指示和期待，我们一定在斗争中去实践！

南开全体学生敬启

南开全体学生：《致我们的师长》，《南开周刊》反内战特刊第一号，1947年5月21日

《凯旋》①上演了，观众的心情立刻紧张起来，虽然座位只有五六百个，而且已经满了，门口仍是肩摩踵接的进人，不一会，膳厅后面一半的空地，也站满了人，来的不仅是学生，并且还有教授。剧情紧张，演员卖力，女学生首先流泪了。观众大半沉浸在剧情里，剧中大部观众

---

① 南开大学虹光剧社公演的反内战话剧。

爱国实践篇

眼里都含了泪水。闭幕之后，幕后有一个悲愤激昂的声音朗诵着：

"我的朋友，感谢你流着眼泪看完了这个悲惨的故事，你感动了，你哭了。可是你拭干了眼泪想一想，为什么会有那种悲惨剧发生……有血气，有良心的中国人呐！拿出我们人民自己的力量来反对内战。"

《〈凯旋〉终于演出了》，《大公报》（天津），1947年5月23日

1947年的上海，关卡林立，层层设防，通往苏北和山东解放区的交通被重重封锁，我地下党组织需要转移的人员很难撤离，因此急需有人到北方开辟交通线。党组织认为胡国定是合适人选，派陈赓仪（原上海市学联主席）到天津传达建立交通站的指示，任命胡国定为负责人，胡晓槐协助工作。

胡国定以南开大学数学系助教的身份，住进南开大学思源堂半地下室右侧最后一个单间宿舍。不久，胡晓槐也来了，在胡国定的宿舍里搭了个地铺，党组织安排他在育才中学任教。……创建地下交通站对他们来说很陌生，党组织又安排了熟悉情况的孙大中配合。

胡国定接到上级指示，知悉将要有多少人、什么人、什么时间、用什么交通工具来津转赴解放区，便安排胡晓槐到指定地点接人，安排住处。来人多从上海走招商局客货轮船，来往上海和天津。胡国定通知胡晓槐来人的船名、船号和接头暗号，让他去接人。……

胡国定向来人转达党组织的要求及注意事项，发一张"路条"——国统区流通的法币，每张钞票都有唯一的编号。解放区的同志见到这张法币，与存档编号对上后，即可确定来人的身份。……

他们开辟的冀中、冀东这两条交通线，送出了几批知识分子和技术人员，并冲破敌人的重重围困，将大笔地下党活动经费安全送抵上海，

为今后一段时间上海地下党的工作奠定了经济基础。至 1949 年 1 月 15 日天津解放,在上级党组织的领导下,胡国定、胡晓槐、孙大中等密切配合,天津地下交通站先后将上海、南京、杭州、武汉、湖南、四川、北京、天津等地的楚图南(后任人大副委员长)、王冶秋(后任国家文物局局长)、李何林(后任鲁迅博物馆馆长)、闻一多夫人等 400 余名进步人士和革命青年,安全转移到解放区。

周利成、王文举:《解放战争时期的胡国定与胡晓槐天津隐蔽战线的亲密战友》,《天津日报》,2021 年 4 月 27 日

南大学生自治会 5 日晚 7 时召开系级代表大会,出席代表 60 余人,重要议案如下:(一)自 5 日起罢课 3 天;(二)电浙大全体同学慰问,并捐款汇寄于子三家属;(三)要求全国学联号召全国同学捐款,设立"于子三奖学金";(四)由本校学生自治会理事会和系级代表常驻会合组"人权保障委员会";(五)6 日开会追悼于子三同学。

《南开大学学生自治会宣布罢课,声援"浙大血案"》[①],《大公报》(天津),1947 年 11 月 6 日

诸位同学!我们都是生长在中国土地上的青年学生,我们每个人,在这苦难的时代里,都以赤诚的心期望着我们的国家能够走上富强之路,同时更愿以全心全身,献给国家民族,以尽国民的一分力量。但是,几年以来事实给我们的教训太深了,太重了。我们亲眼看到整个国家民族走上生死存亡及饥饿线上。我相信我们每个人在这时代里都想尽了办法,

---

① 1947 年 10 月 29 日,国民党特务杀害浙江大学学生自治会主席于子三,全国各地学生纷纷罢课抗议。南开大学学生自治会举行各种形式的声援活动,并提出"反迫害""保障人权"等口号。

用尽力量来挽回这垂危的国家。但是,同学们!我们再想一想,一年以来我们是遭受到多少迫害?多少苦难?在这些许许多多的迫害和苦难之下,我们应该采取什么步骤?消极吗?退缩吗?悲观吗?屈服在恶势力之下吗?不,我们决不!因为我们深信我们正义的力量是能克服一切恶劣的势力,越是苦难和迫害,我们越是能克服,因为我们每个人都有一颗赤诚的心和不屈的精神。……

当中国的苦难在日日加深的今日,我们每个青年是有其挽救的责任和信心。为了这个,今后我们每个青年赤诚的心应该拉得更近,力量聚的更大。团结起来,保卫我们学联,保卫我们自己,以达成救国救民之责!

国立南开大学学生抢救教育危机争取全面公费行动委员会:《保卫华北学联》①(1948年4月4日),中共天津市委党史研究室编:《解放战争时期天津学运史料》,天津古籍出版社1996年版

特务竟然如此明目向自由学生公开武力迫害,他仍会有更大的阴谋留在后面。今天每一个学校都是这样情形,都有同样的特务寄生着,直接间接地迫害了我们学生的切身权利,在华北学联被查禁后,这是显然的第二个阴谋的出现。同学们!我们在同样的处境下,而南开首先的发生这样不幸的事,是给我们全国学生一个启示,说明了反动的统治者,已经准备不惜一切残酷苛烈手段,毁灭所有的爱好自由民主的同学,开始一个最卑鄙的大迫害行为。同学们!这是不能忍耐的呀!现在我们唯一的,只有团结,也只有团结能够使我们生存在一起。所以,我们要控诉给全国的兄弟姊妹们,控诉给全国正义社会人士,使全国学生、全国

---

① 1948年3月29日,国民党政府北平行辕宣布华北学联为"伪组织",并加以查禁。南开大学学生响应华北学联号召,组织同学奋起自卫。

同胞警觉。大迫害危及到我们头上了,我们要呼吁全国兄弟姊妹,来呀!要紧密地团结起来,一致行动,一直努力,争回我们失掉了的自由和权利!

<blockquote>
国立南开大学学生自治会:《告全国同学书》①(1948年4月7日),中共天津市委党史研究室编:《解放战争时期天津学运史料》,天津古籍出版社1996年版
</blockquote>

南开大学昨日上午10时在八里台胜利广场举行五四纪念大会,北洋冀工和各中学有不少学生前往参加,全体会众约2000人,有教授多人当中演讲。严仁颖教授强调促使社会科学进步的重要,张国藩教授说明科学对人民的影响,因此要着重科学运用的技术问题,刘振玉教授解释"五四"的意义在文化革命,而精神则为牺牲。鲍觉民教授最后说,现在已到了考虑民主的真实价值的时候。……会后,升"民主旗",并在思源堂大楼挂上"科学匾"。

<blockquote>
《南大纪念"五四"二千余人盛大集会 升民主旗挂科学匾 教授多人出席讲演》,《大公报》(天津),1948年5月3日
</blockquote>

美国帝国主义违反了波茨坦宣言,不顾世界和平,以独管日本为手段,建立其侵入远东的垫足石。在美国的这种既定的扩张政策之下,日本的军国主义再度抬头。中国人民也将因此受到更为深重的苦难,我们中华民族又面临着一个最严重的危机。……

我们全体南开大学的同学,看清楚了美帝扶植日本的恶毒阴谋,更

---

① 1948年4月5日,国民党特务闯入南开大学东院殴打进步学生,砸毁学生自治会。南开大学地下党组织抓住特务行凶事件,发动广大群众形成了围剿特务的强大舆论。

看清楚了这个阴谋将带与中国人民的灾害苦难。因此，我们以行动——罢课——来反对美帝扶植日本，抗议美帝违反波茨坦宣言，忽视中国人民的血肉牺牲的成果。

  《南开大学学生自治会罢课宣言》[①]（1948 年 6 月 4 日），中共天津市委党史研究室编：《解放战争时期天津学运史料》，天津古籍出版社 1996 年版

  复原二年来的南大教职员工和近千的学生，就在这残破的荒园上从事着辛勤的劳作，期望用自己的血汗，来重新建设一座自由活泼的新乐园。……

  在这第二个年头中，南大同学，除了学习上的进步外，在对现实的问题的研究与处理和推进学运方面也大有进步。在如此昏黑如此苦闷的现实环境下，南大同学永远和全国各大学同学及天津的中学同学团结在一起，为反抗黑暗和无理，为了争取公平和正义，连续地展开了反迫害争人权运动，抢救教育危机运动，保卫学联运动和反美扶日运动，都获得社会各界正义人士的同情和支援。……

  每一个南开人都坚信着，南开人在天津的这块荒地上，不断地从事着垦荒的工作，在已过去的二年中，是不断地进步着，以后也将不断地进步着，依照这个伟大时代的方向。

  《南大二年》，南开大学学生自治会编印：《1948 年的南大》，1948 年 7 月 14 日

[①] 第二次世界大战结束后，美国不仅支持蒋介石发动中国内战，而且扶植日本扩充军备作为控制远东的工具。南开大学学生响应中共中央的号召，开展了一系列反对美国扶植日本军国主义的斗争。

南开人课外的学习生活是以社团为中心。社团像是许多磁石把爱好进步、追求进步的人都吸聚在一起：集体的生活，集体学习各种问题。……

艺术社团最早成立的是南星合唱团，团员有二百多人。"有南星的地方，就有歌，有战斗，有生活。"这是大家都承认了的。……以《凯旋》起家的虹光艺剧社经过一段革新生活的时间，把"剧人"的浪漫气息都摈弃了，而且强调了戏剧工作者只有以正确的生活态度，才能使戏剧工作充分的完成它的任务，才能使戏剧在正确的方向下进展。……文艺社和新诗社是两个文学团体，这两个文艺团体对文艺的主张是，一致地认为这种工作是一种对社会负责、对人民服务的工作，而且认为这种工作是民主革命文化战线上极重要的一翼。

《社团》，南开大学学生自治会编印：《1948年的南大》，1948年7月14日

南大的民主风气一部分正表现在壁报上，在每次学运中，最为充分。例如"抗暴"运动时，各持正义的壁报，呼吁驱逐美军，不承认"中美商约"，而某些壁报，则暗骂"为人作嫁"，呼吁"中美友好"。反饥饿、反内战运动中，则论战更为激烈了。某些壁报不说"反饥饿、反内战"应反，不应反，而大骂这次学运受人操纵，被共党利用。这种壁报正是在人不知鬼不觉的夜里贴出的，所以待清晨被同学发现的时候，皆赐以白眼，或即在它周围贴满纸张以无情驳斥，或在其旁贴上纸条"请看棍子又一杰作"等等，使观众欣赏之。……

在生活中寻求真理，每一个人很勇敢地将自己意见以壁报方式贴到墙上去，这完全是青年人爱民主、爱真理之表现。

《南开壁报生活》，《南开周刊》复刊第5号，1948年7月24日

关于迁校及应变问题，在同学一再催促下，学校当局已于昨第 6 次校务会议中议决"不迁校"。惟此次关系甚大，交教授会议复议，复于 11 日下午 3 时，提交第 5 次教授会议，决"不迁校"，并成立特种委员会。

《南开决定不迁校 成立特委会 吴大任等七人当选》，《大公报》（天津），1948 年 12 月 12 日

国家多难，兵祸连年，民生颠沛，于斯已极。迩来华北局势急转，文化古城及经济重心之平津或有被战神吞噬之可能。吾人献身教育，目睹毕生心血所萃、国家命脉所寄之文化及经济事业或将与硝烟以俱灭，感慨惶悚之余，不得不向当局作最迫切之呼吁。

《南开教授迫切呼吁：请维护文化经济事业》，《大公报》（天津），1948 年 12 月 23 日

据悉，教部日前已有电致此间各国立院校，表示将协助教授离津南飞，但并未制定名单，一切由各校自定决定。市内机场筑成后，一部分南飞心切者颇为兴奋。记者 22 日分访各院校负责人，多半表示不愿离津，且一致认为际此时艰，不忍舍学校及留校师生而飞去。南大鲍觉民院长表示不拟离津，并谓南大负责人中迄今尚无人愿意南行。

《在津院校长决留校不愿卸责离津南逃》，《大公报》（天津），1948 年 12 月 23 日

一九四八年年底，解放军兵临城下，国民党反动派策动学校南迁，计划破坏城市。南迁或不南迁，实际上就是跟国民党走还是跟共产党走的问题。对此，南开大学地下党在上级党组织的领导下，发动群众，开

展了保护学校、反对南迁、防止破坏、迎接解放的斗争。南开大学地下党采取各种形式,如个别谈话、散发秘密传单、组织小型座谈会等,向师生和社会宣传党的城市政策,安定民心。此外,还联合师生员工成立了以肖采瑜、吴大任两位教授为正、副主席的护校委员会(即:安全委员会、应变委员会)。护校委员会把全校师生员工和家属集中到比较安全的甘肃路东院。……同时,还清点了学校的仪器、设备和图书、文件,把它们收藏到比较安全的地方,使国民党反动派无法把贵重仪器和图书运走或破坏。护校委员会还组织了纠察队、救护队在校内巡逻站岗,保卫师生安全,保护学校财产,防止国民党军队和特务分子的破坏。国民党反动军队企图在东院楼顶设立炮兵观察哨。地下党通过护校委员会派代表和他们谈判,进行面对面的斗争,极力反对他们入校。他们仍要强行设立观察哨。地下党就组织学生用沙袋和石块把大门堵住,不让他们进入校内。为了迎接解放,地下党组织学生准备我军入城后宣传工作,同时还组织一部分党员和民青盟员在巷战中为解放军作向导,协助维持地方秩序。地下党还组织党员和一部分师生秘密收听新华社广播,印发传单,把传单分送到教师和一部分市民的家里,深入宣传党的政策和革命形势。由于党的政策深入人心,当国民党为诱惑一些教授南逃,给他们送来飞机票时,都遭到了拒绝。除此以外,地下党还通过各种渠道,给国民党在天津的头子发出警告信,给社会各方面上层人物发出秘密信件,宣传党的政策,安定他们的情绪,并争取他们参加护厂、护校的斗争。

一九四九年一月十四日,人民解放军对天津发起总攻。英勇的人民解放军,经过二十七个半小时的激战,于一月十五日全歼守敌十三万,解放了天津市。南开大学的师生员工,在地下党的领导下,终于度过了天亮前最黑暗的一段时光。当天下午,全校学生整队到市中心滨江道一带游行宣传,整个天津市沉浸在一片狂欢中,南开大学也从此获得了新生!

<blockquote>
沙小泉[1]:《战斗在第二条战线上——回忆解放战争时期南开大学地下党的斗争》,《天津日报》,1979年1月15日,王文俊、梁吉生等选编:《南开大学校史资料选(1919—1949)》,南开大学出版社1989年版
</blockquote>

敬爱的解放军全体将士们:

当我们看到你们英勇地进入了天津市区,快活地流下了眼泪,你们终于在天津200万市民焦急的盼望中来了。你们——中国人民伟大力量的代表者,实在是太辛苦了,天津周边所流的英勇战士的鲜血,将永远为全天津全中国人民昭示一条光明的道路。在彻底消灭反动势力,建立新民主的乐园的斗争过程中,将是一个屹立不变的胜迹,永远为人民敬仰和尊崇。

蒋介石反动统治了中国20年,也剥削了中国人民20年,他在国内与封建残孽、地主买办打成一气,在国外与帝国主义勾结,使中国人民一直在痛苦中呻吟。他出卖了人民,用一切卑鄙的手段努力维持他的王朝,榨取人民的血汗,喂饱了四大家族;而中国人民所得到的仅是贫困耻辱和恐惧。可是他还不足,竟发动了残害人民的内战,想用帝国主义的炮火来毁灭全中国人民的生命。他始终是这样蔑视人民,摧残人民。然而中国人民终于在中国共产党的领导下发挥了无比的力量,与蒋匪和一切反动力量搏斗,现在正节节击败他们,在胜利声中,中国人民伟大力量的象征——中国人民解放军来到了天津,我们是如何的欣快,我们应该如何表达我们的欢迎之忱啊!

你们——中国人民的军队,请彻底执行中国人民的意志吧,完全消

---

[1] 沙小泉,原名刘芳庭,曾任南开大学"北系"地下党支部书记。

灭反动势力，建立一个民主自由的新中国。我们相信在很短的时间内，你们可以解放整个中国，拯救在蒋匪压迫和奴役挣扎下的亿万中国老百姓，他们是如何地需要光明啊！

我们以万分诚意，向人民的伟大解放军致民主敬礼！

南开大学全体同学
1月16日

《南开大学全体同学给人民解放军全体将士书》，《天津日报》，1949年1月19日

本市解放的第二天（16日），北洋、南开、冀工、女师、国体、法商及东大补习班等大、中学校留校的教职员、学生、工友，联合举行盛大游行，庆祝本市解放，欢迎人民解放军，参加者有4000余人。下午1时许，游行队伍在"欢迎人民解放军"的旗帜引导下，自甘肃路南开大学出发，经南京路、滨江道、劝业场、东南角等地，沿途观者成千上万，并有许多市民自动参加游行。"共产党万岁""毛主席万岁""中国人民解放军万岁""打到南京去，活捉蒋介石"等口号声，响彻云霄。来往的车辆都停住观看，队伍每到一处进行分组宣传时，立时被成群的市民所包围，他们兴奋地听着学生们宣读人民解放军和军管会的文告及南开大学全体同学给人民解放军全体将士书，并争先抢阅各种宣传品。当学生们扭着秧歌高唱"欢迎解放军"等歌曲时，周围的人们也跟着唱起来。墙上、汽车上、电车上贴满了各色的标语、漫画、大字报。当伟大的人民领袖毛主席的画像出现在马路两旁时，人群中立刻发出热烈的欢呼。游行队伍直到傍晚始散。

高静、孟帆：《北洋、南开等校员工学生联合游行庆祝解放》，《天津日报》，1949年1月19日

爱国实践篇

本市南开大学在军事管制委员会领导下，经全校师生员工的积极努力，已于本月7日正式复课。报到学生达744名，约占原数的80%。该校现有文、政经、理、工等4院16系及经济、化工研究所两所，为全国著名大学之一。国民党统治时期，该校优秀学生，曾与国民党反动当局进行了坚决的斗争。从抗暴、反内战、反饥饿、助学运动、保卫学联、于子三事件、反美扶日运动、七五事件至八一九大迫害，尽管有的被国民党反动当局杀害，有的被逮捕监禁，都未能使他们屈服。当人民解放军进行解放天津之战时，该校校舍八里台南院与六里台北院曾被国民党军队强占，并于校内大修阵地，构筑工事，损坏颇重。该校师生为抗拒国民党军队驻校，曾组织了安全委员会，领导护校工作，使校内图书、仪器等重要设备，得以保存。

《师生员工积极努力　南大正式复课》，《天津日报》，
1949年2月9日

学生在解放后非常兴奋，曾组成宣传大队，除进行街头宣传、板报、标语及数度与人民解放军宣传队举行联欢会外，并由校内各社团、读书会的学习小组为中心，积极展开学习。讨论内容有毛主席著作《新民主主义论》与《天津日报》所刊载的各种文献等。最近北斗社并讨论中共毛主席所提出的8项和平条件，一致表示竭诚拥护。

《师生员工积极努力　南大正式复课》，《天津日报》，
1949年2月9日

南开大学踊跃报名参加南下工作团，继南雁社全体社员20余人报名参加后，民舞社30余同学也向全校同学挑战，随后烽火社也动员全社四分之三的同学，而文学院哲教系的同学更不示弱，竟以集体南下来应战。

至8日晚间,已将近百五十余人报名参加南下工作。该校教授萧采瑜先生表示:目前的紧急任务是打到江南去,彻底消灭国民党反动派的军事力量,摧毁全部统治机构。为了完成这个任务,同学们应该毅然加入革命行列中去,从事革命工作。又:该校南下工作队除在本校展开宣传外,并组成5个小组,分赴中西女中、汇文中学等校展开宣传。

《南大、北洋同学成批报名南下》,《天津日报》,1949年3月10日

亲爱的同学们:

随着全国革命形势的迅速发展,国民党反动派统治的垮台已为时不远了。当解放大军消灭了敌人残余的军事力量,则广大的南方诸省尽归人民所有,各地区国民党军事、政治、经济、文化、教育机构及铁路、矿山等国营企业,则由人民接管。这一重大的工作,需要大量的干部,因此人民政府成立了南下工作团,吸收我平津区大批愿为人民解放事业服务的学生及各种专门技术人才参加这一工作。

参加这一工作是将大家在学校里所学的知识用之于实际,早日把自己的本领贡献给人民,同时在具体工作中又能不断地提高自己、改造自己。

至于学院程度不齐,但可斟酌具体情况分班或编组,务使学习进步,力求教育效果提高。学习生活是民主的,不但学习可以自由选择,而且对领导有何意见也可随时提出。

工作团不是军队,因此不会有什么严格的军事训练,但为工作的需要,我们的生活应该有规律的有组织的。

至于培养人才、提拔干部,主要的看为人民服务的决心与工作能力来决定,其资历那是次要的。

同学们献出自己的力量来吧！江南二万万在封建与官僚剥削下和帝国主义压榨下的人民正在痛苦中呻吟呢，时代已不容许我们再犹豫了，让我们携手参加这革命队伍向伟大繁荣的江南开去。

南大南下工作队

3月9日

《南开大学南下工作团告天津同学书》，《天津日报》，1949年3月10日

从前当我们进行反饥饿斗争时，有人会说："你们住洋房，吃大米，还要反饥饿？"好些人以为学生就是好穿、好吃、好闹事的，现在的事实才证明了这种看法是彻底错误了。

刚解放时，的确有些人做过大米馒头的梦，他们以为解放以后可要比从前吃的好了。但是，当大家看到工作同志们朴素的生活和艰苦的作风，好多同学都很关心地问："你们吃的什么？""你们穿的呢？"回答的也很直率："吃的是小米干饭和咸菜。""穿的就是这套棉制服，冬天过了还要交还。"

刚解放几天，有位同学曾问我："以后还吃这样坏吗？"可是现在这样的问题再也听不见了。最近饭厅里常听到的是"这样的伙食很不错"，"我们吃的比工作同志强多了"。解放后才三个月，同学们有了新的认识，找到了老解放区来的同志做榜样。了解了革命时期是艰苦的，在全国人民生活水准没有普遍地提高以前，我们不应该享受，有人说："吃大米反饥饿，吃小米扭秧歌"，这倒是南开同学生活的写真。

文川：《南大同学在进步》，《天津日报》，1949年4月24日

刚开学的时候，同学们在解放的愉快心情里，忽视了正课学习，而对于工作却抱有极大的热情。当全国学代大会上明确地指出了"解放后学生运动的首要任务就是学习"以后，经过各社团、系级的讨论及学联的号召，同学们在思想上明确了这个问题，而自觉地提出：加强正课学习，纠正刷课、马虎，不重视正课学习的偏向。首先，理、工学院的同学纠正了这种无组织、无纪律的现象，建立了学习秩序；保证不刷课，努力学习正课。同学们晚间做功课几乎到 11 点多钟，而早晨天刚亮就有人在课堂里读书、抄笔记了。……大部分同学都了解到：新中国的建设需要大批的技术人才，而他们就勇敢地想负担起这个重大的任务。

孟帆：《今日南大》，《天津日报》，1949 年 5 月 4 日

配合着正课的学习，社团和系级活动也是很活跃的。同学们在社团里分成小组，在不耽误正课的学习下，学习社会科学、哲学、经济学，讨论目前形势，研究文件。在理工学院，各系已经成立了系会，来推动和帮助同学们学习。各级同学们组成了小组，在一起讨论课程、研究问题，同时为了了解工人的生活，使理论和实践更好地结合起来，各系会经常地领导同学到各工厂去参观、学习，如化学系和化工系到汉沽化学公司去参观并与工人兄弟举行联欢会；机械系的同学们到天津汽车修制厂去向工人学习实际的生产知识。

孟帆：《今日南大》，《天津日报》，1949 年 5 月 4 日

在天津市委发出建团决议以后，南大一部分进步同学，在蒋匪统治时期秘密组织进步革命团体"民主青年同盟"公开了。"民青"同志们自己认为在思想上、作风上有很多缺点：不重视校内正课学习，看不起落

后同学,脱离群众,甚至解放以后认为自己搞学运有成绩,看不起人等。为了改正这些缺点,参加"民青"的同学们一方面加强学习马列主义理论,毛泽东同志著作及讨论建团文献,一方面要求同学们进行批评。并且帮助大家学习,提出"一个好的青年团员就应该是一个好学生"的口号,准备转入新民主主义青年团以后,争取做一个好团员。

孟帆:《今日南大》,《天津日报》,1949 年 5 月 4 日

国立南开大学共产党支部于 14 日晚,假该校东院礼堂举行支部公开大会,到会由该校师生职工及各校、机关来宾共 800 余人,主席李万华致开幕词后,由该校支部代表报告支部工作,他说明 1946 年夏,南大建立了党的小组,一年后支部正式成立,在国民党的反动统治下,在"抗美军暴行""五·二〇""六·二""反美扶日"中,我们对国民党的反动统治进行了残酷的斗争,党支部经常处在国民党军队特务的重重包围威胁之下,但党员在这种恶劣的环境中,坚强不挠的执行了党交予的任务,争取团结了广大的教授与同学,掀起反美的爱国学生运动。在津市解放战役中,动员组织了全校师生完成护校工作。解放后,保证执行了新民主主义教育方针,发动同学积极学习,并协助人民政府做了许多工作。至此,组织委员宣布了支部组织与 38 个党员名单。继该校青年团支部、学生会及各系级社团、职工等十七个单位献花、献旗、献匾、献词,庆祝南大党支部光荣的公开。各系代表在献词中一致流露对共产党的热烈拥护,并表示坚决的团结在共产党的周围,联合全校师生完成学习任务。

《南大中共支部公开》,《天津日报》,1949 年 10 月 17 日

各位老师、各位同学：

在今天会场里的热烈情绪中，我们的心情是兴奋的，同时也是严肃的。

在中华人民共和国开国9个月的今天，我们不但在军事上获得了伟大的胜利，在和平建设的工作中也获得了光辉的成就。中央人民政府统一了全国的财经工作，稳定了物价，为工商业的发展奠定了基础。最近又颁布了《土地改革法大纲》，要有计划有准备的进行土地改革，为工商业的发展铺平道路，要在两三年内争取国家经济状况的基本好转。中国人民已经翻了身，要以自己的勤劳创造自己的文明与幸福。在这时候，我们毕了业，投身到祖国的建设事业，把多少年来在人民抚育下学来的知识技术，重新贡献给人民。我们的心情是极其兴奋的！

同时，我们也想到祖国建设工作的艰巨和责任的重大。最近美帝国主义以卑鄙的手段武装侵入台湾与南朝鲜，就明白地告诉我们帝国主义及他的走狗们无时无地不在想用各种手段来破坏中国人民的解放事业，以及世界上一切人民争自由争生存的斗争。国内建设工作上的每一件成就，就增加了我们一份力量，也就是给敌人的一记打击。疏忽大意而造成的一件损失，就是给敌人一分可乘之机。我们想到师长同学以及全国人民对我们的殷切期望，更想到自己存在于学习上、工作作风上、思想意识上的多多少少的缺点，我们的心情是严肃的。

我们记得"学习、学习、再学习"的名言。我们今天决不是"学成"了，而是另一个阶段学习的开始。我们要努力记得四年来师长们宝贵的教诲，同学们亲切的友情。在各自工作岗位上，虚心学习，努力工作，克服自己的缺点，做一个老老实实的人民的好勤务员。

师长们！同学们！南开大学，我们的母校，是有着光荣的斗争历史的。一年半以来，我们又看到它有着怎样巨大的进步。我们相信，以后在校委会的领导下，在全体师生员工的努力下，一定能够发扬过去光荣

爱国实践篇

的历史传统，完成在新民主主义文化建设中应有的任务！

《我们的话——在欢送毕业晚会上的答辞》，《国立南开大学一九五零年毕业年刊》

一连串的爱国运动——镇压反革命，下乡宣传，拥护缔结和平公约，反对美帝重新武装日本和单独媾和，"五一"示威游行和"五四"青年节的各种活动——把全体南开人爱国主义的政治觉悟提高到空前的水平，为订立爱国公约奠定了良好的基础。在"五四"之后仅仅五天之中，工会各小组和学生会各班都已普遍地订立了自己的爱国公约。

这次所订的爱国公约都是经过郑重的反复讨论而产生的，都是从检查以往的优缺点和配合祖国的号召而产生的。因此它们不但有积极的理想，有生动活泼的内容，而且都是切实可行的；它们是从实践中来，因此就能回到实践中去。……全部爱国公约都把时事政治学习放在首要的地位。尽管形式与具体内容彼此都有极大的区别，但它们的精神都是一致的：就是把抗美援朝作为我们共同的中心任务，把我们一切的力量贡献给祖国，在祖国所指定给我们的岗位上，用集体的力量来搞好工作。

吴大任：《贯彻我们的保证》，《人民南开》第12期，1951年5月11日

抗美援朝运动开展的阶段。这一个时期的主要标志是在过去已有的思想基础上，开展以抗美援朝为中心的爱国主义和国际主义教育，使得我们的思想认识更提高一步，激发了强烈的爱国热情。

全校师生员工的思想在下列三方面起了深刻的转变：

一、进一步地明确了阶级观点，更坚定了反帝反封建的立场。

二、体会了劳动人民的感情，认识了劳动人民的伟大，看到了祖国

的光明前途，加强了对祖国的热爱，加强了为祖国为人民服务的观点。

三、认识了世界和平民主阵营力量的强大，加强了保卫世界和平的信心。

这些变化，就是觉悟的提高，爱国主义教育的具体收获。一种不可遏止的奋发的爱国热情，必然发展成为推动实际工作的强大力量，在这样坚固的基础上，学生和工会小组纷纷订立了爱国公约，作为每一个人爱国行动纲领和奋斗的目标。

《以实际行动支援抗美援朝》，《南开大学介绍 1951年》，1951年6月

南开大学全校师生员工1600余人利用春假时间，于20、21两天，面向着农村，光荣地走上了普及与深入抗美援朝教育的宣传战线。全校师生员工在宣传战线，都表现了高度的爱国主义热情。出发前，大家自动地组织起来，反复地学习着各种文件，在小组中互相发问，互相讨论，并积极地创作了大量的文艺宣传节目，一天之间，南院师生就突击了漫画398张，节目58个。文质彬彬的陈容之和汪德熙教授不断地在练习相声；汪家鼎教授有劲地表演着"小放羊"；张建侯、陈天池两教授也整天地在漫画室着画；卞继仁同学原定在春假结婚，可是为了更重要的工作，也改变了婚期；北院白发苍苍的冯文潜老教授也参加了宣传的行列。两年来的政治学习，已经空前地提高了师生的政治认识，每一个人都深深体会到应该在抗美援朝宣传战线作一个尖兵，应该发挥更大的作用。

《春假下乡宣传》，《南开大学介绍1951年》，1951年6月

1952学年度之初，化学系有部分新同学在学习上不够安心，因为他

们多数是志愿学工而分配到南大念化学的,他们不了解化学和祖国建设事业的关系,学化学有什么前途,因而在学习上劲头不足,缺乏信心。这时候,申泮文副教授是化一同学无机化学的教师。当他发现这一情况后,便觉得要在课程中贯彻爱国主义教育,从而启发学生对化学的热爱,巩固学生的专业思想。但是结合课程内容进行爱国主义教育在当时是缺乏教材的。申先生便开始了收集教材的工作。他收集的范围有祖国人民在化学上的伟大成就、中国科学家在化学上的不朽贡献、祖国建设事业飞速进展的情况,以及祖国的丰富资源等等。在申泮文先生和无机化学教研组诸同志的共同努力下,克服了资料不好找、人手不足、时间少的困难。他们翻阅了很多的报章、杂志,以及有关化学的书刊,稍有发现便提出来大家研究,认真考虑是否可靠,在教学上价值如何,然后加以选择、综合。一年来,一点一滴所积累的祖国丰富资源的资料已达20余种。

《申泮文先生在讲课时进行爱国主义教育》,《人民南开》新第29期,1953年10月30日

我校附设工农速中、化学系、物理系的同学100人以青年突击队的姿态第一次参加了天津市第七区第一工段的防汛工作。在出发前,团委书记侯维錡同志给全体防汛队员们讲了话。他说:"我们这次工作的意义,不仅是要保卫我们天津市人民和财产的安全,更重要的是保卫我们国家经济建设的顺利进行。"他要求我们要坚决完成党和政府交给我们的任务,不完成任务决不收兵,为战胜洪水而斗争到底。我们的防汛队员们在"坚决完成任务"的呼声中坐上了校车,唱着雄壮的歌曲出发了。

同学们在到达工地之后,就开始了紧张的劳动,全体队员们都以最

大的热情投入了这艰巨的斗争。在劳动过程中,我们的全身都涂上了污泥,耳朵和嘴也都进了泥土。有一些同学一直在一尺多深的泥浆中挖着泥,另一些同学往返地抬着沉重的土去加固堤防。工农速中的同学们为了使泥土能很好地堆在堤上,不使松湿的土往下落,就用自己的身体伏在堤上挡着。物理、化学二系同学纷纷效法。

同学们情绪愈来愈高涨,劳动得更欢了。到下午两点钟,我们提前3小时完成了任务,质量均合乎规定。回来时,同学们都感到这一天是最幸福的一天,因为我们做了一件对祖国人民有意义的事情,我们完成了党和政府交给我们的任务。

蓝国祥:《战斗在子牙河上》,《人民南开》新第55期,1954年9月1日

我校教职员工应征青年报名登记站,在本月11日下午2时起开始办理应征公民的兵役登记和报名应征事项。

事先,就有很多青年到市、区去打听什么时候开始登记。体育教研组助教郭鸣华在知道了征兵消息后就积极地到市里去登记,当知道我校开始登记后,他给校长写了决心书,坚决要求应征。理发室适龄青年姜学义在报上公布征兵的第一天就曾到区里去了3次要求服役。

登记工作开始的第一天,不到2点钟,登记站已为应征的青年挤满了。他们兴高采烈地互相谈论着将来入伍后的情况,并挤着争取第一个报名。化学系教学辅导员封显抱由于年龄较小,没有让他报名,他就嚷着说:我只差三个月,为什么不让我报名。他还说:如真的不行,那么就让我预先登记明年的吧。化学系教学辅导员秦宗璟与卫生室的郭俊秀是两个女同志,但她们也怀着极大的热情,到登记站登记。后来,经过登记站负责同志的再三劝说,才遗憾地离去。她们表示:只要祖国召唤,

她们立刻回应。报上名的青年同志们一方面安慰着封显抱，另一方面，又俨然以一个老战士的口吻说：我明年一定在部队等着你来。

到12日，我校教职员工中的适龄青年已全部登了记。

<blockquote>
《我校开始兵役登记工作 适龄青年踊跃应征》，《人民南开》新第112期，1956年1月14日
</blockquote>

随着全国社会主义革命高潮的到来，我校师生员工纷纷要求入党。目前在我校高级知识分子中已约有50%以上申请入党，学生团员中也约有50%以上，个别团支部甚至有70%以上申请入党。这种现象说明广大群众对党和共产主义事业的无限热爱，决心要献身于党的事业，做一名无产阶级先锋战士。这种热情是极其可贵的。为了党的事业，党必须扩大自己的队伍；而为了加强党对科学文化事业的领导，使我国科学文化事业迅速地克服落后状态，赶上社会主义建设需要，赶上国际的先进水平，在学校中更应积极地在知识分子中进行发展党员工作。

<blockquote>
中共南开大学总支委员会：《关于举办党课给同志们的一封公开信》（1956年3月29日），《人民南开》新第120期，1956年3月31日
</blockquote>

英法殖民主义者侵略埃及的行动引起了我校师生员工的无比愤怒，纷纷表示要以全力支持埃及反对英法侵略者的正义斗争。

11月1日晚6点一刻，当我校广播社广播了英、法武装侵略埃及的罪行，正在第一饭厅吃饭的同学都放下了碗筷，举手高呼：支持埃及人民的反侵略斗争。中文系李何林教授听到这个消息后对天津日报记者说：英法发动这种不正义的战争，充分说明了他们的野蛮和愚蠢。他们注定要失败的。

当天晚上许多班召开了会议。会上很多同学表示了自己支持埃及人民斗争的决心。会三班的朝鲜留学生李京瑞说：过去帝国主义侵略朝鲜时，朝鲜不是孤立的，他有着中国人民和全世界人民的支持。今天的埃及也不是孤立的，一切爱好和平的人民都站在埃及一边。

到目前为止，我校各个角落出现了不少支持埃及人民正义斗争的大字报和黑板报，不少热情的、对埃及人民表示全力支持、对殖民主义表示无比愤怒的信件似雪片一般地被送到我党委会、团委会、校刊编辑室和广播社。统三全体同学表示："我们坚决以实际行动支持埃及人民的正义斗争，响应党和政府以一切力量支援埃及人民的号召。"外文系全系同学签名表示决心："我们要尽我们的一切力量支援埃及人民的正义争斗。"南开区人民代表中文系同学郝志达说，我们中国青年，过去、现在、将来永远和埃及青年一道，为保卫埃及和世界和平斗争到最后。生物系在2日一早就出了题为《我们的愤怒》的专刊，除报道了同学的决心外，还刊出了埃及商务处给该系伍雨生同学的一封信，信上说：这种支持说明了我们两个古老国家间的传统友谊，也说明了我们两国为各自人民利益、为人类的进步而维护主权发展富源的决心。工会的会员们也纷纷要求我校工会基层组织写信给天津日报表示对埃及人民的支援。还有不少同学要求开全校大会要求发起签名运动来声援埃及。

11月1日晚上，我校全体同学通过了学生会代表全体同学给埃及青年的一封信，信上说：我们南开大学的全体同学坚决反对侵略埃及的行动，并坚决支援埃及人民维护国家主权和民族独立的神圣斗争。

> 雷声威、王其书、董振修：《我校师生员工纷纷表示全力支持埃及人民的正义斗争》，《人民南开》新第141期，1956年11月3日

吴大任是一代爱国知识分子的代表，早在青少年时代，他就怀着拯救国家的热望立志成为一名科学家。但是，当他从国外学成归来后，国家、民族正处在危急存亡的关头。他在四川大学时，目睹国民党特务横行，学术空气窒息。1945年，校方指使特务学生陷害三名进步教授，吴大任为此极为愤慨，和其他教授一起要求校方开除特务学生。他还和其他进步教授联名抗议国民党政府的反动政策，并以罢教行动声援全国反独裁、反饥饿运动。回到南开后，在进步师生影响下，他的正义感更加强烈，爱憎更加鲜明。他继续积极参加反内战、反饥饿运动，在代理教务长期间，曾多次保护进步学生，而当特务学生野蛮殴打进步学生时，他则主张严厉惩处。1948年，上海交大一名学生因领导学运暴露了共产党员身份，党组织派他到北方建立党的联络站。虽经陈省身先生介绍，其他学校亦不敢收留他，而吴大任却把他留在南开作自己的助教。不仅使这个学生从事党的工作有了方便条件，而且又在学术上得到了吴大任的教益。这个学生就是著名数学家、南开大学前副校长胡国定教授。吴大任追求进步的思想行为，受到地下党组织的重视。在党的关怀教育下，这位曾经对中国的前途感到迷茫的爱国知识分子，终于看到了祖国的前途和希望。1951年，吴大任在怀仁堂亲自聆听了周恩来总理关于知识分子工作的报告，周总理的亲切教诲使他激动不已，精神无比振奋，于1956年加入中国共产党，他决心把自己的全部知识才能贡献给新中国的教育和科学事业。

王巍：《倾毕生心血 育华夏英才》，南开大学校长办公室编：《吴大任纪念文集》，南开大学出版社 1998 年版第一个五年计划和新中国宪法的颁布，给我以很大的鼓舞。接着"向科学进军"口号的提出和周总理关于知识分子问题的报告使我无比兴奋，对党进一步产生了热爱。1956年春，我又荣幸地参加了我国"十二年科学技术远景发展规划草案"的制订工作。当时我的心脏病虽在发作，但在这半年多时间里我仍积极投入并且全力以赴。通过这一段，我深刻体会到党的正确领导和群众路线的重要性。这是一项十分艰巨的工作，国内没有经验，虽有苏联专家的协助，但对中国的实际情况，他们是不很清楚的。最主要的还是靠党的具体领导和组织工作，使异常复杂的内容大小就绪，轻重适宜，成为一个完整的纲领来带动全面。草案的制成，充分说明党是能够领导科学的。从参加这次规划我亦体会到，一个科学工作者如果没有明确的为无产阶级服务的政治方向，不可能发挥作用，因而认识到自己以前所进行的科学研究对今天国家迫切需要毫无裨益，必须改变方向。我接受了科学规划委员会上同志们的意见，让南开大学加入农药方面的研究，以加强这一方面的现有力量来支援农业。这就是说，科学研究工作必须与国家社会主义建设任务相结合，才能发挥更好的作用。

> 杨石先：《坚决走红专道路，努力为人民做贡献》，南开大学办公室编：《杨石先纪念文集》，南开大学出版社1999年版

杨老在西南联大工作时所承担的教学和行政任务十分繁重，在当时十分艰难的条件下坚持开展有关抗疟药物常山化学合成的研究。据杨老谈，他从小对植物学很感兴趣，早在解放初期考虑到我国是一个农业大国，经过慎重思考，根据国家的需要，决定将自己的药物化学研究方向转到农药化学。解放初期，在当时的历史条件下，我国农药化学研究一

片空白，我国连抗美援朝期间急需的666、DDT都不会生产。1953年为了探讨我国粮食增产的科学方法，在十分简陋的实验条件下杨老开展植物生长刺激剂研究，1957年他的第一篇研究论文发表在《南开大学自然科学学报》（创刊号）上。1958年，杨老为了满足新建的天津农药厂急需上马的重点项目，组织了一批年轻教师战斗了40个日日夜夜，在国内首先完成了我国第一个有机磷杀虫剂"对硫磷"的合成工艺，并交付该厂使用。当时杨老领导在南开大学创建的"敌百虫"和"马拉硫磷"两个车间也首次生产出我国当时急需的杀虫剂产品，填补了我国的技术空白，并于1958年8月13日光荣地接受了毛主席的亲莅视察。60年代初为了筹备元素所的成立，杨老先后邀请了一批苏联专家来所讲学，其中有Kabachnik、Mastrukova等院士与专家，对我国有机磷化学的发展起了重要的推动作用。后来还有Martinov、Gefter等有机氟化学、有机硅化学等专家来所讲学，当时全国大学不少进修教师来到南开大学听课，对我国元素有机化学的学科建设和传播起了推动作用。在建设元素有机化学研究所的当年，还专门成立了第一研究室（农药化学），为我校的农药学科起了奠基作用。

> 李正名[①]：《杨石先对农药化学学科的重要贡献及其学术思想》，《化学进展》第23卷第1期，2011年1月

我清楚地记得，在我出国时，母校化学系只有一个学生，此时，已有好几百名学生了。高等教育的发展正是国家经济建设发展的反映，我的心情特别兴奋，深感祖国太需要建设人才，自己大有用武之地，我要把全部知识和精力贡献给我的祖国，实现自己多年的愿望，使祖国繁荣富强。我还陆续给在美国的同学、朋友写信，告诉他们："祖国变了，你

---

① 李正名，有机化学及农药化学专家，中国工程院院士，南开大学教授。

们快回来吧!"

回国后,我就参加了"向科学进军"的行列,用我带回来的资料、仪器和药品在简陋的实验室里,合成出我国第一批树脂样品。到1959年,仅三年时间,就做出了几十种树脂样品,当时国外能生产的树脂,我们基本上都能合成出来了。我为自己能在祖国发展现代科学事业中尽力,感到由衷的欣慰。

1959年5月28日,周总理来南开园视察时,视察了我们实验室,给我以极大的鼓舞和鞭策。我一头扎进实验室,一心研究树脂,到1960年,又合成出一种交换量高的大孔树脂,比国际上最早发表这种合成方法的捷克还早两年!我国的树脂研究展示着广阔前程。

何炳林[①]:《为了振兴中华》,《南开大学》第69期,1981年5月8日

长期以来,何炳林在原子弹研制中所作的重大贡献,并不广为人知。可当年的南开大学思源堂,何炳林实验室的瓶瓶罐罐,却影响到新中国第一颗原子弹爆炸的时间表。正因如此,1958和1959年,毛泽东、周恩来先后到南开大学何炳林的实验室和生产车间视察。

"外国有原子弹,中国也得有原子弹,才不会被欺负。"这是何炳林回国的初衷。

1954年,何炳林夫妇回国前,他的同事、南开教授陈天池曾写信请他们帮忙购买两磅离子交换树脂。何炳林当时并不知这种树脂的用途,致信购买被拒绝,因为是国防用品。他惊讶地调查发现,它正是用于提取核燃料铀!

---

① 何炳林,高分子化学家、教育家,中国科学院院士,南开大学教授,被誉为"中国离子交换树脂之父"。

这一年，我国第一次发现了铀矿，当铀矿标本送到中南海，毛泽东说，这是决定命运的铀。而下一个关键，则是能否从矿石中提取出铀。

买不到树脂，何炳林、陈茹玉就用积蓄购买了一些国内急需的仪器、资料，以及制造离子交换树脂的原料——10公斤苯乙烯和5公斤二乙烯苯，装进一只不引人注意的破箱子里，侥幸过关。回到南开大学后，何炳林仅用两年时间，就成功合成出当时世界上已有的全部主要离子交换树脂品种，包括用于从贫铀矿提取原子弹原料铀的强碱性阴离子交换树脂。

1956年至1960年间，何炳林在世界上首次制备出大孔离子交换树脂，为新型吸附分离材料——吸附树脂的问世奠定了基础。鉴于这一成果的重要性，学校决定不予公开。3年后，捷克科学家发表了类似的成果，被誉为"吸附树脂之父"。对此，何炳林平静地说："那是由于保密的需要。我个人的荣誉问题不大，最重要的是服从国家的安排。"

1958年，接受第二机械工业部的400万元资助，何炳林主持建立了我国第一家专门生产离子交换树脂的南开大学化工厂，主要产品供提取国家急需的铀。南开，成为中国离子交换树脂工业的肇基之地。

1964年，中国第一颗原子弹成功爆炸。何炳林激动得热泪盈眶，欣慰地对妻子说："我们回来对了，报国的愿望终于实现了。"

1988年，国防科工委授予何炳林"献身国防科学技术事业"荣誉奖章。这枚奖章，淡泊名利的何炳林最为珍惜。

张国：《南开有个何炳林——追记我国高分子科技奠基人何炳林先生》，《南开校友通讯》，2007年下册

2019年是南开大学化工厂成立60周年。当年在党中央狠抓原子能工业及"全国一盘棋"方针下，化工部及天津市指挥搬迁，南开大学校党政领导响应党中央号召，支援国防建设，将工厂领导、生产设备及120

名教职员工成建制地南迁至四川宜宾,建设军工企业,为我国国防建设做出了重大贡献。

马玉良[①]:《南开大学 1965 年内迁支援国防建设人员名单》,《南开校友通讯》,2020 年上册

郭永怀,中国力学科学的奠基人和空气动力研究的开拓者,也是以烈士身份被追授"两弹一星"功勋奖章的科学家。

新中国成立后,他冲破重重阻力,义无反顾回到国内,将毕生所学贡献给祖国的科研事业。郭永怀曾说:"我只是新中国一个普通的科技工作者,我希望自己的祖国早一天强大起来,永远不再受人欺侮。"

"两弹一星"元勋、我国著名科学家朱光亚评价他:"郭先生是一位才华横溢、有远见卓识的著名科学家和技术领导人。他理论功底深厚、思维敏捷、思路开阔,而且注重理论联系实际,善于在工作中准确把握科学研究的方向。在中国工程物理研究院工作期间,郭先生始终深入到科研工作第一线,为中国核武器事业的发展做了许多开创性的工作。"

1968 年 12 月 5 日凌晨,郭永怀带着第二代导弹核武器的一份绝密资料,匆匆乘飞机从青海基地赶往北京,飞机不幸坠毁。找到遗体时,在场的人失声痛哭:郭永怀与警卫员小牟紧紧地抱在一起,费了很大力气将他们分开后,那个装有绝密资料的公文包就夹在俩人中间,数据资料完好无损。郭永怀牺牲 22 天后,我国第一颗热核导弹成功试爆,氢弹的武器化得以实现。

"两弹一星"元勋、著名科学家钱学森在《写在〈郭永怀文集〉的后面》中写道:"郭永怀同志是一位优秀的应用力学家,他把力学理论和火热的改造客观世界的革命运动结合起来了。其实这也不只是应用力学

---

① 马玉良,时为南开大学化工厂工程师。

的特点,也是一切技术科学所共有的,一方面是精深的理论,一方面是火样的斗争,是冷与热的结合,是理论与实践的结合,这里没有胆小鬼的藏身处,也没有私心重的活动地;这里需要的是真才实学和献身精神。"

"作为我们国家的一个科学技术工作者,作为一个共产党员,活着的目的就是为人民服务,而人民的感谢就是一生最好的评价!"

>齐芳、赵秋丽:《光耀星空 精神永存——郭永怀事迹激励科技工作者爱国奋斗》,《光明日报》,2018 年 8 月 13 日

把爱国主义渗透于学术研究,这一点突出地表现在郑老对清史和边疆史地的研究中。在民国时期,人们由于对清朝统治者的不满,加之伪满的成立,对清代历史抱有偏见,产生种种曲解,宣传"满族不是中国民族","满族政权历来独立",等等。郑老有鉴于此,从维护中国的统一、中华各民族团结、反对日本侵略的立场出发,立志于清史研究。抗日战争爆发后,他针对日本的满洲独立论,写了《清代皇室之氏族与血系》一文,以大量的史实为依据,说明清皇室氏族是含有满、蒙、汉血统的,满族同内地经济文化交往是十分密切的,是中华民族大家庭中不可分割的一员,驳斥了侵略者的谬论。郑老还运用历史地理学、音韵学与史学方面的渊博知识,从事对边疆史地的研究。1938 年 6 月发表的《发羌之地望与对音》,1940 年改成发表的《〈隋书,西域传〉附国之地望与对音》等文,就研究了西藏的地理、藏族的历史及与内地的联系。解放后又著《关于丝绸之路》,对古代西北边疆的这条横贯东西的内陆交通大道的史地,作了详尽的考察。同时,还把视野转向东北边疆的研究,对奴尔干都司的史地进行了探析,充分证明了自古以来满族就是我国多民族大家庭中的一员,黑龙江流域是我国东北境内各族人民生息繁衍之地。这些学术研究强烈地充满着郑老的爱国热情。他的这些研究成果,在为维护

祖国神圣领土的完整和主权，已经或正在发挥着积极作用。

<blockquote>
历史系明清史研究室：《郑天挺同志执教六十年》，《南开校友通讯》复1期，1981年10月
</blockquote>

我今年79岁，出生于湖南汨罗县一个贫苦农民的家庭，自幼没有父母，全靠劳动人民的血汗，得以进入大学并出国留学，一生走过了曲折坎坷的道路，经历了新旧两种社会和中外两种社会的生活和对比。在全国解放以后的38年中，通过历届政治运动、理论学习和体力劳动，在世界风云变幻、国运盛衰兴替、个人升沉荣辱的遭际中，我深刻认识到祖国光辉的过去和灿烂的未来，深刻认识到中国共产党的光荣、正确和伟大，深刻认识到马克思列宁主义是颠扑不破的真理，深刻认识到社会主义和共产主义是人类共同的归宿。因此，我油然产生了热爱祖国、热爱社会主义、热爱党的深厚感情。党的十一届三中全会以后，党的政策给了我新的政治生命，我下决心要使自己从一个怀抱"天下兴亡，匹夫有责"夙愿的知识分子转变为一个自觉的共产主义战士，为党的事业贡献自己的一切。我渴望在党的直接教育下，克服自己的缺点和弱点，为党和中国人民的事业献出自己的余年。

<blockquote>
杨敬年[①]：《我的入党志愿书》（1984年6月29日），

杨敬年：《期颐述怀》，南开大学出版社2007年版
</blockquote>

杨敬年一生不改对党的信仰和追求。

有人说，一位满头银发的耄耋老人在党旗下宣誓，不是在作秀吧？

杨敬年回答说："我到80岁入党，既非求名，也不求利，我是真心

[①] 杨敬年，经济学家、教育家、翻译家，南开大学教授。

想要加入这个伟大的事业中,出一份力。"

他清晰地记得:他在1984年6月29日申请入党,1987年6月6日获得批准成为中共预备党员,一年后如期转正。

杨敬年认为自己加入中国共产党是"一生最大的幸福",他说:"我40岁得到牛津大学博士学位,80岁成为中国共产党员,实现了自己的夙愿。牛津博士是求学的顶峰,共产党员才是做人的顶峰,二者不可相提并论。"

"夙愿",就是一生的追求。

1927年,年仅19岁的杨敬年告别新妻幼子,报考了黄埔军校,"携笔从戎",希望为打倒军阀出一份力。在军校期间,他就申请加入中国共产主义青年团,并且"组织已经开始讨论我的问题了"。

在他年轻的心中,"共产党就是一个为人民谋幸福的党"——这是他对共产党"朴素的阶级情感"。"马日事变"的爆发犹如骤起狂风,学校组织学生上街宣传反共,杨敬年被推选为宣传员,但他不顾众人劝阻毅然离去,用他自己的话说是"我当时醉心共产党,忽然叫我反共,我无法接受"。

读书期间,杨敬年不但刻苦钻研专业知识,也认真研读了《西行漫记》《青年的修养与训练》等进步书籍。毕业时,杨敬年不服从分配,执意报考南开大学经济研究所。他称之为"第二次没跟国民党走",这是人生中一大幸事。

尽管如期进入南开大学深造,杨敬年却没能如愿安心治学报效祖国。"七七事变"爆发,南开大学校园被炸,与清华大学、北京大学共同南迁至昆明,组成"西南联大"。杨敬年不得不辗转于贵阳"中国农村建设协进会",以学者独特的方式报国。

新中国成立前夕,何廉作为继张伯苓之后的南开大学第二任校长,送给杨敬年金条作为旅费,邀其共赴美国。但他执意留在南开迎接解放,因为他感到"有所作为的时代终于到来了"!

即使是处于磨难之中,杨敬年把别人强迫他做的事情变成他主动要做的事情,认真阅读马克思主义经典著作,从根本上改造自己的世界观和人生观。他说,经过"反右"和"文革",一部分人放弃了对社会主义、对共产党的信仰和信心,这是不应该的。因为在中国如此广阔的土地上,有如此之多的人民,试行社会主义事业,这是前无古人的伟大开拓,弯路和错误不可避免,但是共产党人能够纠正自身的错误,这就值得我们信任。

"十一届三中全会以后,党又给了我新的政治生命,我下决心要让自己从一个怀抱'天下兴亡,匹夫有责'夙愿的知识分子转变为一个自觉的共产主义战士,为党的事业贡献自己的一切。我渴望在党的直接教育下,克服自己的缺点和弱点,为党和中国人民的事业献出自己的余年。"杨敬年这样表达自己对真理的追求:"亦余心之所善兮,虽九死其犹未悔。"

杨敬年说自己是世界上最幸运的人:"我目睹了我们国家的繁荣昌盛,正在目睹我们中华民族的伟大复兴……能生活在这么一个时代,我深感幸福,了无遗憾!"

王玉茹在回忆恩师当年入党情形时,不禁热泪盈眶:"苍苍白发映着鲜红的党旗,80岁的老人,此时此刻圣洁得如同一个赤子。"

> 陈建强:《杨敬年:生命从百岁开始》,《光明日报》,2013年12月5日

陈省身教授在国外从事科学研究多年,在美国曾担任美国国家数学研究所所长。他工作有一个很大的特点,从不盲目重复过去的和前人现成的"模式"。一位非常熟悉他的数学家曾说过:"陈先生的每一项工作

都可称得上是一件艺术品,每件艺术品都有它的新意。"他创办南开数学所也是这样,是在研究了中国的实际情况来做的。他说,他的想法是把南开数学所办成适合中国目前和长远需要,适合中国现代化建设需要的开放型现代化研究所。

正是在这个意义上,陈省身主张培养高级人才不能只靠留学,而要立足于国内,建立自己的培养基地。他恳切地对记者说:"教育人才是国家大事,不能完全交给外国人来做。我们培养的人才要有中国自己的特色。"

从建所至今,陈省身一直亲自授课,最近他正在讲授现代微分几何等课程,每周授课两次,长久地站在讲台上连续授课,这对于一位75岁的老年人的身体来说,是超负荷的。所有听过他授课的人——那些年轻的数学骄子都非常清楚地知道,陈先生的每一节课凝结了对中国数学、对中国青年的多少希冀和热忱。

除授课外,陈省身还有许多事要做。他经常往返于京津,赴外地甚至海外。有时从课堂直奔火车站,也有时从火车站直奔课堂。那次与邓小平同志在北京会见后,记者第二天上午在南开数学所见到他时,他已经是在课堂上了。

> 王巍:《立足南开 面向全国 放眼世界——在南开数学所建立一周年之际访陈省身教授》,《南开周报》第240期,1986年11月24日

1980年,陈省身教授就明确提出了要使中国在廿一世纪成为数学大国的宏伟目标。他提出这个目标是有充分客观依据的:发展数学,除书刊外,所需设备较少;历史和现状都表明,中国人的数学才能不低于任何民族;国内有了一批成熟的数学家报效祖国;国际上第一流数学家中,

中国人很多，他们身在海外，心怀祖国；省身在国际数学界联系广泛，具有崇高声望，可以指望国际朋友的合作。只要国内政局稳定情况下，把以上各积极因素充分调动起来，那个目标就一定能够实现。

省身认定，实现那个目标，首要的是培养数学人才，特别是新生力量，有人就会出成果。1980年起，在他直接领导下，连续七年，每年一次召开国际双微（微分几何、微分方程）会议，邀请世界第一流数学家作专题报告，国内数学家也参加，或作报告或学习；在他大力帮助下，年年夏组织暑期数学研究生培训班，由国内外优秀数学家用最新观点和方法讲课；他接受教育部和国家教委的委托，协助实现"陈省身项目"，每年由美国数学会派人来我国招收数学研究生到美国学习。

省身还认定，要实现他所提出的目标，必须在国内建立新型的培养数学人才基地。1979年，他就向我透露这个想法，我自然热烈支持。那以后，经过南开大学胡国定教授的多方联系奔走，1983年，教育部向省身发出"南开数学研究所所长"聘书，他欣然接受，并且深情地表示："我要把最后心血洒在祖国大地上。"

吴大任：《愿把最后心血献给祖国——记陈省身教授》，
《天津画报》创刊号，1989年11月

55年以前，南开爱国师生为了挽救祖国的危亡，义无反顾地参加了党领导下的"一二·九"抗日救国运动。这是南开的骄傲，也是南开的光荣。

南开人的"一二·九"传统，是我们南开最宝贵的精神财富，包括爱国主义、爱党和自觉走向与工农相结合的道路。55年前南开师生的爱国主义精神，集中表现在坚决反对日本帝国主义侵略中国，积极参加党领导下的爱国救亡运动，表现了"国家兴亡，匹夫有责"的高度责任感。

今天，南开学生的爱国主义精神，则表现在奋发学习，努力向上，各方面严格要求自己，努力把自己锻炼成社会主义事业的建设者和接班人。

"一二·九"运动中，南开师生是在党的领导下坚持战斗的。从斗争中认识到，党的领导是革命斗争战胜困难取得胜利的保证，失去党的领导，革命斗争就会发生失误遭受挫折，个人也不会有美好的前途。今天，南开人继承"一二·九"运动的光荣传统，就要认真学习马列主义、毛泽东思想，学习党的方针政策，积极投入改革、开放和发展社会主义商品经济的事业中去，并且在党的领导下同党内外一切腐败现象，同一切歪风邪气作斗争。

"一二·九"运动中，南开爱国师生曾响应党的号召深入工农，南下宣传党的抗日救国的道理，开辟了知识分子同工农相结合的道路。正是在与工农的结合中，老一辈南开学子，出现了一大批具有共产主义觉悟的无产阶级战士。这些同志在解放战争和社会主义建设中作出了重大的贡献。今天的南开学子应继续开拓知识分子与工农兵相结合的道路，自觉地深入生活，把理论与实践结合起来，虚心向工农学习，尽快把自己锻炼成德才兼备、体魄健全一代新人，肩负起党和人民交给我们的历史重任。

南开周报评论员：《纪念南开师生参加一二·九运动55周年》，《南开周报》第393期，1990年12月5日

针对社会上尤其是青年人中间盛行的"治学打算一举成名，经商企图一夜暴富，从政希望一步登天"的急功近利浮躁心态，南开大学用"允公允能"的校训告诫同学，既要有"爱国爱群之公德"，又要有"服务社会之能力"，只有踏踏实实积累知识，才能最终成功成材。南开园里矗立着南开大学创办人、爱国教育家张伯苓、严范孙以及南开优秀学子、敬

爱的周恩来总理的塑像。新生入学第一天就接受校史教育,让同学们继承南开"爱国敬业创新乐群"的传统。学校经常把大家十分崇拜的陈省身、杨振宁、李政道、吴大猷等著名科学家和校友请来讲学术、讲人生、讲南开和西南联大的学风、校风,讲一代代优秀南开学子的操守和风范,使一届又一届学生深受教益。去年岁末,陈省身应邀主讲"与南开同行四分之三世纪",近千人的会场挤得水泄不通。同学们对数学大师的爱国之情和严谨学风感佩至极。

李新彦、杨明方:《南开学风 堪称一流》,《人民日报》,1995年4月3日

我校在认真贯彻执行《中共中央关于进一步加强和改进学校德育工作的若干意见》和《爱国主义教育实施纲要》过程中,认真回顾和总结了多年来德育工作的经验教训,深刻认识到,在改革开放和社会主义市场经济的新形势下,学校德育面临着前所未有的困境和问题,这就需要广大德育工作者站在历史的高度,以战略眼光正确认识学校德育工作的重要性,要敢于突破封闭的思考学校德育工作的思维模式,以改革开放精神,全方位、多层次综合处理德育难题,以大德育格局打破困境,使学校德育工作真正成为造就跨世纪人才强有力的手段。

大德育格局,即是以学校为主导,综合家庭、社会诸因素,一体化德育教育体系。按照我校的经验和设想,首先要建设好校园内相对封闭的、系统的德育小环境。按照校内全员德育的总体思路,强调学校德育必须在党委统一领导下,实行党政工团齐抓共管,各个党务、行政、社团、宣传舆论单位都要根据自身的特点,将德育列入职责范围,积极、主动、有计划地开展德育工作;广大教职员工,特别是大学生也要关心德育教育,形成人人作思想政治工作的局面。学校主要党政领导、名教

授、学术梯队成员要进德育课堂讲课或承担德育教育的其他实际工作。深受同学欢迎的改革开放重大成就系列讲座、以"铸我南开魂"为主题的爱国主义系列讲座、以校园文明建设为主题的爱国主义系列讲座都是聘请了校内一批对祖国和教育事业忠心耿耿，在学术领域和教学上卓有成效，对我国教育和科学事业做出了重大贡献，在师生员工中享有很高声誉的院士、教授讲课。他们都是以个人的亲身经历，多年对问题的深刻思考或者对某些学术问题的研究成果，进行深入浅出的讲解，使同学深受教育。

《以大德育格局 造就跨世纪人才》，《南开周报》第540期，1995年5月19日

在课程设计上，该校（南开大学）特别注重学习邓小平实事求是的作风与方法。根据实际需要，他们压缩了以论证资本主义必然灭亡为出发点和归宿点的大量的政治经济学的内容，在保证比较完整地讲授辩证唯物主义和历史唯物主义这一马克思主义学说核心内容和邓小平理论这一马克思主义在当代中国发展的最新成果的基础上，再结合中国的"史情"、现阶段的"国情"和当代国际社会的"世情"，有针对性地、有选择地学习马克思主义的其他基本原则和观点。思想品德课更是邓小平关于培养"四有"新人的思想理论具体化，能直接帮助学生搞懂如何使自己具有社会主义现代化建设的人才素质。

张宝敏：《南开大学构建"两课"教学新体系》，《中国教育报》，1996年4月9日

对青年学生进行卓有成效的爱国主义教育，是南开大学党委开展校园精神文明建设工作中的着力点。他们组织以"铸我南开魂"为主题的

爱国主义系列讲座是教育活动中的"重头戏"。在校党委拟定的主讲人名单中，既有德高望重的老教授，也有在学术界崭露头角的青年学者。他们现身说法，讲"成才"，谈"报国"，言者情真意切，闻者为之动容，收到事半功倍的效果。充分挖掘、利用学校丰富的爱国主义教育资源，是南开大学精神文明建设的重要特色。近年来，学校党委注意保护、修复、设立各种具有教育意义的人文景观，将整个校园建设成为一座爱国主义教育的大课堂。每到新生入学时，学校便组织他们参观曾毁于日军炮火的建筑遗址，使学生牢记"落后就要挨打"的历史教训；瞻仰张伯苓纪念碑、西南联大纪念碑，领略前辈南开人蓝缕兴学、矢志报国的德行风范；诵咏"允公允能"的校训，以继承南开大学优良的学风；在周恩来纪念碑前宣誓，激发"为中华之崛起而读书"的壮志豪情……

陈建强：《创造精神文明建设的"辐射源"——记南开大学党委》，《光明日报》，1997年9月3日

在南开遭日本侵略者炸毁60周年之际，7月28日，我校隆重举行重铸校钟揭幕仪式。60年前，在日本帝国主义发动的侵略战争中，日本侵略者十分仇视高举抗日救亡爱国大旗的南开师生。1937年7月，日军大举进攻天津时，对我校进行大肆轰炸、抢劫，焚烧建筑物，顷刻间，秀丽的南开园变成了一片瓦砾焦土，其中包括重达13000斤的刻有《金刚经》全文的铜质校钟也被日军毁掠。今天，我校重铸校钟，正是为了牢记这一页血腥的历史。侯自新在讲话中说，我们要使校钟成为爱国主义教育的阵地，深入持久地在广大学生中开展爱国主义、集体主义、社会主义教育，为社会主义精神文明做出新的贡献，迎接党的十五大的胜利召开。

魏山：《在南开遭日本侵略者炸毁60周年之际我校重铸校钟》，《南开周报》第618期，1997年9月5日

爱国实践篇

加强对青年学生的爱国主义教育、集体主义教育和道德教育是我校共青团培养跨世纪合格人才的一项重要内容。一年来，我校各级团组织采取有效手段，运用正确方法，全方位地对学生进行教育，如，利用重点纪念日、重大历史事件和重大社会活动，不失时机地对广大青年学生进行爱国主义、集体主义和道德教育。在迎接香港回归过程中，我校各级团组织纷纷以"颂黄河情、迎香江归"合唱专场晚会，"祖国——我为你自豪"个人签名，印发"南开人不能不知道"香港知识手册，举办香港历史及现状学术讲座、香港知识竞赛，担任香港回归图片展义务讲解员等形式来表达南开学子的拳拳赤子之心，收到良好的效果。十五大前后在全国掀起的"讲文明、树新风"活动也体现在南开园的各个角落，各级团组织、学生会纷纷行动起来。

《围绕重点，狠抓落实，开拓创新——共青团南开大学委员会 97 年工作总结》，《南开周报》第 639 期，1998 年 1 月 16 日

抗洪英雄们可歌可泣的事迹和崇高的精神境界，强烈地撞击着我们的心灵，激发着我们的忧患意识、社会责任感和爱国主义情操。近一段时间，我校全体师生员工积极响应校党委的号召，积极支援灾区人民，向灾区人民奉献爱心，从白发苍苍的老校长、老教授，到稚嫩可爱的学龄前儿童；从学校党政领导，到普通师生员工，在物质生活并不宽裕的情况下，纷纷慷慨解囊，踊跃捐款捐物，将抗洪赈灾救学活动一次次推向高潮，涌现出许多感人事迹。全校师生员工以实际行动证明了南开人放眼全局、深明大义、以奉献为荣的可贵精神风貌。学习抗洪英雄，与全国人民同呼吸、共命运，已成为全体南开人的共识。

南开周报评论员：《同舟共济 众志成城》，《南开周报》第 663 期，1998 年 9 月 11 日

今年夏天，长江、松花江、嫩江流域发生了特大洪水，全国人民在以江泽民同志为核心的党中央领导下，与洪水展开了殊死搏斗，取得了抗洪抢险的决定性胜利。

抗洪抢险的伟大壮举，使我们每一位大学生更加深切地感受到，中国共产党是全国人民的坚强领导核心，中国人民解放军是人民的子弟兵，是保卫国家和人民的钢铁长城，社会主义制度具有巨大的优越性，中华民族具有强大的凝聚力。

目前，我们正在开展学习邓小平理论、学习江泽民讲话、学习抗洪英雄先进事迹的活动。为了充分表达当代大学生与祖国同呼吸、共命运的坚强决心，我们南开大学全体学生，向全市大学生发出倡议如下：

一、用邓小平理论武装头脑，紧密团结在以江泽民同志为核心的党中央周围，深入开展向抗洪英雄学习的活动，树立正确的世界观、人生观和价值观。

二、坚决响应市委、市政府的号召，在全体同学中间大讲社会主义制度的优越性，大讲党中央的正确领导，大讲抗洪英雄的先进事迹，广泛开展爱国主义、集体主义、社会主义教育，团结一致，振奋精神，以实际行动为社会主义添砖加瓦。

三、我们要发扬社会主义"一方有难、八方支援"的优良传统，关心和帮助我们身边每一位来自灾区的同学，关心和帮助每一位生活遇到困难的同学，用我们的热情和双手为祖国分忧。

四、我们要认真学习和掌握较高的科学文化知识与专业技能，培养自己的创新精神和实践能力，为发展祖国的科学文化，促进社会主义现代化建设做出我们应有的贡献。

"今天我们桃李芬芳，明天做国家建设的栋梁。"

同学们，让我们行动起来，把抗洪精神落实到学习中去，落实到校园精神文明建设中去，以崭新的精神面貌和高昂的斗志迎接新世纪的曙光！

《南开大学全体学生致全市大学生倡议书》，《南开周报》第664期，1998年9月18日翻开南开的历史,你便会发现,最为弥足珍贵的是永燃不熄的南开精神之火。南开精神,是爱国、敬业的精神,南开人富有爱国爱校的优良传统,"为中华之崛起而读书"激励了一代又一代南开人,无论是狼烟四起、炮火弥漫的抗战岁月,还是在日新月异、如火如荼的社会主义建设时期,南开师生都把自己的命运同祖国的命运紧紧相连,凭借着"先天下之忧而忧"的坚定信念,努力地学习着、工作着、创造着,周恩来总理便是他们的杰出代表。南开精神,是不畏逆境、艰苦创业的精神。抗战伊始,南开便为日寇所毁掠,物质可以摧残,精神不能毁灭,在辗转西南、异地重生的艰难历程中,南开师生坚忍苦待,默默地传薪接火,培育英才;在改革开放的春天,他们励精图治,重铸南开伟业。这就是南开精神!

《南开大学学生会、研究生会、博士生会致全体南开人倡议书》(1998年10月),《南开周报》第667期,1998年10月13日

(南开大学化学)"基地"[①]坚持以爱国主义教育为主线对学生进行政治素质和思想道德素质的培养,陈荣悌院士、何炳林院士、王积涛教授都以自己克服重重困难、放弃美国的优厚待遇、毅然回国报效祖国的亲身经历,申泮文院士以自己目睹日寇狂轰滥炸南开园的罪恶事实多次对学生进行爱国主义教育,大大提高了学生的爱国热情和为祖国奋发学习的积极性。

《理科基地自评报告》,《南开周报》第714期,1999年12月3日

---

① 南开大学化学专业于1991年被首批批准为"国家理科(化学)基础科学研究和教学人才培养基地"。

1月6日,南开大学爱国主义教育基地揭牌暨"周恩来班"命名大会在天津周恩来邓颖超纪念馆举行。我校国际商学院1999级旅游专业班正式被有关部门批准命名为南开大学首届"周恩来班"。洪国起在讲话中指出,我校首届"周恩来班"的创建和把周恩来邓颖超纪念馆作为爱国主义教育基地,是我校贯彻落实江泽民总书记在中央思想政治工作会议上讲话精神的一个创新性活动,也是加强我校学生思想政治教育的一种有效方式。同时,作为"周恩来班"的成员,应认识到,这既是荣誉,更是责任和使命,青年学子要树立坚定的建设中国特色社会主义的信念和共产主义的远大理想,努力学习,肩负起神圣的历史责任,为实现中华民族的伟大复兴而努力奋斗。

> 高志勇:《我校举行爱国主义教育基地揭牌暨"周恩来班"命名大会》,《南开周报》第763期,2001年2月12日

十几天来,我校师生员工牵挂着我失踪飞行员王伟的生命安危,密切关注美侦察机撞毁我军用飞机并未经允许降落我机场的事件,坚决拥护我国政府向美国霸权主义展开有理、有利、有节斗争的严正立场,表现出强烈的爱国热情和高昂斗志。大家表示,在这场斗争中,我们已取得阶段性成果,但斗争仍将继续。因为谋求霸权和反对霸权、单极世界和多级世界的斗争是一场长期而复杂的斗争。要把反对霸权主义、维护国家主权和民族尊严的爱国热情转化为励精图治、强我中华、壮我国力的强大行动和实际行动。只有这样,才能使中华民族屹立于世界民族之林,才能维护正义,主张公道,真正建立和平稳定、公正合理的国际新秩序。这是我校师生员工与全国人民的共同心声。

> 南开周报记者:《把爱国热情化为强国力量》,《南开周报》第772期,2001年4月20日

爱国实践篇

学校党委始终坚持把用科学的理论武装人作为育人根本，不断深化"两课"教学改革，畅通思想政治素质教育的主渠道，同时注重强化"第二课堂"的育人功能，充分发挥"大学邓小平理论研究会"、"三个代表"重要思想研究会和学生业余党校、团校的重要阵地作用，坚持对学生骨干进行教育培训，取得显著成效。《中国青年报》、《中国教育报》等众多媒体对我校的"两课"教学改革和学生理论学习多次予以专门报道，并被称为"独具特色的'南开理论圈'"……通过广泛深入的爱国主义、集体主义、社会主义教育，帮助广大青年学生自觉树立正确的世界观、人生观和价值观，坚定对马克思主义的信仰，对有中国特色社会主义的信念，对党和政府的信心与信任。爱国爱校，勤奋朴实，奋发进取在南开成为风尚。

忻文：《坚持特色求发展》，《南开大学报》第824期，2002年10月31日

2003年4月，由我校和云南省委宣传部、北京大学、清华大学、《求是》杂志社、西南联大北京校友会、云南师范大学联合录制的大型历史文献片《西南联大启示录》，以大量珍贵的历史文献，生动地再现西南联大这一"世界教育史上的奇迹"，以历史的真实性、高度的艺术性和强烈的时代性的完美统一，实现了对以爱国主义为核心的民族精神的热烈弘扬。

《大型历史文献片〈西南联大启示录〉摄制完成》，《南开大学报》第844期，2003年4月18日

南开合唱团成员全部由在校学生组成，成立仅8年。就是这样一个业余音乐社团，一次次与国际知名专业音乐团体在世界合唱舞台上同场竞技，一次次技压群芳，脱颖而出，成了享有国际声誉的高水平音乐团

体……国旗因我而升起，国歌因我而奏响！南开合唱团的一位同学在日记中记录下这激动的时刻："多少年来，我只是默默地将羡慕的目光投向那些站在最高领奖台上的佼佼者。然而，今天我也成为这些人中的一员，站在了世界冠军的领奖台上，激动地目送着五星红旗在国歌声中升起。我是何等自豪。"

陈杰、禹伟良：《南开因你而更美丽》，《人民日报》，2003年11月21日

为探索南开系列学校百年来长盛不衰的规律，展现百年南开的特色和亮点，总结百年南开独具特色的教育理念和办学理念，服务于我国当前和未来教育的发展，中国国家博物馆、南开大学和天津南开中学于2004年4月28日至5月7日在国家博物馆举办了"百年南开"展览。此次展览定位于"中国南开"，主题为"巍巍南开"，主线为"以铸以陶培育英才"，以实物、图片等多种珍贵的历史资料及多媒体手段，清晰直观地再现了百年南开的辉煌历程。

张国、李向阳、丁峰：《"百年南开"展览在京圆满落幕》，《南开大学报》第883期，2004年5月10日

在内蒙古赤峰市巴林右旗巴彦汉镇的沙漠上，伫立着2000多棵虽然稚嫩却坚强的树木，它们被排成汉字"南开"的字样，在沙丘中分外醒目，它们与沙漠的狂风、沙石顽强搏斗，捍卫着身后的绿洲。这片"南开林"就是我校青年志愿者协会招募的13名同学亲手种下的防沙林，其中1100多棵树苗是南开学子自己捐种的。……

南开大学青年志愿者协会（以下简称志愿者协会）成立以来，立志于社会公共服务，在对社会弱势群体的关爱和环境保护等方面做了很多

工作。一个偶然的机缘,他们与赤峰沙漠绿色工程研究所走到了一起。研究所以"关爱生命、保护环境、回归自然"为宗旨,秉承"奉献是永久的丰碑"和"为人民服务"的信条与理念,一方面从事土地荒漠化的研究、草原保护和沙地治理,另一方面开展各种形式的生态保护的宣传与教育。

> 江峡:《大漠深处南开林》,《南开大学报》第903期,2004年11月26日

南开大学坚持多层面、多渠道地开展理想信念教育,特别是充分重视和发挥第二课堂的育人功能,引导学生牢固树立祖国、人民、党和社会主义基本观念,使思想政治教育工作更加生动、具体,也更加富于层次性和针对性。

校史教育的"老课堂",成了爱国主义教育的新载体。南开大学注重挖掘本校历史文化内涵,对学生进行校史和爱国主义教育,以校友周恩来为楷模塑造学生人格。每年举行"铸我南开魂"爱国主义系列教育活动,由亲历南开发展历史的老教授讲述南开创业史;在记述日军轰炸南开罪行的校钟前,重温南开精神;每年"五四"、"一二·九"纪念日,都在周恩来塑像前和敬业广场,举行火炬接力赛,号召学生学习周恩来,以天下为己任。

> 张宝敏、丁峰:《拓展理想信念教育的五彩空间》,《中国教育报》,2005年1月16日

在南开大学,大学生们理论和专业学习兴趣浓厚,回报社会、建设祖国的责任感铭记心间。一名南开学子表达着大家的心声:"爱国、敬业、创新、乐群,南开教育使我们满怀激情。但激情不是激动,不是空喊口

号,要时刻保持理性。"

南开大学党委书记薛进文说,以理想信念教育为核心进行正确的世界观、人生观、价值观教育,是南开大学的优良传统。学校在全国率先建立学生理论学习奖励制度和理论立项资助制度,鼓励学生以杰出校友周恩来为楷模,自觉加强理论学习。目前,以学习邓小平理论研究会、学习"三个代表"重要思想研究会、学习十六大精神研究会、新觉悟社和各级团校等为骨干,南开大学共有各类学生理论社团10多个。近两年来,南开学子出版理论学习专集6部,举办各类交流会、报告会上百场。

南开大学鼓励学生将课堂所学及时、有效地应用到实践中去,并在实践中培养脚踏实地的学习风气。截至目前,南开大学已在甘肃、江西、浙江、黑龙江等地建立了17个校外社会实践基地,每年派出近百支"博士生服务团"、"'三个代表'重要思想实践服务团"、"科技文化服务队"等。参与社会实践的学生占学生总数的42%,足迹遍及新疆、甘肃、宁夏等16个省区。

在实践中积累的对社会的了解和责任感的增强,反过来又促进学生们保持浓厚的专业学习热情,校内学术氛围日益浓厚。近3年来,已有700余名本科生主动申请课题研究,共立项220项,完成论文250余篇,发表60余篇,完成调查报告100余份,申请专利近20项。学生们根据专业所长,主动发起并参与建设了"中国史学网"、"中国诗词文化网"、"中国公司治理网"等一批全国性的学术网站,开展学术探讨和交流。著名学府的深厚文化发挥着潜移默化的育人功能。每年上千场的学术讲座、形势与政策报告会使南开学子的学习兴趣增强,精神面貌蓬勃向上。踏踏实实求学做人,以实际行动报效祖国,成为南开学子的共识。

赵婀娜、张国:《南开学子以实际行动回报社会》,《人民日报》,2005年4月20日

爱国实践篇

一部礼赞中国教育家风雨人生的雄伟诗篇,一部弘扬中华民族伟大精神的壮丽颂歌,一部塑造中国近代知识分子群像的鸿篇巨制,一部全民族奋起反抗外敌入侵的伟大史诗,一部中国近现代教育启示录,一部荡气回肠的奋斗史……《张伯苓》播出后,不仅引发了人们对教育事业的思考,也在全社会掀起了"南开热",扩大了南开品牌的影响力。评论普遍认为,这部作品达到了思想性、艺术性、观赏性的高度统一,充盈着一股浩然正气,尤其在表现老一辈教育家的民族精神、爱国情怀、教育理念等方面有新的突破,具有积极的意义和深远的影响,使全国电视观众特别是年轻观众深受感染和教育。

> 张国:《〈张伯苓〉央视首播好评如潮》,《南开大学报》第930期,2005年9月2日

2005年暑假,我校57支暑期社会实践示范队和102支地域小分队近4000名南开学子参加了校团委组织的大学生暑期"三下乡"社会实践活动。他们奔赴全国各地,以自己的青春热血,谱写了曲曲红土地上的赞歌。他们在祖国各地奉献精彩文艺演出、赠送各类书籍、讲授医疗卫生课、开办科技培训、开展医疗服务、进行调查研究、提出发展规划……他们无私奉献,用智慧和汗水,以实际行动赢得了社会群众的交口称赞,在火热的实践服务中"受教育,长才干,作贡献",在群众心中树立了南开的旗帜,唱响了一曲曲青春之歌。

> 冀宁:《社会实践:唱响青春之歌——2005年暑期"三下乡"社会实践活动纪实》,《南开大学报》第937期,2005年10月28日

地震发生后,一份"地震无情关爱无价——支援地震灾区,心系受灾同胞"的倡议在第一时间向全校师生发出。

在校工会大厅,前来捐款的教职工络绎不绝;在学生食堂前,师生纷纷解囊,关切询问灾区现状。出差在外的教师和海内外校友师生委托他人送来捐款。一张张人民币带着师生的体温,载着颗颗爱心汇入捐款箱。目前,全校已为灾区募集到捐款113万余元。

危难关头,尽显党员本色。南开全体党员积极响应中组部关于交纳"特殊党费"的号召,一幕幕场面感人至深:外国语学院教授孙莲贵行动不便,委托老伴将2000元送到了院党委,这是南开收到的第一份"特殊党费"。来自四川经济困难家庭的物理科学学院2005级本科生李思黾在已经捐款后,又拿出积攒下来的1500元现金交到学院党委,表达自己对灾区人民的支持。

目前,全校师生党员交纳"特殊党费"74万余元。

一份份"特殊党费",承载了南开师生党员对灾区人民的无限关爱和祝福。入党时的庄严誓词,在这一刻得到了生动诠释。

"灾难面前,信念可以救命,无助却会伤人。信任他人的救援,信任人类作为群体的力量,信任生存的机会,信任自己的意志——这些信任,往往可以化作维持生命的强大精神力量,让我们在最严酷的时刻'挺住'。"这段话出自南开师生编写的《直面灾难:危机心理自护》。

南开人深知,在如此大的灾难袭来之时,灾区人民不仅需要物质救济,更需要心灵的关怀与慰藉。由社会心理学师生10余人连日编写、党委学工部和周恩来政府管理学院紧急编印的1万册包括《直面灾难:危机心理自护》和《0—18岁儿童青少年的灾后心理保健教师及志愿者手册》在内的"护心手册",通过中国天津红十字会送往灾区,为灾区人民捧上温热的"心灵鸡汤"。

当校内600余名四川籍、重庆籍学生心急如焚地等待着家乡亲人的消息时,来自学校、院系、班级和同学的帮助与关怀为他们减轻了烦忧。……

爱国实践篇

这一天,南开全体学生给温家宝总理写了一封信,"南开有着愈挫愈奋、越难越开的光荣传统,南开人自强不息,南开人有情有义,'允公允能'的南开学子正以各种方式积极投入到抗震救灾中,为国解难,为灾区祝福。"

<blockquote>
张丽、平扬、张剑、韦承金、冀宁:《面对灾难 我们心手相连——南开大学支援抗震救灾纪实》,《南开大学报》第1032期,2008年6月20日
</blockquote>

今年校团委组织了以"勇担强国使命共建和谐家园"为主题的学生暑期社会实践活动。全校数千名学子组成40余个实践团和百余支地区小分队奔赴祖国各地,实践内容涉及喜迎奥运、灾后重建、支教支农、送知识下乡、纪念改革开放30周年、纪念周总理诞辰110周年、专题调研等。

通过社会实践,同学们加深了对基本国情的认识,提高了解决问题的能力,激发了学好本领、增长才干、报效祖国的热情。同学们用知识技能参与震区灾后重建,以多种形式向偏远地区传播知识和文明,凭借讲道德、有学识、肯奉献的良好形象,扩大了南开大学的影响,为学校增光。

40余个实践团与实践地签署了共建协议,建立稳定的联系,形成"常下乡、常在乡"的良性机制;撰写30余份具有参考意义的调研报告;提出近200条帮助当地发展的有效建议。实践成果受到高度重视,产生了很大的社会影响,全国40余家新闻媒体报道了我校暑期社会实践活动。

以爱国情怀投入实践,在实践中增强建国强国的责任感和使命感。今年暑期适逢中国百年奥运圆梦和四川灾区灾后重建,奥运服务宣传和震区成为同学们踊跃报名的"热门"实践地。近百名学子担任奥运会和残奥会志愿者,服务岗位从第一道检票口到幕后成绩核对等,他们严谨的作风、优质的工作得到社会各界赞誉。……

以与时俱进的精神开展实践，在实践中树志向、作贡献、长才干。我校社会实践始终紧扣时代脉搏，一切以祖国建设和时代发展需要为根本出发点，以培养符合祖国和时代要求的德才兼备的青年为根本落脚点。

> 何志慧：《增长才干 报效祖国 奉献社会——记我校2008年度学生暑期社会实践》，《南开大学报》第1037期，2008年9月26日

90年来，南开大学培养了各类人才155546人。他们拥有一个共同的烙印：那就是"允公允能"，爱国奉献。这个烙印彰显着"南开制造"特点，也矗立起南开的形象……"到西部去，到基层去，到祖国最需要的地方去。"从南开大学走出的"钱堃"、"江毅"们，自觉响应国家号召。在南开大学2008届毕业生中，5.25%的研究生和10.37%的本科生选择到祖国西部去建功立业。南开大学在全国高校中率先建立了针对大学生的"理论学习奖励制度"和"理论研究立项资助制度"，将爱国主义教育引入新生教育体系……爱国奉献，既是南开历久弥新的教育传统，也是南开育人的核心价值。

> 汪伟、冀宁：《"南开制造"彰显南开形象》，《天津日报》，2009年8月5日

学校党委统一领导，党政齐抓共管，形成了全校上下共同参与的德育工作机制。按照中央16号文件精神的要求，先后出台了10余个与学生思想政治教育相关的重要文件，召开了学生党建工作会、加强和改进思想政治理论课工作会、研究生思想政治教育工作会等专题会议，对重点工作进行研究部署。

牢牢把握德育工作的正确方向，加强理想信念教育，弘扬时代主旋

爱国实践篇

律，推进学生党建。坚持利用"一二·九"、"九·一八"等重大纪念日开展爱国主义教育，推出"我与祖国共奋进"、"我爱我的祖国·我爱我的南开"等一批主题活动。将党课与公选课相结合，建立了以宿舍为单位的学生党员联席会制度，在学生入党纪念日举办的"红色生日"、以党员帮扶为主要内容的"红色领航计划"等活动成效显著。利用网络新阵地开展教育，"觉悟网"、"晨钟博客"等已成为学生思想政治教育的"红色阵地"。

> 平扬：《育人沃土　培养栋梁之材》，《南开大学报》第1125期，2011年5月13日

南开大学累计有10万多人次的青年志愿者向社会提供了超过百万小时的志愿服务，部分志愿者的年人均服务时间超过300小时，积极参与志愿服务活动的学生占到了南开全校总人数的95%以上，建立起100多个青年志愿者服务站……南开学子用专业的知识、精湛的技能、热情的微笑和温暖的双手诠释着志愿服务精神，践行社会主义核心价值观……今年年初，南开大学制定《素质教育实施纲要》，提出致力于培养"具有爱国爱群之公德与服务社会之能力的优秀人才"。实践证明，雷锋"全心全意为人民服务"的崇高品格、"奉献、友爱、互助、进步"的志愿服务精神与南开始终秉持的"允公允能"教育理念高度契合。在志愿服务工作中，南开大学注重发挥综合大学的学科优势，挖掘大学生的专业才能，突出"公"与"能"的有机结合，在专业化、个性化方面形成有南开特色的志愿服务品牌。

> 汪伟、赵晖、平扬、孟杰：《雷锋精神的南开表达——南开大学创新开展青年志愿服务活动综述》，《天津日报》，2012年2月27日

南开坚持立德树人，把倡导培育社会主义核心价值观贯穿于学生在校的全过程，以此陶铸青春、引领成长。制定了《南开大学素质教育实施纲要（2011—2015）》，全面实施南开特色的"公能"素质教育，推出了一系列教育教学改革措施，在德育中突出理想信念和爱国爱民教育，在智育中强调科学素养和人文精神教育，在体育中注重体育精神对健全人格的陶冶，在美育中塑造正确的审美观念和健康的审美取向。所有这些，都是社会主义核心价值观在南开的具体体现。

学校把社会主义核心价值观融入思想政治理论课教育教学，坚持推动中国特色社会主义理论体系进教材、进课堂、进头脑，保障思想政治理论课教学，设立理论创新专项基金，强化马克思主义理论学科建设，使大学生更好地接受马克思主义理论教育。在专业课教学中，致力构建"公能"素质教育精品核心课体系，充分发挥各层次专业课程的育人功能，使大学生在学习科学文化知识过程中，不断接受社会主义核心价值观的涵养。

南轩理：《突出南开特色培育践行社会主义核心价值观》，《南开大学报》第1186期，2013年3月8日

秉承"知中国，服务中国"的优良传统，积极发挥学科、人才和技术优势，南开大学努力为国家和地方经济社会发展服务。中国APEC研究院、经济与社会发展研究院、滨海开发研究院、教育与产业区域发展研究中心、人权研究中心等研究机构，已经成为国家和地方政府的"智囊团"和"人才库"……南开大学以重大问题为主攻方向，按照"国家急需，世界一流"的原则，全面对接"创新驱动发展"战略的实施，积极推动各类协同创新中心建设，与一批高校、企业、科研院所、政府部门建立紧密合作关系。学校以扎实的基础研究与应用对策研究成果，为

改革发展提供强大的智力支持。

> 唐景莉、高靓：《"打造'知中国服务中国'智库——南开大学全面对接'创新驱动发展'战略采访纪行"》，《中国教育报》，2013年4月10日

"知中国，服务中国"是南开的光荣传统，以青年志愿者协会为代表的一大批优秀社团组织，在践行社会主义核心价值观的过程中，将这一传统发扬光大。我校曾作为全国唯一试点高校，承办联合国"外出务工人员子女培训志愿服务试点项目"，100多名来自心理学、文学、数学等学科专业的志愿者，深入农民工子弟学校开展文化课业辅导，为"志愿精神"注入新的活力。

目前，我校已有注册志愿者6712名，且每年还在不断注入新鲜血液。全校22个学院完善了自己的青年志愿服务体系，在社区、街道、乡镇、学校建立了200余个青年志愿者服务站。自青年志愿者协会成立20年来，累计1万多人次为社会提供了超过500万小时的志愿服务，年人均服务时间达到150余小时。他们不仅是奥运会、世博会、东亚运动会、达沃斯论坛上的"导航仪"，更多的则是扮演着社区中的居委会主任助理、环保卫生宣传员。

> 马超：《从象牙塔尖走向社会课堂——南开学子弘扬践行社会主义核心价值观》，《南开大学报》第1252期，2014年7月13日

由南开大学师生原创的大型话剧《杨石先》日前在天津津湾大剧院上演。临近尾声，一尊按照南开敬业广场上杨石先坐像等比例复制的雕塑在演员们的簇拥下被推上舞台，60名南开青年手持120束鲜花摆出一

个大写的"人"字造型，寓意在杨石先诞辰120周年之际，纪念他奉献给南开、奉献给祖国教育事业的甲子岁月。

南开大学校长龚克介绍，杨石先是南开历史上任期最长的校长，曾任西南联大唯一的"代常委"，对南开大学及西南联大都作出了突出贡献。2017年是杨石先诞辰120周年，南开大学的师生们在去年就创编了话剧《杨石先》，并于2015年5月在南开大学首演，同年11月在天津大剧院面向社会公演。此次呈现在观众面前的是《杨石先》改编版，改编幅度超过80%。一年多来，该剧反复打磨，数易其稿。杨石先的学生李正名、亲属杨耆勋等都参与其中，还邀请到中央军委政治工作部话剧团国家一级演员、编剧导演刘纪宏负责指导话剧排演、舞美灯光、音效视频设计等工作，使全剧在艺术水平上有了新的飞跃。龚克说："要将《杨石先》打造成为南开校园文化的一个精品佳作，成为2019年南开大学建校100周年的献礼剧目。"

在话剧中，当日寇疯狂炸毁南开校园时，杨石先不顾个人安危，组织师生转移校产；西南联大八年期间，杨石先拿出省吃俭用攒下的钱接济穷苦学生；三次远渡重洋求真问道，当国家需要时每每毅然回归；他拒绝蒋介石政府南迁台湾的严令，将南开大学完整地交到人民手中；新中国成立后，面对病虫害肆虐、粮食歉收，他带领南开科学家废寝忘食，研制出新型农药，确保国家粮食安全，同时也让世界听到了中国化学艰难跋涉奋勇向前的铿锵足音。舞台上的这一幕幕动人场景，令观众唏嘘不已。

中国工程院院士、南开大学化学学院教授李正名是杨石先的"001号"研究生。提起恩师，现年85岁的他仍难掩激动："聂荣臻同志曾以'学者楷模、人之师表'评价杨老的一生，南开大学师生创编的这个话剧真切地演绎出杨老身上那种坚定的理想信念、拳拳报国的赤子情怀、为教育科研事业奋斗终生的精神风骨，杨老是我国老一辈科学家的杰出代表，正是他们，撑起了共和国的脊梁！"

> 陈建强、马超：《原创话剧〈杨石先〉致敬"共和国脊梁"》，《光明日报》，2016年12月9日

在中国农药化学和元素有机化学的奠基人与开拓者、南开大学原校长杨石先先生诞辰120周年之际，杨石先精神宣讲团在南开大学化学学院成立，首批团员11名。该宣讲团的成立旨在通过演讲、话剧等灵活多样的表现形式，将杨石先生平事迹、科教成果、情怀担当、精神品质分享给更多师生和青年，鼓励南开人公能兼济、勇于创新，做到"心中有信仰，脚下有力量"，努力为建设南开品格、中国特色、世界一流学科和一流的大学接续奋斗。

> 马超：《将爱国情操与科研精神完美统一：纪念杨石先诞辰120周年化学学院成立杨石先精神宣讲团》，《南开大学报》第1324期，2016年12月30日

尊敬的习主席：

您好！我们是刚刚参军入伍的8名南开大学学生。在中国人民解放军建军90周年之际，我们响应党和国家的号召，响应您实现强军目标、建设世界一流军队的召唤，决心携笔从戎，报效党和国家。9月10日，学校为我们8名新兵举行了隆重的欢送大会，在数百名老师和同学的见证下，胸戴红花，肩披绶带，我们感到无比光荣，更感到一种沉甸甸的责任与担当。

复兴业，须人杰；强军梦，展伟略。党的十八大以来，您提出"建设一支听党指挥、能打胜仗、作风优良的人民军队"的强军目标，以雄才伟略领导和推进政治建军、改革强军、科技兴军、依法治军，使人民军队面貌一新，体现了党心所盼、民心所愿、军心所向，令我们青年大

学生备受鼓舞、倍感振奋!

"90后"的我们,生在和平年代、中华盛世,深知是无数革命先烈抛头颅、洒热血才换来今天的美好生活,更需铭记历史、珍爱和平,不忘初心、接续奋斗。作为南开大学的学生,我们入学第一课就是传习"允公允能、日新月异"的南开精神,体悟"爱国、敬业、创新、乐群"的光荣传统。抗战时期,南开大学惨遭日寇毁掠,师生不畏艰险,南迁长沙又至昆明,与北大、清华合组西南联大,刚毅坚卓、弦歌不辍。今天的南开园,仍矗立着一座"西南联大纪念碑",碑的背面刻有834名联大参军学生的名字。在不同历史时期,都有许多南开人投笔从戎、献身革命,为民族独立、人民解放和国家富强而忠诚奉献、英勇牺牲。这给了我们极大的震撼,也带给我们深深的思考。强大的国家需要强大的国防,一流的军队需要一流的人才,我们愿意在人民军队的"大熔炉"中淬火锻造、百炼成钢,把自己的知识、智慧、青春和热血献给国防和军队建设,献给维护祖国长治久安、让人民永享和平安宁的伟大事业!

在我们8人中,有烈士的儿女,有老兵的后人,有城市孩子,有农家子弟,投身军营、磨砺意志是我们共同的成长心愿。最近几天,我们怀着无比崇敬的心情,阅读了记述您青年时代故事的《习近平的七年知青岁月》一书。您的成长经历让我们越发懂得,一个人在青年时期经历一些磨炼不仅十分必要而且大有裨益,这更加坚定了我们从军报国的决心和信心。请您放心,我们将坚决听党指挥、遵守纪律、苦练本领,忠实履行当代中国军人的神圣使命,为实现新时代的强军目标和中华民族伟大复兴的中国梦贡献青春和力量!

我们即将告别熟悉的老师同学,暂别优美安静的大学校园,满怀豪情走向军营,临行之际以一函书信向您表述入伍心声,表达南开学子对党对祖国对人民的绝对忠诚,热切期待您的教导和嘱托!

此致
军礼!

您的战士

2017年9月14日于南开大学

《南开大学8名新入伍大学生写给习近平总书记的信》①,《南开大学报》第1349期,2017年10月1日

从爱诗到教学,从"为己"写作到"为人"跋涉,叶嘉莹不仅一生与诗相伴,更以诗歌教学作为自己报国的途径。

诗,是支撑叶嘉莹走过困苦半生的安身立命之所在。记忆中,老北京四合院里,父亲与伯父高低错落、音韵悠长的吟诵声,奠定了她一生爱诗的基础。然而,平静的生活随着国家的动荡,戛然而止。随后,历经战火,少时丧母,颠沛流离,家逢变故,漂泊海外,艰苦备尝。是读诗、教诗,给予她从心灵到生活的安慰,并最终让她走上了治学之路。1969年,她迁居加拿大温哥华,受聘为不列颠哥伦比亚大学终身教授。

"他年若遂还乡愿,骥老犹存万里心",离开祖国的几十年后,叶嘉莹在诗中倾诉着去国怀乡的情思。1974年叶嘉莹申请回国探亲,忍不住在长诗《祖国行》中感叹:"卅年离家几万里,思乡情在无时已。一朝天外赋归来,眼流涕泪心狂喜。"

那次探亲,让叶嘉莹动了回国任教的念头:"把一切建在小家小我之上,这不是一个终极的追求,我要有一个更广大的理想,因此决定回国教书,将古代诗人们的心魂、志意这些宝贵的东西传给下一代。"

"从1979年开始,我在假期自费回国教学,一分钱都没有拿国家的,完全是尽义务。"回忆这段往事,叶嘉莹话语中仍难掩激动。

40年来,她不仅在南开大学教课,还应邀到国内几十所大学巡回讲学,举行古典诗词专题讲演数百场。在演讲中,叶嘉莹不断用诗词来表

---

① 南开大学8名入伍学子是胡一帆、蔚晨阳、阿斯哈尔·努尔太、王晗、贾岚珺、戴蕊、李业广、董旭东。

达报国之情:

"又到长空过雁时,云天字字写相思,荷花凋尽我来迟。莲实有心应不死,人生易老梦偏痴,千春犹待发华滋。"

"在中国古诗中,常用雁排成人字来表达对人的思念,而这种思念不应是小我的、私人的那一点感情,而应该是对国家、对传统文化的更博大的情谊。"叶嘉莹将爱诗与家国情怀紧密结合在一起。

如今叶嘉莹生活简朴,常常一碗粥、一碗面就是一餐。2018年,她将自己的全部财产捐赠给南开大学教育基金会,设立"迦陵基金",用于支持中华优秀传统文化研究。谈及此举由来,叶嘉莹觉得理所应当,只说:"除了诗词,我什么都不懂。"

正如1994年3月7日,她在光明日报发表的散文《我与我家的大四合院》中所言:"我个人愿以古典诗词之教学来报效祖国的心意,则始终未改。"二十五载,余音袅袅,叶嘉莹的爱国之情,从未消散。

李苑、陈建强、刘茜:《叶嘉莹:愿以古典诗词之教学报效祖国》,《光明日报》,2019年2月14日

为进一步深入学习贯彻落实习近平总书记来校视察重要讲话精神,弘扬百年南开爱国主义传统,进一步引导师生立足新时代,在扎根中国大地的实践中"知中国,服务中国""爱中华,复兴中华",南开学子牢记习近平总书记的殷殷嘱托,在今年寒假组成了近百支实践队,分赴祖国各地,开展"把小我融入大我南开与祖国同行"专题寒假社会实践活动,谱写百年南开爱国主义的新篇章。

南开师生以家乡所在地、高中母校、家庭社区为实践地点,深入社区、工厂以及中小学广泛开展"习近平新时代中国特色社会主义思想""习近平总书记寄语南开师生精神""恩来精神""百年南开爱国奉献传统"等主题宣讲,通过实践进一步深入领会习近平新时代中国特色社会

主义思想，领悟南开百年办学育人传统，感受以杰出校友周恩来总理为代表的南开先贤对党和人民事业的无限忠诚以及服务国家、奉献社会的高尚品格，引导师生树牢"四个意识"，坚定"四个自信"，坚决做到"两个维护"，坚持爱国奋斗，不负总书记嘱托。

张璇、张禧睿：《把小我融入大我南开与祖国同行 我校学子开展专题寒假社会实践》，《南开大学报》第1377期，2019年3月1日

我校八里台校区被市委、市政府命名为市级爱国主义教育基地。八里台校区是具有光荣爱国主义历史传统的老校区，她是南开大学百年办学历史的见证者，尤其记载了1937年南开师生因抗日爱国而遭日寇炸毁的悲壮历史，记录了南开大学爱国奋斗、公能日新的光荣历史。八里台校区的变迁，折射了近代中国大学的兴衰，是对南开师生和社会各界干部群众进行理想信念教育和爱国主义教育的重要阵地。

张鸿：《八里台校区入选市爱国主义教育基地》，《南开大学报》第1377期，2019年3月1日

5月4日，南开大学《歌唱祖国》MV发布，3000余名师生校友共同唱响爱国之歌，表达全球南开人对伟大祖国的赤子之心，展现爱国奋斗、公能日新的南开人在新时代，对祖国母亲的无限深情与祝福。……MV中，校长曹雪涛再次向青年学子发出老校长张伯苓先生的"爱国三问"——你是中国人吗？你爱中国吗？你愿意中国好吗？同学们铿锵有力的回答，表达了新时代南开学子为国家奋斗的决心和信心。李正名、葛墨林、宋礼成、陈晏清、张伟平、陈军、孙红文、梁琪、方勇纯等专家学者，我校学生合唱团、国旗护卫队、篮球队、啦啦队、龙舟队和艺

术系的同学们，南开大学校友、著名歌唱家关牧村，在西藏工作的校友，在海南省三沙市挂职的青年教师，在新疆阿勒泰、西藏达孜、甘肃省庄浪县扶贫和支教的南开师生以激昂的歌声表达爱国之情。随着歌声渐入高潮，一面巨幅五星红旗从主楼顶端飞腾而下，3000 余名南开师生挥舞着手中的红旗，涌动成红色的海洋。800 名学生组成的"中国"二字和一颗红心，深深镌刻在南开园中。

南新宣：《〈歌唱祖国〉MV 唱响南开爱国之歌》，《南开大学报》第 1382 期，2019 年 5 月 15 日

李正名把研究方向从有机化学转到农药化学研究，是回国以后的决定。1953 年，获得美国埃斯金大学化学学士学位后，李正名辗转归国，成为新中国第一批"海归"。之后，李正名成为时任南开大学校长杨石先的第一名研究生。

"我听从导师杨石先先生安排，将自己的研究方向主动与国家需要对接，由元素有机化学转向农药化学研究。"回忆起当年的选择，李正名仍然十分坚定，"我中断留学生涯回国，很多人不解，有人认为没有读完学位回来太感情用事，在待遇方面吃亏了，还遭到个别人嘲讽。但我觉得虽然没能按原计划读完博士学位，但回国后我的专业知识能和祖国科教事业的建设紧密地结合起来，在岗位上做出一定的业绩，看到所参加的科教事业的成果和培养人才的成长，感到自己的人生过得很有价值。如果当时留在美国读完学位后找一个待遇好的工作是有可能的。但人不能仅满足个人的物质利益，在精神上也应有所追求。"

李正名带领团队多次获得国家科技进步一等奖、国家技术发明二等奖，他带出的硕士博士已达 168 名。但这都不是"南开先生"最得意的成就，让他最有价值感的，是他为中国农药"正名"。

创制新农药是一个跨学科、跨领域的系统工程,由于对环保生态安全的众多试验需要投入大量的资金和时间,一项基础研究至少要5年以上;一段毒理环境生态评价需上百次;开发研究、注册登记要历经十几年;农药创制工作成功率仅为八万分之一……面对这些困难,李正名说:"这个工作总得有人去做,这份风险总得有人去担。如果大家都不做,就永远不会有中国自己的原始创新,我们就永远受制于人。"

陈建强、刘茜:《从"海归"到"农民"——"南开先生"李正名的爱国情》,《光明日报》,2019年5月19日

为深入学习贯彻习近平总书记在纪念五四运动100周年大会上的重要讲话精神,学习贯彻习近平总书记视察南开大学重要讲话精神,唱响爱国奋斗主旋律,在天津市委宣传部和市教育两委的指导下,我校部分师生组成爱国奋斗精神宣讲团。

5月23日,南开大学爱国奋斗精神报告会在八里台校区举行,"南开大学爱国奋斗精神宣讲团"面向天津高校师生首场宣讲。

本次宣讲会的主题是"弘扬爱国精神奏响'爱国三问'时代强音"。每名宣讲团成员声情并茂地表达了牢记习近平总书记对南开大学的殷切期望与嘱托,不负关怀,砥砺奋进,为实现中华民族伟大复兴中国梦贡献南开力量,交出一份无愧于人民、无愧于历史、无愧于时代的南开"答卷"的奋进决心,展现了南开人弘扬"爱国三问"精神,接续传承"知中国,服务中国"办学宗旨,扎根中国大地办大学的质朴情怀,以及立足建校百年,在新百年追求卓越,争创一流,重塑辉煌的坚定信心,让现场师生倍感振奋。

聂际慈:《南开大学爱国奋斗精神报告会举行》,《南开大学报》第1383期,2019年6月1日

在"共和国摇篮——全国苏区大巡礼"社会实践中,由150余名南开学子组成的12支分队分赴中央、川陕、鄂豫皖、陕甘、湘鄂川黔、湘赣、湘鄂赣、湘鄂西等苏区和井冈山、遵义等革命圣地,累计时长70余天,总行程超过1.3万公里。在实践活动中,青年学子认真学习苏区历史,领悟传承苏区精神,深入挖掘红色文化育人资源,积累教学素材。新的学期,他们将以此行收获丰富思政课实践教学形式,通过录制主题微课、开展校内外宣讲等,将"红色文化"发扬光大。

陈建强、刘茜、马超:《南开:将"红色文化"发扬光大》,《光明日报》,2019年9月14日

学校党委于今年4月面向全体师生开展2019年"小我融入大我 青春奉献祖国"师生同行暑期社会实践活动。通过学院初评、校级终评,共计600支团队、6500人次学生成功立项组队,205人次教师成功入选师生同行项目,南开人在理论和实践的有机结合中发挥南开智慧,感受中国力量,为新中国成立70周年、南开大学建校100周年献礼。

在今年南开大学"师生同行"暑期社会实践活动中,广大教师积极响应,参与踊跃,深入挖掘本学科对接国家重大战略需求的实践课题,推进第一课堂与第二课堂深度融合。他们带领学生奔赴各地,与学生团队同吃、同住、同行,认真学习贯彻习近平总书记视察南开大学重要讲话精神,把小我融入大我,在社会实践中将爱国之心化为报国之行。

刘波、张璇、王利华、廖婷:《师生同行社会实践:赓续爱国传统,深化实践人》,《南开大学报》第1388期,2019年9月15日

爱国实践篇

南开注重发挥社会实践对学生爱国精神的塑造功能。1999年，南开成为"中国青年志愿者扶贫接力计划"研究生支教团项目首批实施高校，迄今已累计招募了200余名研究生志愿者赴甘肃、新疆、西藏等地开展支教服务，为促进西部地区教育事业的发展贡献了自己的力量。20年来，一届又一届南开研究生支教团成员不懈努力，在艰苦环境中丰富阅历、磨炼意志、增长才干，在将"知中国，服务中国"的优良传统发扬光大的同时，也将爱国报国的情怀书写在了扎根人民、奉献国家的担当实践中。党的十八大以来，南开探索形成了师生"四同"（同学同研、同行同讲）的社会实践育人新模式，在鲜活生动的实践中，强化了对国家民族的情感认同和爱国报国的坚定信念。在2018年"知行南开"暑期社会实践中，5200余名学生和100余名教师组成500余支实践队深入基层，或宣讲新时代新思想，或以专业知识服务当地发展。

> 陈建强、刘茵、吴军辉、马超：《百年风雨报国路 逐梦扬帆再启航》，《光明日报》，2019年10月17日

党的十八大以来，南开作为我国哲学社会科学研究重镇，深入研究阐释习近平新时代中国特色社会主义思想，主动服务"一带一路"建设、京津冀协同发展等国家战略。五年多来，立项国家社科基金重大项目近50项，南开学人领衔的"中国特色社会主义经济建设协同创新中心"、"中国APEC研究院"、"中国公司治理研究院"、"人权研究中心"、"丝绸之路研究中心"、"京津冀协同发展研究院"、"当代中国问题研究院"等智库机构，承担直接服务经济社会发展项目1400余个，为各级党政机关提供高质量决策咨询报告500多份。

南开大力实施文科振兴、理科提升、工科攀登、生医发展"四大计划"，推进建设"十大交叉科学中心"，形成一批新的学科增长点和制高

点,在新一代人工智能研究、生态文明研究、现代工学体系构建、智能医学工程人才培养、标志性科技论文等方面取得新突破。"中国生命科学十大进展"、"国家自然科学奖二等奖"、"吴文俊人工智能自然科学奖一等奖"、"华罗庚数学奖"等亮眼成就,书写了南开的新时代新作为,彰显了中国的奋斗与进步。

中共天津市委宣传部、教育工委 南开大学 联合调研组:《百年南开"爱国三问"的传承》,《求是》2019年第8期

南开坚持落实立德树人的根本任务,理直气壮开好思政课。2019年新学期伊始,学校开设了"习近平新时代中国特色社会主义思想概论"课程,遴选优秀教师专题授课,引导学生坚定中国特色社会主义道路自信、理论自信、制度自信、文化自信,厚植爱国主义情怀。在开好思政课的同时,南开积极推动"思政课程"与"课程思政"同向同行,促进通识课、专业课等各类课程与思想政治教育有机融合,达到润物细无声的效果。

中共天津市委宣传部、教育工委 南开大学 联合调研组:《百年南开"爱国三问"的传承》,《求是》2019年第8期

南开注重发挥社会实践对学生爱国精神的塑造功能。1999年,南开成为"中国青年志愿者扶贫接力计划"研究生支教团项目首批实施高校,迄今已累计招募了200余名研究生志愿者赴甘肃、新疆、西藏等地开展支教服务,为促进西部地区教育事业的发展贡献了自己的力量。20年来,一届又一届南开研究生支教团成员不懈努力,在艰苦环境中丰富阅历、

磨炼意志、增长才干,在将"知中国,服务中国"的优良传统发扬光大的同时,也将爱国报国的情怀书写在了扎根人民、奉献国家的担当实践中。

党的十八大以来,南开探索形成了师生"四同"(同学同研、同行同讲)的社会实践育人新模式,在鲜活生动的实践中,强化了对国家民族的情感认同和爱国报国的坚定信念。在2018年"知行南开"暑期社会实践中,5200余名学生和100余名教师组成500余支实践队深入基层,或宣讲新时代新思想,或以专业知识服务当地发展。2019年寒假,"小我融入大我 南开与祖国同行"主题社会实践蓬勃开展,2000多名师生以各种形式宣讲习近平总书记在考察天津和京津冀协同发展座谈会上的重要讲话精神,部分师生还以亲历者身份回忆了习近平总书记来南开时的情形,与乡亲们畅谈了学习体会。

> 中共天津市委宣传部、教育工委 南开大学 联合调研组:《百年南开"爱国三问"的传承》,《求是》2019年第8期

自新冠肺炎疫情发生以来,在党组织、团组织的引领下,6000余名南开学子迅速响应,用实际行动贯彻落实习近平总书记视察南开大学重要讲话精神,开展公益家教、向社区报到等8项志愿服务活动,累计服务时长超过26000小时。学校团委在疫情防控常态化条件下,以不组织大规模跨省流动性实践活动为原则,以"决胜决战勇担当,同频共振奔小康"为主题,组织开展了2020年南开大学学生暑期社会实践活动。近2000名同学奔赴29个省份开展社会实践,诠释了南开青年"把小我融入大我"的责任和担当。

> 郝静秋:《弘扬抗疫精神 加强实践育人》,《南开大学报》第1404期,2020年10月15日

南开积极利用自身优势,在教育、人才、文化、科技、产业、消费和医疗扶贫等方面精准发力,组织推动了一批务实暖心的帮扶措施落地庄浪县,全方位提升庄浪县自主造血能力。南开师生校友与甘肃庄浪县干部群众结下了深情厚谊,他们在决胜脱贫攻坚的征途中并肩作战、携手前行,取得了累累硕果。教育扶贫,斩断贫困代际传播,"扶贫先扶志,扶贫必扶智"。南开充分发挥教育资源优势,在教育扶贫领域努力斩断贫困代际传播,在庄浪孩子心中播撒崭新希望。学校通过捐建"公能"素质教育发展教室、鲁班工坊、南开书屋,选派研究生支教团,捐赠慕校设备、朗读亭等,带着感情、带着责任,让山里的孩子们,充分体会学习的乐趣,树立成长志向,为新时代的教育扶贫提供"南开方案"。

> 吴军辉、聂际慈、郝静秋、张丽:《并肩携手书写决胜脱贫攻坚的"时代答卷"——南开大学定点帮扶甘肃省庄浪县纪实》,《南开大学报》第 1408 期,2020年 12 月 15 日

寒假期间,在疫情防控常态化条件下,7300 余名南开学子严格遵守当地和学校疫情防控工作有关部署要求,返乡就近就便开展"不忘初心感党恩,我与祖国共奋进"社会实践活动。据统计,900 余支实践队分赴全国 32 个省市自治区开展"梦圆南开·心系母校"社会实践活动。7300 余名学生累计开展寒假社会实践活动 14.7 万小时。……

在"云端"课堂,来自 16 个学院的"微光"计划公益助学项目志愿者,正在与天津市南开区 6 个街道、4 个医院和 8 个社区卫生服务中心的 71 个家庭结对开展学业辅导、读书交流、亲情陪伴、心理辅导、疫情防护教育等志愿服务。"致敬逆行者"公益家教志愿者再出发,聚焦脱贫攻坚和乡村振兴有效衔接,通过智志双扶解锁"幸福密码",在原有服务

疫情防控一线工作人员子女的基础上，重点面向经济困难家庭子女结对开展助学活动。

近 200 名返乡学子通过开展国情民情调研活动，充分调研家乡所在城镇目前的发展建设情况，结合经济政策、发展模式、消费水平和城市规划等方面，以多种形式为家乡"十四五"规划建言献策。

李文茹、张孟旸、郝静秋：《7300 余名南开学子开展寒假社会实践活动》，《南开大学报》第 1411 期，2021 年 3 月 5 日

后 记

本书在南开大学校史工作领导小组指导下编写，由张鸿、徐悦、肖光文共同编选。初稿完成后，征求了部分专家学者意见。根据反馈意见和国家有关新闻出版的管理规定，编写组进行了认真修改，全书最终由刘景泉、李向阳统改并定稿。

学校领导杨庆山、曹雪涛、梁琪等始终关心本书的编写并给予重要的指导。本书在编写出版过程中，还得到了南开大学档案馆、新闻中心、南开大学出版社等单位的帮助和支持，在此一并表示衷心感谢。

由于编者水平有限，书中难免存在疏漏和不足，敬请广大读者批评指正。

编者

2021 年 3 月